MEMOIRES

POUR SERVIR 'A

L'HISTOIRE

DE NOTRE TEMS,

PAR-RAPPORT 'A

LA GUERRE

ANGLO-GALLICANE:

PAR L. O. H.

REDIGEZ ET AUGMENTEZ PAR M. D. V.

VOL: II.

A FRANCFORT ET LEIPSIG,

AUX DEPENS DE LA COMPAGNIE.

MDCCLVIII.

MEMOIRES
POUR SERVIR 'A
L'HISTOIRE
DE NOTRE TEMS,
PAR-RAPPORT 'A LA GUERRE
ANGLO-GALLICANE.

[I.]

MOTIFS DE LA NEUTRALITE' DES HOL-LANDOIS, DANS LA PRESENTE GUERRE.

Omme il eſt très probable que cette guer-re, que le Miniſtere Anglois a mal à pro-pos allumée, pourra entrainer après ſoi des ſuites funeſtes, les Hollandois font très ſagement de retirer de l'Angleterre les fonds qu'ils y ont. Les Seigneurs Etats Generaux ont d'ailleurs des raiſons très fondées d'obſerver une éxarte Neutralité dans la Guerre commencée par la Grande Bretagne contre la France.

De tous ces petits liens que le commerce a formés entre les particuliers de la République & les Négociants d'Angleterre, ſe forme une des chaines les plus fortes, par leſquelles le Gouvernement Britannique a voulu dans tous les tems rendre les Hollandois dépendans de ſa politique. Il a cru que leur propre intérêt les ſoumettroit à ſon ambition : mais ils en ont une plus puiſſante qui les retient, c'eſt cel-le d'être libres : & leur intérêt le plus précieux

eſt

est de n'avoir point de maîtres. Je felicite ces citoyens éclairés & amis de la Patrie, dont la conduite & les résolutions ont semblé dire à l'Angleterre : „ Nous avons promis de vous „ défendre, mais non de servir votre ambition. „ Montrez-nous que la guerre est juste & né- „ cessaire, nous volerons à votre secours. A- „ mis de toutes les Nations, Alliés de la Gran- „ de-Bretagne, & non ses vassaux, nous n'a- „ vons point voué notre haine au peuple tran- „ quille, dont le pouvoir paroîtroit mettre „ un obstacle à vos projets. Notre Républi- „ que n'a jamais promis d'allumer la guerre, „ mais seulement de l'éteindre.

J'étois à Londres quand le Colonel Yorck fit part à sa Cour de cette réponse glorieuse à la Hollande, humiliante pour le ministere de Londres, mais dans le fonds peut-être assez agréable à quelques-uns des Ministres. Occupé de mes affaires, je ne cherchai point à démêler les mouvemens que cette nouvelle excita dans les esprits. D'ailleurs qu'aurois-je pû voir ? Le peuple éclater en murmures ? Le politique sombre blâmer publiquement l'imprudence du Gouvernement ? Le citoyen gémir d'un plan insensé, construit sans peser les intérêts & les devoirs des Alliés de l'Angleterre ? Le Négociant se flatter que la saine politique d'une République commerçante serviroit d'exemple au peuple Anglois, dont le commerce fait la richesse & la force ? Sentimens naturels, & que tout le monde peut deviner ! Je ne pouvois pénétrer dans ces petits comités de personnes

choi-

choisies & initiées dans les mystéres de la Cour.
Je ne pouvois les entendre se féliciter du refus
de la République, & dire avec une joie que
l'on a grand soin de cacher : „ Les scrupules
„ de ces bons Hollandois nous servent mieux
„ que n'auroit pû le faire le zèle le plus aveu-
„ gle. Quel avantage aurions-nous pû tirer
„ de ces Républiquains, qui ne savent com-
„ battre que pour la liberté, & qui ne voudroi-
„ ent servir que l'Angleterre ? Le Parlement a
„ beau faire : nos mesures sont justes. Nous
„ aurons les Hanovriens. Nous l'obligerons
„ même à les demander (*a*). Nous les avons
„ rendu nécessaires.

A 3

Croi-

(*a*) Le 3. Févr. Proposition faite dans la Chambre
des Pairs, de supplier le Roi par une adresse, qui, *au
cas que la deffense de ses Royaumes exigeât d'y faire passer
une partie des troupes étrangères que S. M. a prises à sa solde, ou qu'Elle a droit de demander en vertu des Traités,
Elle voulût bien préferer le secours de ses troupes Electorales, sur l'AFFECTION ET LA VALEUR desquel-
les Elle peut en toute Sureté se reposer.* Cette Proposition
fut rejettée.

Le 26. les Bâtimens destinez au transport des troupes Hessoises mirent à la voile. On persistoit encore
à ne point vouloir des Hanovriens.

Pendant les derniers jours de Février & les premiers
jours de Mars, négociations à la Haye au sujet du secours demandé.

Le 15. Mars la Cour de Londres reçoît des Lettres du
Colonel Yorck, qui lui font part des difficultez que faisoient les Etats Généraux.

Le 23. on reçoit à Londres de nouvelles Dépêches du
Colonel Yorck, & le même jour le Roi envoye au Parlement un Message pour lui faire part de ses allarmes

sur

Croiroit-on, que celui des Ministres qui a donné au Colonel Yorck son plan & ses instructions, ait sérieusement imaginé que cet Envoyé dût réuffir dans sa négociation? Je suis persuadé que celui-ci a fait, de la meilleure foi du monde, tout ce qui étoit en lui. Mais quels raisonnemens pouvoit-il présenter aux Etats Généraux, dont le Ministere Anglois ne connût parfaitement la fausseté & l'inconféquence, & que ne pût refuter d'un seul mot, quiconque a lû seulement une fois les traités?

Qui ne sait que celui de 1678, tant de fois renouvellé, & la base de tous les autres, contient une alliance purement défensive, qui n'oblige la

sur la prétendue invasion, dont il plait aux Ministres d'imaginer que l'Angleterre est menacée.

Le 29. les Communes résolurent de supplier le Roi par une humble Adresse, que *pour mieux pourvoir à la deffense de la G. B., de sa Religion & de ses Libertez, contre toute invasion de la part de l'Ennemi, S. M. veuille ordonner que l'on fasse passer dans ce Royaume de ses troupes Electorales, avec un détachement convenable d'artillerie.* Arrêté en même temps que cette résolution seroit communiquée aux Pairs, & qu'on leur demanderoit une conférence.

Le 30. Mars, après plusieurs débats, les Pairs approuverent cette résolution.

Le 31. députation & adresse au Roi d'Angleterre, pour lui demander les troupes Hannovriennes.

Le premier Avril on lut au Parlement la réponse de S. M qui porte: *Je suis prêt à faire tout ce qui est agréable à mon Parlement, & ce qui peut tendre à la deffense & sureté de mon peuple, & PUISQU'IL DESIRE qu'un corps de mes troupes Alemandes passe dans ces Royaumes pour être employé à sa deffense, je donnerai incessamment des ordres pour cet effet.*

la Republique à fournir aux Anglois un secours de 6000. hommes, que dans le cas-où ils seroient attaqués par une Puissance ennemie, & cela *dans l'étendue de l'Europe (a) seulement?* Que les Anglois montrent un Traité postérieur qui contienne entre eux & la Republique des stipulations plus étendues & un accord offensif. Celui de Westmünster du 6. Février 1716, la renvoye au Traité de 1678, & n'y ajoute rien d'essentiel. Par les Art V. & VI. de la triple Alliance de 1717, la France & l'Angleterre ont le même droit de reclamer du secours; mais seulement en cas que l'une ou l'autre soit attaquée; & une convention particuliere passée séparément avec l'une & l'autre Couronne, limite encore aux hostilités commises en Europe, celles qui peuvent obliger les Hollandois à secourir leur allié. Enfin le Traité de 1728, passé entre l'Angleterre & la Hollande, n'est autre chose qu'une confirmation des Traités précédens.

A 4

Ainsi

(a) Art. II. du Traité de 1678. De plus, il y aura entre Sa Majesté & ses successeurs Rois de la Grande-Bretagne & ses Royaumes & lesdits Seigneurs Etats Généraux & leurs terres appartenantes, une alliance étroite, & fidéle confédération pour se *maintenir & conserver mutuellement l'un & l'autre en la tranquillité, paix, amitié & neutralité* par mer & par terre, & en possession de tous les droits, franchises & libertés dont ils jouissent, & ont droit de jouir, ou qui leur sont acquis par les Traités de paix & de neutralité, qui ont été faits ci-devant & qui seront faits ci-après conjointement & de commun concert avec les autres Rois, Républiques, Princes & villes, *le tout pourtant dans l'étendue de l'Europe seulement.*

Ainsi également obligés à secourir la France & l'Angleterre contre les attaques de ses ennemis; mais dispensés de se prêter à l'ambition de l'une ou de l'autre Puissance : juges de ses procédés, avant que d'être les défenseurs de ses droits; les Hollandois peuvent exiger que le Souverain qui réclame l'assistance de leur République, commence par mettre sous leurs yeux les preuves de la justice de sa Cause, & la nécessité où il est de soutenir la guerre. C'est ce que suppose l'Article V. du Traité de 1678. lorsqu'il veut que dans les deux mois qui suivront la réquisition de l'Etat attaqué, l'Allié auquel il demande le secours promis, *fasse tous devoirs par ses Ambassadeurs ou autres Ministres, pour moyenner un accommodement équitable entre l'AGRESSEUR, OU TURBATEUR, ET L'ATTAQUÉ OU TROUBLÉ.*

D'après ces stipulations, avoit-on besoin d'un long examen, pour savoir si l'Angleterre étoit en droit de sommer de la secourir? Qui est-ce qui a attaqué en Europe? Qui est-ce qui a commencé les hostilités? C'est une question que le plus petit Négociant de Leyde qui lit les Gazettes, étoit en état de décider. Le Procès né en Amérique & soumis par l'une & l'autre Couronne au Jugement des Commissaires, est un objet étranger aux délibérations de la République.

Eclairée par des raisons si puissantes, avoit-elle besoin d'examiner ensuite si son propre intérêt l'obligeoit à être fidéle, & si la politique lui dictoit comme un parti sage, celui que la Justice lui prescrivoit comme un devoir nécessaire?

Que

Que l'on jette une vûe générale fur l'état du commerce en Europe & fur les forces Maritimes qui le protégent. L'Angleterre fe vante aujourd'hui d'être la Reine des mers & de tous les peuples commerçans; c'eft elle dont le commerce eft le plus vafte. Que les Hollandois joignent leurs forces aux fiennes, qu'ils attaquent les François dont ils n'ont aucun fujet de fe plaindre, ils font en ce cas tout pour l'Angleterre, & ne font rien pour eux-mêmes. Le Commerce de la G. B. n'en fera que plus en état d'abforber le leur : ils mettront eux-mêmes un obftacle à cet équilibre de forces maritimes, qu'il eft fi important d'établir, fi l'on veut conferver l'équilibre fur terre. Cette balance, dont le Dannemarc & la Suéde commencent à fentir la néceffité, ils la feront pancher du côté le plus fort; & par cette feule démarche ils engagent toutes les Puiffances commerçantes à former une ligue contre eux & contre l'Angleterre. Qu'arrive-t-il alors? Détruits par leurs Ennemis ou fubjugués par leurs Amis, ils ne voyent de l'un & de l'autre côté qu'une perte inévitable. Ils n'auront fortifié la puiffance de la Grande-Bretagne, que pour être engloutis les premiers par ce vafte tourbillon qui ne cherche qu'à s'étendre, & peut-être qu'ils ne feront déja plus, lorfque tous les autres fe réuniront pour s'oppofer à fon activité. Il eft certain, que leur liberté politique tient à l'indépendance de leur commerce. Le voifin qui dominera celui-ci, fe rendra peu à peu maître de celle-là. Or en fuppofant, que les deux Puiffances

A 5

en-

entre lesquelles la Nature a placé ces bons Republicains, ayent un égal intérêt à s'emparer de l'un & de l'autre ; il est aisé de prononcer, dans l'état présent des choses, quelle est celle dont les vûes embraffent ce plan, & dont les forces peuvent en hâter l'exécution. On connoît affez l'état de la Marine Angloife, & je fuis en état de prouver par une foule d'écrits qui ont paru en Angleterre (a), que ce projet formé par Cromwel de ne faire de la Grande-Bretagne & de la Hollande qu'un feul Etat commerçant, eft encore aujourd'hui regardé à Londres comme auffi utile, & peut-être plus facile qu'il ne l'étoit du tems du Protecteur. La Puiffance Militaire de Hanovre n'étoit pas alors aux portes la Republique pour lui faire exécuter les ordres dictés à St. James, ou redigés à Weftmünfter.

De cet intérêt de prévoyance, qui porte fes regards fur l'avenir, paffons à l'intérêt préfent d'une

(a) Voyez entr'autres les Articles ajoutés au Dictionnaire du Commerce de Savary traduit en Anglois, & la Préface du Traducteur, qui rend compte des additions. On y lit ces propres termes :

„ Que la profpérité du Commerce & la confervation
„ de la liberté, tant en Angleterre qu'en Hollande, fe-
„ roit mieux affurée que par aucun moyen poffible, fi
„ l'Angleterre & la Hollande ne formoient *qu'une Na-*
„ *tion & qu'un Peuple gouverné par un même Souverain,*
„ fuivant la conftitution d'Angleterre : de maniere que
„ la Hollande en fourniffant les fecours que fes forces &
„ fon commerce peuvent comporter, jouiroit des mêmes
„ priviléges & avantages que l'Angleterre. L'Auteur
après avoir annoncé cette propofition dans la Préface,
entreprend de la prouver dans les différents articles
qu'il a ajoutés à l'ouvrage de Savary.

ne République, qui doit à ses sujets le bien-être
actuel, & qui s'est toujours fait un devoir de le
leur procurer. La guerre une fois allumée, si
contre l'esprit & les termes des Traités les Hollandois unissent leurs forces à celles de l'Angleterre,
leur pays deviendra nécessairement le théâtre des
hostilités. Dévoré par les deux nations à la fois,
il payera pour l'une & pour l'autre. Le François
à leurs portes les attaquera en leur reprochant leur
folie: l'Anglois viendra les défendre sur leurs terres, en leur vantant des secours funestes à leur
liberté, achetés de leurs richesses & de leur sang.
Les foibles restes de leur commerce, plus dépendans que jamais des caprices ou des besoins de
l'Angleterre, n'auront de vie que ce qu'elle voudra bien leur en laisser.

Si au contraire, tranquilles spectateurs du délire de cette Nation, ils bornent leur vigilance à se
tenir en état de défense contre le premier qui les attaquera, sûrs des secours de la France, en cas d'invasion de la part de l'Angleterre, ce que perd le
commerce de celle-ci ; ils le gagnent nécessairement: c'est un fleuve qui ne peut être détourné de
son lit sans se répandre sur un autre terrein. Enri-
chis dans la même proportion que l'Angleterre se
ruinera, qui sait si peu à peu ils ne se mettront pas
au niveau de cette Puissance? Le plus ou le moins
d'étendue de pays fait peu de chose aux Etats commerçants: la terre entiére leur paye tribut, & le
plus sage est toujours le plus fort. Leurs voisins
exigent aujourd'hui des secours qu'ils regardent
comme une dette: un jour peut-être ils implo-

re-

reront leur médiation , qu'ils leur feront valoir comme une grace.

Je m'apperçois, que, sans presque le vouloir, je viens de tracer rapidement le précis des réflexions que je faisois pendant que le Comte d'Affry & le Colonel Yorck négocioient auprès de la République. D'autres les faisoient aussi sans doute; mais pouvons nous douter que les partisans de Hanovre, qui dominent dans le Ministere Britannique, ne les eussent toutes aussi présentes que le plus éclairé des Députés de la Republique? Si les Membres du Parlement se flattoient de déterminer la Hollande à fournir les 6000. hommes de troupes auxiliaires, ceux des Ministres qui ont le véritable secret des affaires, n'espéroient ni ne souhaitoient de les obtenir dans ce moment-là. Le Parlement avoit témoigné de l'éloignement pour les troupes Hanovriennes, & la Cour vouloit des armées à sa disposition. Le refus des Etats Généraux ouvroit à celles-ci les portes de l'Angleterre ; & dans les comités de Westmünster, les émissaires des Ministres pouvoient alléguer à ceux qui n'étoient point entiérement vendus à la Cour, la malheureuse nécessité où l'on se trouvoit de défendre la Patrie aux risques même de la liberté.

C'est ainsi que le Ministere de Londres employe pour conduire le Parlement à ses fins, le même esprit de dissimulation, par lequel il s'étoit flatté d'endormir la France. Malheur au Gouvernement, dans lequel la ruse prend la place de la prudence, & où l'art funeste de tromper s'apelle Sagesse & Politique! Nous voyons les tristes effets que ces intrigues

gues produisent. Depuis que ces malheu-reuses divisions attirent l'attention de l'Europe, deux plans ont occupé l'Angleterre. L'un est celui de la Nation; c'est d'envahir le commerce de tous les peuples,& de détruire la Marine Françoise, obstacle naturel, destiné à leur servir de rempart. L'autre plan est celui du Ministere: c'est de mettre l'Angleterre en combustion, de remplir ses provinces de troupes étrangéres, & les coffres du Souverain de tout l'argent du pays. Le véritable but de tout cela est vraisemblablement ignoré du Roi lui-même, qui a de son côté ses vûes particulieres. Le Parlement s'est occupé du premier de ces projets, & n'a réellement travaillé que pour l'exécution du second: Je veux le prouver par un exemple frappant.

Le Roi d'Angleterre envoye à la Chambre des Pairs un message (*a*) qui porte en sub-stance, *J'ai peur.* Les Seigneurs le remercient très-humblement de cette gracieuse marque de sa protection. La Chambre des Communes entre dans l'enthousiasme des bontés du Monarque : tou-tes les deux se réunissent pour augmenter les subsi-des ; & la peur de Sa Majesté Britannique coûte trois millions de plus à son peuple.

Je n'ai garde de blâmer cet acte de libéralité. Mais n'est-il pas vrai qu'à la premiere nouvelle de la peur du Roi d'Angleterre, l'un des principaux soins du Parlement devoit être d'examiner quel pouvoit être l'objet de cette peur, & quel étoit le danger le plus pressant dont la Nation étoit me-nacée?

(*a*) Voyez ce Message dans la Gazette d'Amsterdam, Art. de Londres du 26. Mars 1756.

nacée? „ On nous parle toujours d'une defcente
„ dans notre Isle (auroit pû dire quelque citoyen
„ éclairé) & les Miniftres fe font imaginé qu'avec
„ un petit mot du Prétendant, ils feroient fûrs de
„ jetter l'allarme dans toutes les Provinces.   Sans
„ doute que les troupes Hanovriennes & Heffoifes
„ peuvent feules défendre la liberté Angloife, me-
„ nacée par les troupes qui bordent les Côtes de la
„ France. Mais Sa Majefté Très-Chrétienne n'au-
„ roit-elle point d'autres vûes que celles qui font
„ friffonner nos Miniftres ? Depuis long-tems on
„ débite au peuple, que la France en veut au com-
„ merce de la Grande-Bretagne. Les François ne
„ veulent certainement pas établir des comptoirs
„ dans nos villes. Mais la Méditerranée, mais Gi-
„ braltar, mais Port-Mahon, mais le commerce du
„ Levant, tout cela eft-il bien en fûreté? Quelle
„ puiffante Efcadre nous répond de l'Isle de Minor-
„ que, dont les habitans Efpagnols, peu contents
„ de notre Gouvernement, trouvent la liberté An-
„ gloife un peu defpotique à leur égard? Que de-
„ vient Gibraltar, fi nous perdons Port-Mahon?
„ Que l'un & l'autre foit enlevé à l'Angleterre, la
„ France & l'Efpagne ne nous fermeent-elles pas
„ l'entrée de la Méditerranée? Il ne fuffit pas de raf-
„ furer à force d'argent les prétendues craintes de
„ la Cour, il faut veiller aux dangers réels de notre
„ commerce. Donnons au Roi des fubfides, mais
„ foyons fûrs qu'ils ne feront pas perdus pour la
„ nation.

Ainfi pouvoit s'expliquer la voix libre de la Patrie. Mais elle étoit étouffée par mille cris tumultueux

tueux qui s'élevoient de Westmünster, & qui ne cessoient de répéter, *Quærenda pecunia primùm, ô cives!* On eût dit, que l'unique but de cette auguste Assemblée étoit de dépouiller la Nation, en attendant qu'il plût aux Ministres de la défendre.

Qu'ont-ils fait cependant, ces hommes hardis, qui ont osé prendre sur eux la destinée de la Grande-Bretagne? A quoi ont été employées ces nombreuses Flottes, dont l'appareil formidable inspiroit au peuple une confiance si dédaigneuse? Que sont devenus ces fonds, perdus pour le commerce & levés avec tant de rigueur sur des colonies, qui gémissent & de la guerre qu'on les oblige de faire, & de celle à laquelle on les expose? Pourquoi est-on réduit à cacher aujourd'hui avec tant de soin les nouvelles que l'on reçoit de ces pays abandonnés à la fureur des Sauvages, que l'on a méprisés & aliénés? Pourquoi les papiers publics qui ont annoncé les dépenses de la Nation, n'ont-ils eu d'autres avantages à publier, que des exploits dont les Romains eussent rougi? Le Ministére refuse à la France la restitution de ses vaisseaux. Qu'en devoit-on conclure dans les regles d'une prudence commune? Que le Roi de France après avoir sommé l'Angleterre de lui rendre justice, se la feroit à lui-même. Cependant une Escadre s'arme à Toulon. Les troupes s'y rendent. La France, que jusqu'ici l'on ne peut accuser de dissimulation, semble annoncer elle-même un projet que le Gouvernement Britannique auroit dû deviner. Tous les étrangers en parlent. Le peuple de Londres le publie. L'Escadre met à la voile; & dans une Mer infestée

tout

tout l'Eté 1755. par des Corſaires Anglois, le Général François ne rencontre pas un vaiſſeau de guerre. Eſt-ce mépris pour la France? Eh quoi! Son Souverain jette la terreur dans les murs de Londres! Les mouvemens des troupes qui ſe répandent pour garder les Côtes de ſon Royaume, font trembler S. M. Britannique toutes les fois qu'il s'agit de demander des ſubſides à la Nation. S'agit-il de veiller aux vrais intérêts de l'Angleterre, de conſerver une des branches les plus importantes de ſon commerce? on trouve plus court de mépriſer les efforts de la France, & de dire : Elle n'oſera jamais tenter cette entrepriſe. Elle fait plus, elle l'exécute: les troupes débarquent paiſiblement: les habitans de l'Isle de Minorque volent au-devant de la liberté, & racontent avec horreur les cruautés de leurs anciens Maîtres. Les François ſont regardés comme des libérateurs, & les Anglois perdent le Boulevart de tout leur commerce du Levant. Etrange contraſte d'inquiétudes & de ſécurité! Mail il importoit à l'Electeur de Hanovre de faire entrer ſes troupes dans le Royaume; & il n'importe qu'à l'Angleterre de conſerver Port-Mahon. La priſe de cette Place ne ſera une perte que pour le commerce; la levée des ſubſides eſt un gain pour la Cour.

MEMOIRES
POUR SERVIR 'A
L'HISTOIRE
DÈ NOTRE TEMS,
PAR-RAPPORT A LA GUERRE
ANGLO - GALLICANE.

[II.]

INTE'RET DE L'ITALIE PAR-RAPPORT 'A MINORQUE ET AU COMMERCE DE LA MEDITERRANE'E. *

JE ne m'attacherai point à détruire le syftême d'équilibre ; trop de raifons folides démontrent le faux de ce centre de politique, où reviennent fans ceffe & d'où partent toutes les négociations de l'Europe.

Il n'eft point non plus dans mon idée, de porter atteinte à un Traité auffi refpectable qu'il a été peu refpecté. Je demande cependant qu'on me permette quelques réflexions.

Etoit-il de cet équilibre de l'Europe, de cette balance de pouvoir, d'étendre, ou pour mieux dire, de ne point diminuer fur la

B   Médi-

* V. L'ESSAI POLITIQUE de Mr. D * *.

Méditerranée la puissance de la Dominatrice de l'Océan?

Toutes les Nations représentantes au Traité d'Utrecht ne devoient-elles point avoir pour objet principal, de fermer aux Anglois les portes de la Méditerranée?

Les François étoient-ils alors dans un état si desesperé, ou assez peu instruits des avances faites à l'Abbé Gautier, & des raisons qui portoient la Grande Bretagne à la paix, pour l'acheter à un tel prix?

Si réellement le systême d'équilibre eût prévalu dans cette Assemblée, devoit-on y porter une atteinte aussi forte?

L'Espagne par sa position avoit le commerce des deux mers ouvert : la France jouissoit du même avantage.

Etoit-il question de resserrer ces deux Puissances, de gêner leur commerce? Il falloit se résoudre à donner Gibraltar & Port-Mahon à la Puissance la plus forte & la plus commerçante de la Méditerranée, à la Republique de Venise: elle seule pouvoit alors garder les clefs de cette mer, comme étant plus intéressée à les conserver, & plus propre à empêcher qu'on ne les lui ravisse.

Tout le commerce de l'Océan étoit, ainsi qu'il l'est encore, dans les mains de l'Angleterre.

Cette

Cette Puissance pompoit toutes les richesses des Nations, & c'est elle qu'on choisit, pour empêcher deux Etats sans marine de subjuguer l'Italie & l'Orient!

Voilà un exemple bien singulier des écarts de la politique.

Mais ce n'étoit point assez de cette clef, qui à bien prendre embarrassoit le commerce des deux mers, sans nuire à celui de la Méditerranée: il falloit donner au voleur un asile dans la maison qu'il vouloit piller.

Dire que mille évenemens imprévus, impossibles à parer, ont donné lieu à la faute que toute l'Europe commit en cédant Gibraltar & Minorque aux Anglois; c'est connoître peu les bornes qu'impose la nécessité.

Cette Maîtresse des Etats est à son tour commandée par l'intérêt général.

L'Espagne, la France, étoient à la vérité épuisées par les frais & les pertes d'une longue guerre: mais les Républiques de Venise, de Genes, la Sardaigne, le Pape, les Etats de Naples & de Sicile, ne devoient-ils pas se liguer contre une usurpation?

Vivoit-on alors dans un siecle où un Prince foible pouvoit être dépouillé, par la seule raison qu'il étoit foible? Non: il y avoit un droit des gens, un droit des Princes, & les conquêtes même vouloient être autorisées par ce droit.

B 2

Quel-

Quelles pouvoient être les prétentions de la Grande-Bretagne fur Gibraltar & les baléares? ces poffeffions n'étoient-elles pas une partie inféparable de la Monarchie Efpagnole? L'Angleterre maîtreffe de la Méditerranée pouvoit-elle couvrir cette mer de vaiffeaux, fans que le commerce de Livourne fût anéanti, fans que Venife & Genes perdiffent leur éclat & la plus grande partie de leurs richeffes? Ce qui eft arrivé!

Qu'on réfléchiffe fur l'affoibliffement actuel de ces deux Républiques, & l'on verra aifément quel en eft le principe.

Le commerce des Anglois fur la Méditerranée prive les Puiffances d'Italie, au moins du bénéfice du fret jufques à l'Océan, fur les marchandifes qu'ils viennent chercher dans leurs ports, par la loi que ce Peuple s'eft fait de ne receyoir que celles qui font apportées fur fes propres vaiffeaux. Coutume bien fage! mais qui a ruiné une branche du commerce d'Italie, & qui fait pourrir les vaiffeaux Venitiens dans leur fuperbe arcenal.

Par ce fyftême toutes les Puiffances perdent à commercer avec les Anglois, au moins leur marine. A la vérité on vient chercher leurs denrées dans leurs ports; mais ce font leurs propres denrées: les Anglois font trop éclairés fur leurs intérêts, pour acheter de la feconde main. Ainfi l'Italie, relativement à eux & aux Nations qu'ils fourniffent, a perdu le commerce du Levant, &

ne

ne fert plus que d'entrepôt. Il faut ajouter la perte de fa marine, parce que n'ayant plus d'occafion d'employer fes vaiffeaux à l'exportation, elle n'a plus de bénéfice à l'importation.

Étoit-il impoffible aux Plénipotentiaires d'Utrecht, de prévoir ces fuites de leur Traité? ou les Princes d'Italie étoient-ils aveuglés par la haine qu'on leur avoit infpirée contre la Maifon de Bourbon? Quand on réfléchit fur la ceffion de Gibraltar & de Port-Mahon, il eft impoffible de ne le pas penfer.

L'Angleterre pouvoit bien à Utrecht donner la loi à la France & à l'Efpagne affoiblies, mais non à toute l'Europe. Ces deux Puiffances même n'en auroient rien eu à redouter, fi elles euffent été mieux inftruites des intrigues de la Cour de la reine Anne. Le défaut d'Efpions dans le Palais de cette Princeffe, fit figner à la France & à l'Efpagne tout ce qu'on voulut; à l'Italie la ruine de fon commerce, & peut-être fa fervitude.

Le fyftême d'équilibre eft né en Italie. Il y avoit réellement une balance de pouvoir entre les Princes de cet Etat, lorfque les Venitiens, le Pape, le Roi de Naples, le Duc de Milan, & Florénce encore République, en partageoient l'Empire.

La politique des Italiens ne devoit pas être changée par l'afferviffement des Florentins. L'Etat de Tofcanne, formé des débris de cette

Ré-

République, devoit leur faire craindre tout autre aggrandiffement de puiffance.

Cependant, depuis le Traité d'Utrecht, trois Puiffances jufqu'alors inconnues en Italie, en poffedent l'empire. Le Royaume de Naples & de Sicile, Parme & Plaifance, entre les mains de la Maifon de Bourbon d'Efpagne, la Tofcanne paffée dans celles d'Autriche, réduifent la liberté de l'Italie aux feuls Etats Républicains.

Je demande ce que l'Italie a gagné au Traité d'Utrecht; c'eft-à-dire, en laiffant établir les Anglois fur la Méditerranée?

Les Maifons rivales de Bourbon & d'Autriche y ont-elles moins étendu leur domination?

Voyons les dangers qu'elle a courus.

Rien n'étoit plus facile à la Dominatrice de l'Océan, maîtreffe de l'entrée de la Méditerranée, que d'y introduire de nombreufes efcadres, & de faire en Italie les conquêtes qui lui auroient paru à fa convenance. Elle fe mettoit, dira-t-on, à découvert fur l'autre mer. L'Ifle Minorque pouvoit non feulement parer à cet obftacle, mais encore contribuer à rendre fon pavillon plus redoutable fur l'Océan.

C'etoit dans cette Isle qu'il étoit facile de former à petit bruit une marine formidable, deftinée tantôt à renforcer celle de l'Océan, tantôt à conquérir l'Italie, après en avoir ruiné le commerce & détruit la marine, par les moyens dévelopés ci-deffus.

C'é-

C'étoit à la perte des Républiques, comme plus puiſſantes & plus commerçantes que les autres Etats de cette partie de l'Europe, que devoit tendre le ſyſtême de l'Angleterre ; tandis que les Souverainetés étoient diſputées & enviées par les Maiſons de Bourbon & d'Autriche.

Selon ce plan, qui eût mis l'Italie aux fers, la conquête la plus naturelle, la plus facile qui ſe préſentoit aux Anglois, étoit celle de l'Isle de Corſe.

Des Peuples qui depuis près de cent cinquante ans combattent pour leur liberté, des Peuples qui n'ont point été conquis, mais ſe ſont donnés de leur propre mouvement à des conditions qu'ils prétendent ne leur être pas tenues, ne devoient-ils pas attendre d'une Nation amie de la liberté, des ſecours puiſſans ?

Devoient-ils balancer à ſe ſoumettre aux loix de l'Angleterre, ſi analogues à l'eſprit de liberté qui leur fait préférer la mort & tous les maux à la ſervitude ?

Cette entrepriſe s'acheminoit d'elle-même. Les Anglois appellés par la nation auroient pu paroître jouer aux yeux de l'Europe le rolle glorieux de Vengeurs de la liberté des Peuples, & les Manifeſtes les plus touchans juſtifier leur conduite.

Une foible eſcadre dans la riviere de Genes, quelques troupes de débarquement, des armes, des munitions diſtribuées aux piéves revoltées,

 ſuffuffifoient pour faire ouvertement cette expédition.

L'objection que l'on peut tirer de la différence des Religions, & des fentimens des Corfes à ce fujet, va être levée.

Vengeance & Liberté ! Voila le cri des Corfes : tout eft facrifié chez eux à ces noms. Ils euffent facilement confenti à l'établiffement de la Religion réformée, non dans les piéves foulevées, mais dans celles foumifes aux Genois, qu'ils regardent comme enemies, & qui feroient devenues l'objet de leurs conquêtes & le théatre de leur vengeance.

On confent aifément, même à des injuftices, lorfqu'on ftipule pour des Peuples que l'on va conquerir.

La République de Venife, ennemie irréconciliable des Genois, depuis la confpiration que cette derniere ofa former contre elle dans fa grandeur, auroit vu avec plaifir ce nouvel abbaiffement ; parce que le fentiment barbare qui nous fait réjouir des difgraces de nos ennemis, nous cache les fuites funeftes qu'elles peuvent avoir pour nous-mêmes.

Si la Corfe tomboit fous la domination Angloife, Genes fe détruiroit d'elle-même & l'Anglois acquereroit encore la clef de la mer de Genes & de celle de Tofcanne.

Je

Je ne dirai point quel accroiſſement de commerce & de puiſſance Londres retiroit de cette expédition ; il eſt facile de ſe le repréſenter.

Je dirai ſeulement, que l'Anglois ayant fait de Minorque un arcenal conſidérable, & s'étant affermi en Corſe, tout le portoit à la conquête de la Sicile.

Le commerce immenſe que l'Angleterre fait en bled, établiſſoit pour premier point de ſa politique, de s'emparer du grenier de l'Italie.

Je ne donne point les moyens de cette entrepriſe ; mais j'établis que, lorſqu'une conquête eſt devenue le point de vue politique d'une Nation auſſi attentive à ſes objets, auſſi puiſſante que l'eſt l'Angleterre, il eſt bien difficile qu'elle échoue.

Les forces combinées de la Hollande & de l'Angleterre ſuffiſoient ſeules pour cette expédition.

Un événement imprévu allumant la guerre entre les Maiſons de Bourbon & d'Aurriche, il eût été facile à l'Angleterre de venir à bout de ſon projet, à la faveur d'une ligue avec la Sardaigne & la Toſcanne.

Par la conquête de la Sicile, tout commerce avec le Levant étoit fini pour l'Italie, la France & l'Eſpagne ; les vaiſſeaux de l'Adriatique même, n'entroient plus dans leurs mers. Les bâtimens inutiles de Genes & de Livourne, achetés à vil

B 5

prix,

prix, alloient augmenter l'Arcenal de Minorque. Enfin l'Etat Eccléfiaftique étoit livré au pillage d'une Nation ennemie naturelle de fon Souverain; & l'Italie, dans des tems de difette pour elle, auroit eu la douleur de voir enlever fes grains, pour foulager les Peuples de l'Océan, plus en état de les payer.

Cette Puiffance, qui feroit la même que celle que les Carthaginois fe formerent autrefois au milieu de la Méditerranée, à l'exception des deux autres Isles baléares & de la Sardaigne; cette puiffance, dis-je, ainfi difperfée d'isle en isle, paroîtroit finguliere, fi l'on ne fçavoit pas qu'elle eft peut-être la feule convenable au Gouvernement Anglois.

Tous les malheurs que j'ai tracés, étoient une fuite néceffaire du Traité d'Utrecht. Il eft bien étonnant de trouver l'Angleterre endormie dans un fi beau chemin. Voyons cependant fi elle n'auroit rien tenté qui rentrât dans mon objet.

Que l'Angleterre ait entrepris de conquérir la Corfe, c'eft un fait dont on ne fçauroit douter. Ses intelligences avec le Baron de Neuhoff, celles qu'elle entretient maintenant avec Paoli, en font des preuves.

Mais ce qu'elle a réellement mis à fin, c'eft la ruine du commerce d'Italie; c'eft l'abbaiffement de Genes, Venife & Livourne; c'eft la conquête de la Sicile.

On

On a conquis un Etat, lorfqu'on jouit des richeffes qu'il poffède.

C'eft cette maniere paifible de conquérir que les Anglois ont employée.

Le commerce eft une arme deftructive, quand on fçait la tourner contre fes ennemis.

Quatre coups de canons tirés contre un fort, alarment davantage qu'une branche de commerce de quarante millions coupée, ou enlevée à une Puiffance.

Le premier navire anglois qui paffa le détroit de Gibraltar après la paix d'Utrecht, calcula les avantages de cette politique, la ruine du commerce de l'Italie, & l'anéantiffement de fes Souverains.

Juftifier les Anglois de n'être point parti de cette connoiffance, c'eft ce que je n'entreprens pas. Je dirai au contraire, qu'ils ont trop tâtonné, trop effayé les forces de commerce, avant d'en venir à un coup décifif.

Peut-être le produit qu'ils retiroient de l'effai de leurs moyens, a-t-il ralenti leur ambition.

L'argent & les marchandifes qu'ils portoient en Sicile, leur afferviffoient cet Etat quant au produit, & les rendoient les Fermiers de l'Europe.

Par là ils fubjuguoient l'Océan, ils contraignoient la France à leur demander la paix; ils avoient entre leurs mains la nourriture de fes

Sol-

Soldats, & même celle de ses Laboureurs. A quoi sert le titre, quand on a la propriété?

La domination des Anglois sur la Méditerranée, étoit réelle ; la servitude de l'Italie certaine.

Ils n'avoient point, à la vérité, de grandes possessions, des armées formidables, des garnisons nombreuses, en un mot tout l'appareil & les charges du Prince ; mais ils avoient les richesses, & la terre revient aisément au créancier.

Minorque étoit l'entrepôt, le lieu de refraîchissement, d'où les fortunes de l'Italie disoient adieu à la Méditerranée, & où l'on polissoit les fers destinés à cette partie du monde.

Cet arcenal que l'on pouvoit construire, n'existoit pas : mais le pavillon Britannique couvroit les Mers ; l'Adriatique & l'Archipel étoient remplis de vaisseaux anglois.

L'arcenal de Venise ne construisoit plus, & celui de Genes étoit devenu inutile.

Tout le superflu, même le nécessaire, des Peuples d'Italie, étoit dans les mains des Anglois.

N'est-ce point là une servitude réelle?

On est esclave, non seulement parce qu'on porte des fers, mais parce-qu'on est obligé de recevoir sa subsistance de la main qui nous enchaîne.

La

La liberté du vivre est la premiere de toutes les libertés. Comment des Nations entieres peuvent-elles s'aveugler au point de la perdre, sans s'en appercevoir, & se remettre du soin de leur subsistance à une Puissance étrangere, qu'un plus grand profit, des raisons de haine ou d'Etat, peuvent déterminer à les laisser périr!

Voilà l'histoire d'une partie des Peuples de l'Europe; de ces Peuples révoltés, conjurés par le système chimérique & inexecutable d'une Monarchie universelle, & qui n'ont jamais été effrayés des suites, bien plus funestes, du commerce universel entre les mains d'une seule Puissance.

Si nous étions encore dans ces tems où la politique faisoit la principale force des Princes d'Italie, & les rendoit formidables à l'Europe, qui n'avoit alors aucun système à oposer à l'astucité de leurs négociations; on pourroit regarder les guerres entre la France, l'Angleterre & l'Allemagne, depuis le Traité d'Utrecht, comme l'ouvrage de leurs Ministres.

Quoi qu'il en soit, il étoit de l'intérêt général de l'Italie, de repousser au loin l'ennemi commun.

Elle ne pouvoit le faire à force ouverte : elle devoit avoir recours aux moyens de l'occuper chez soi, pour respirer au moins un moment, à la faveur d'une guerre, & rendre à son commerce un instant de vie.

Si

Si Italie n'a point fuivi ce plan, au moins la France a-t elle couru rifque de le voir enfanter & executer.

Il eft de ces projets, qui par leur fimplicité n'éclatent jamais: ils font dans l'efprit de tout le monde, ils préfident à toutes ses délibérations, fans qu'on puiffe découvrir le principe déterminant qui dicte les réfolutions. C'eft un point imperceptible que nous avons une fois pofé, d'où nous avons tiré toutes nos conféquences, & jufqu'auquel il nous eft impoffible de remonter.

Ainfi cette politique pouvoit bien être dans l'efprit des Miniftres d'Italie, & diriger leurs demarches; comme un fentiment naturel, dont ils n'auroient pu rendre raifon.

Pourquoi le peuple eft-il fi facile à féduire ? C'eft qu'il a dans l'efprit une foule de ces principes, qu'il ignore, dont toutes fes actions font des conféquences. Dès qu'on découvre un de ces principes, & qu'on en tire des conclufions relatives à ce qu'on veut lui infpirer, il eft perfuadé. C'eft ce qu'on peut appeller l'inftinct de l'efprit; c'eft de là que l'obftination prend fa fource.

On abonde dans fon fens, parce qu'on eft intérieurement convaincu qu'on a raifon, & l'on ne peut en donner des preuves. On refte entierement perfuadé, jufqu'à ce que quelqu'un, ou

foi-

foi-même, ait découvert ce point, ce premier principe, que nous avions posé pour vrai depuis nombre d'années, & qui étoit devenu une portion de notre esprit naturel.

Qu'on me pardonne cette petite digression métaphysique; il m'étoit nécessaire de prouver que bien des projets, sur tout ceux qui ont pour ame notre intérêt, s'executent, sans avoir été distinctement formés ou digerés.

Du moins pouvons-nous dire, que si cette politique ne dicta pas les instructions particulieres des Ministres ultramontains; l'Italie se réjouissoit de combats de la France, & soupiroit pour la durée de ses guerres, ou pour mieux dire, de ses malheurs.

Ainsi la France fut obligée de payer le reméde des maux qu'elle avoit faits à l'Italie (parce qu'elle n'avoit pas voulu les empêcher) en livrant aux Anglois les portes de la Méditerranée.

Il suit de ce que j'ai dit dans les Chapitres ci-dessus;

Que la France n'étoit pas la seule intéressée à la conquête de Minorque.

Que le bien de l'Italie & de l'Espagne en étoit un des principaux objets.

Que dans cette expédition le Roi de France, loin de suivre des raisons particulières de vengeance, s'est moins armé pour lui-même, que pour les peuples de la Méditerranée.

Que

Que l'Italie éclairée sur sa véritable politique, ou n'eût jamais accedé au traité d'Utrecht, ou eût formé une ligue générale pour chasser les Anglois du Détroit.

Que les mêmes principes devroient la porter encore à la même résolution, pour les desemparer de Gibraltar.

MEMOIRES
POUR SERVIR 'A
L'HISTOIRE
DE NOTRE TEMS,
PAR-RAPPORT 'A LA GUERRE
ANGLO-GALLICANE.

[III.]

MAUVAISE POLITIQUE DES ANGLOIS AVANTAGES QUE TROUVEROIT LE COMMERCE EN GENERAL, DANS LA PRISE DE GIBRALTAR SUR LES ANGLOIS.

RIen de plus mal conçu, ou du moins de plus mal executé, que le projet de secourir Port-Mahon.

La prise de cette Place étoit une affaire de calcul, & étoit très bien combinée.

C'étoit une question de temps; les Anglois le sçavoient.

Pourquoi se déterminer à envoyer, à tout hazard, un secours inutile? Une Flotte Françoise croisoit la Méditerranée, & couvroit le Siége.

Risquer dans un temps où la Place devoit être mathématiquement prise, un combat d'Escadre à Escadre; c'étoit en remportant la victoire gagner peu, en la perdant s'exposer beaucoup.

C

Ha-

Hazarder ſa réputation dans une premiere campagne, c'eſt l'affaire d'un peuple révolté, d'un homme qui commence ſon nom: mais un Général habile, une Nation de ſang froid, parce qu'elle eſt forte, ménagent leurs premiers efforts.

Que gagnoit au ſecours de Mahon un foible rafraîchiſſement, que la proximité de la France pouvoit rendre égal.

On a blâmé l'Amiral Bing, on devoit blâmer ſes ordres.

Pouvoit-on ignorer à Londres l'eſcadre de Mr. de la Galiſſoniere, & la ſupériorité des François dans la guerre des ſiéges?

A la vérité, ils avoient été mal inſtruits de l'état de la place; les plans qui avoient été fournis, étoient défectueux; on avoit travaillé à des ouvrages nouveaux, dont ils n'avoient eu que peu de connoiſſance; le tems s'étoit écoulé en des attaques legéres.

Mais devoit-on compter ſur ces avantages, ſur un peut-être auſſi ſingulier hazarder une eſcadre, & joindre à la perte d'un poſte important, la diſperſion d'une flotte?

Il eſt d'un mauvais politique de ne ſçavoir point perdre.

Il falloit paſſer la perte pour perte, & ſonger à un nouveau gain. Ainſi penſe un eſprit calculateur.

Qu'une flotte eût livré un leger combat à Mr. de la Galiſſoniere, eût tenté de ſecourir Mahon, avec

avec des ordres de former une entreprise sur les bords de la Méditerranée, si ses efforts étoient inutiles; rien de plus sage. Point d'ordre subséquent, que celui de rentrer dans l'Océan, voilà ce qui étonne!

Je reviens encore à la conquête de la Corse ; je dis qu'il étoit facile aux Anglois, après avoir fait une tentative sur Minorque, de se jetter dans cette Isle. Par cette contre-expédition tout devenoit compensé, & au-delà.

La France avoit les yeux fixés sur la Méditerranée: pourquoi ne rien tenter sur l'Océan, & ne pas l'obliger à une diversion réelle?

Si la conduite paisible de la France dans les premiers mouvements d'hostilité, a paru surprenante à toute l'Europe; la défensive de l'Angleterre ne doit pas lui inspirer moins d'étonnement.

Cette Puissance, preparée dès long-tems à la guerre dont elle allumoit le flambeau dans le moment même où elle signoit le traité d'Aix-la-Chapelle, ne devoit-elle pas avoir ses plans formés? Vouloit-elle essuyer le prémier feu de ses ennemis? elle devoit sçavoir qu'il est funeste.

Nul projet de sa part, nulle suite d'expédition ni de défaite.

L'Amiral Bing est battu, l'Amiral Bing se retire.

Les François ont le tems de prévoir les desseins des Anglois: la Corse est secourue, Gibraltar menacé, Dunkerque rétabli, les Côtes de Fran-

ce

ce font garanties de toute invafion. .L'Angleterre eft réduite à la défenfive, après avoir commencé les premieres hoftilités: quelle conduite!

Les poffeffions de la France fur les deux mers
préfentent un front trop large, pour qu'il ne foit
pas poffible d'y trouver jour. Mais les projets
tumultueux de l'Angleterre, enfantés par la haine, dictés par la multitude, ne produifent jamais que de vains efforts.

Quelque habile que foit un Miniftre, il ne
peut guères accorder la haine & l'intérêt de fa
nation. Il lui faut facrifier aux préjugés, à la
fureur du peuple, qui faifit fans crainte un fer
brûlant, dans l'efpoir d'en fraper fon ennemi.

Telle eft la nature du gouvernement anglois;
il a befoin d'une guerre étrangere pour maintenir la tranquilité intérieure. Il lui faut immoler les droits les plus facrés, le repos de l'Europe, aux vices de fa conftitution, aux emportemens d'un peuple à la haine duquel il doit offrir des objets éloignés.

Une pareille conftitution rendit Rome maîtreffe du monde. Elle ne pouvoit nourrir fes
Habitans, la guerre lui devint néceffaire. Si
la terre eût été éclairée alors, elle eût étouffé la
tyrannie dans fon berceau; elle eût vu dans la
néceffité qui contraignoit les Romains, les malheurs & les calamités qu'elle en devoit attendre.

Si l'Europe avoit un fyftême général, une
maffe de politique, ils devroient tendre à détruire les Etats qu'une conftitution vicieufe oblige à
trou-

troubler son repos: par la même raison qui porte à priver de la liberté, ou à chasser d'un Etat policé, les bandits & les gens sans aveu.

Une nation à qui le calme auroit été plus précieux, auroit plus réflechi; & moins livrée à des préjugés de naissance, à des animosités barbares, ayant attaqué, auroit entamé ses ennemis.

Les François étoient pris par le tems: leurs Ports étoient dégarnis, leurs Arcenaux commençoient à travailler, leurs troupes étoient dispersées, ils se reposoient sur la foi des traités.

Pourquoi s'amuser à la piraterie? Ne voyoit-on pas que la guerre étoit le terme des hostilités? pourquoi ne l'en pas faire le principe, rassembler ses forces en silence, conclure ses alliances, méditer ses expéditions, avant de rompre les traités?

Commencer des infractions par de foibles hostilités, lorsqu'on a éprouvé la force de ses ennemis, & qu'il n'est pas question de les tâter; c'est ignorer les principes de la guerre & de la politique.

Les François ont fourni eux-mêmes une espece de prétexte de droit: car quelque droiture & sagacité les Ministres François ayent eu au dernier congrès; on leur reproche d'avoir laissé une queue à la paix d'Aix-la-Chapelle, & d'avoir donné jour à une nouvelle guerre, en un mot aux Anglois un prétexte de la commencer aussi-tôt qu'ils le trouveroient à propos. En ef-

fet

fet ils ne se sont pas plutôt crû en état de la faire à leur avantage, qu'ils l'ont commencée de la
maniére qu'on la vû.

Qu'eût fait au-contraire une nation éclairée ?
elle eût rompu toute négociation, reparé sa marine, & bloqué le Ports François occupés à former
des desseins de construction ; elle eût tenté des descentes sur les côtes de France & sur ses possessions, au lieu de s'amuser à prendre, contre le
droit des gens & des Souverains, des barques &
des foibles navires.

On peut toujours dire, que si les Commissaires François, dans une affaire si simple, dans
une question d'arpentage, qui avoit paru dans
le fonds peu importante aux Plénipotentiaires
d'Aix, n'ont pu trouver des moyens d'accommodement : au moins ils ont aveuglé leur partie ,
d'une maniere qui a peu d'exemples.

Après les hostilités des Anglois, qui se seroit
persuadé que la France feroit les premieres conquêtes ?

Tout devoit être surprenant dans cette guerre.
La Prusse devoit trembler pour la Silésie, con-
clure un traité avec Hannover ; & la maison de
Bourbon chercher ses Alliés dans celle d'Autriche.

Voilà de ces évenements destructeurs de toute politique.

J'ai prouvé que l'Italie gémissoit sous l'oppression des Anglois, que la ruine de son commerce est une suite de leur domination dans la Méditerranée.

Voyons

[...] qui se [...] dans l'Océan ; ex-
[...] pavillon anglois dominateur de ces
[...] pas détruit le commerce des Peu-
[...] une masse les richesses du mon-
[...]

[...] sur la différence de l'opulence
[...] de la France, de l'Espagne,
[...] de la mer Baltique, à celle des
[...] me servira de preuve,
[...] fortunes de Bourdeaux, Nantes & la Ro-
[...] sont diminuées des deux tiers depuis un
[...]

[...] & le commerce d'Espagne ont souffert
[...]

[...] croit, pour ainsi dire ruinée, avant
[...] par l'art des Anglois à s'emparer
[...] du Brésil.
[...]bourg même se plaint de la perte de son
[...]merce.

[...]que de ces évenemens est l'instant où
[...] Anglois ont commencé à faire connoître leur
[...] avoir des possessions dans le nou-
[...] Monde.

[...] Colonies Angloises en Amérique & dans
[...] ont ruiné les établissemens des Espa-
[...] des Portugais & des François.

[...] commerce a été coupé dans sa racine : &
[...] sur la manière de commercer des Anglois.
[...] manufactures ont acquis le plus haut prix,
[...] dans le commerce d'échange ils n'ont rien ti-
[...]que d'eux-mêmes.

Ils.

Ils ont embraſſé toutes les branches de commerce ; de ſorte qu'il n'en eſt plus reſté de particulier à une Nation.

Ils ont porté la pratique de l'agriculture, preſqu'au dernier période : l'art de ſéconder les terres, joint à celui de remplir leurs magaſins & leurs vaiſſeaux de grains étrangers, les a rendu les maîtres de la ſubſiſtance de pluſieurs Peuples. Par ce trafic de bled, ils ont fait oublier là cultivation à leurs voiſins, qui ont trouvé dans l'induſtrie angloiſe, de quoi nourrir leur pareſſe.

L'état déplorable de l'agriculture en France, eſt une preuve de ce que je viens d'avancer.

Depuis qu'on a du grain pour de l'argent, on a oublié que de l'argent on ne pouvoit jamais faire du grain ; que l'homme ne doit recevoir ſa nourriture, que du ſein de la terre ouvert par ſes travaux, & que la richeſſe primitive naît de l'agriculture.

Cet oubli a dégarni la campagne de laboureurs, & a fait prendre l'acceſſoire des richeſſes pour le principal ; & leur ſigne repréſentatif, pour les richeſſes mêmes.

Il a rendus la France moins avare d'hommes, parce que les hommes lui ſont devenus moins néceſſaires.

Enfin aſſurés de vivre ſans travail, les François ſe ſont adonnés à l'oiſiveté, au luxe. Ce luxe même eſt devenu une ſeconde ſource de leur perte. Ils n'ont pu le ſatisfaire que par le moyen des Anglois. Leurs manufactures, les productions

ctions des pays les plus éloignés, paſſées dans leurs mains, les ont rendu les maîtres du néceſſaire de la France & de ſon ſuperflu.

Le tiers de la conſommation de chaque François a paſſé en Angleterre. On en peut dire autant de pluſieurs autres peuples de l'Europe, même de ceux qui vendent aux Anglois plus qu'ils n'en achetent.

Dès qu'une Nation s'eſt emparée d'une branche de commerce, qu'on ſçait qu'elle fait à ſon avantage; les autres ne vont point la lui diſputer; parce qu'il eſt à ſuppoſer qu'elle en entend mieux la conduite & le produit, & qu'elle eſt en état de riſquer de groſſes avances, pour s'en conſerver la poſſeſſion.

Il s'en ſuit que le peuple qui vend, eſt obligé de livrer toujours à ſes coreſpondans, qui font même de cette clauſe la baſe de leurs marchés.

Que le nombre des acheteurs diminue & n'eſt plus repréſenté que par une Compagnie, avec laquelle il faut néceſſairement traiter, ſi l'on veut commercer.

Que cette Compagnie ſentant de jour à autre ces avantages, ne parle plus que de rabais, qu'elle obtient toujours.

Que dans le négoce d'échange, elle augmente le prix des marchandiſes qu'elle importe, à proportion du décri de celles qu'elle exporte.

Enfin, que le peuple avec lequel elle traite, ſe ruine inſenſiblement, parce que vendant ſon ſuperflu pour acheter ſon néceſſaire, il ſe trouve

C 5

que

que son superflu diminue & que son nécessaire augmente.

Il n'en est pas ainsi dans le tems où le commerce est libre; c'est-à-dire, lorsqu'il n'existe point de Puissance maritime assez forte, assez riche, assez industrieuse, pour s'approprier tout le commerce d'une mer.

Alors le nombre des acheteurs & des vendeurs étant multiplié, du bénéfice que chaque particulier peut faire, il en résulte un produit général pour les nations commerçantes: le gain se trouve à peu près dans une égale distribution, non seulement à l'égard des Citoyens respectifs, mais encore des Etats qui ont négocié par leurs Sujets.

Le calcul qui démontre le tort que les Compagnies commerçantes, exclusivement, apportent à un Etat quelconque, est le même que celui-ci.

Il est prouvé qu'une Compagnie qui posséde privativement une branche du commerce, gêne, détruit le commerce général d'un peuple.

Que ne devons-nous pas conclure contre une nation qui fait presque exclusivement le commerce de tout l'Univers, & dans les branches les plus importantes, telles que les denrées de premier besoin?

Croira-t-on que des Ministres rassemblés pour limiter les Puissances respectives des Princes de l'Europe, ayent oublié de mettre dans la balance politique, la Puissance maritime; & donné à l'Angleterre le tems, les moyens d'usurper

cette

cette tyrannie univerſelle, contre laquelle toute l'Europe & elle-même s'étoit ligué, & à laquelle elle eſt enfin parvenue?

C'étoit l'empire, le partage des mers, que l'équilibre devoit avoir pour principal objet : parce que dès lors, c'étoit un axiome reçu, que qui commande ſur mer, commande à la terre.

En partant de ce principe, & en ſuppoſant tous les Miniſtres de l'Europe perſuadés de cette vérité, les efforts communs ne devoient-ils pas tendre à établir un équilibre de commerce, entre toutes les nations de notre Continent?

Je dis un équilibre de commerce, le terme n'eſt peut-être pas aſſés étendu ; car ſous ce prétexte de commerce, combien d'hommes acquis, combien de poſſeſſions fertiles, enfin d'Empires, ajoutés à des Couronnes qu'on regardoit déja comme trop puiſſantes?

Ce ſeroit aujourd'hui mal juger, par exemple, de la force, du nombre des hommes, & des richeſſes des Anglois, que d'en juger par le produit, l'étendue, la population de l'Angleterre, l'Ecoſſe & l'Irlande : ſans y comprendre les poſſeſſions immenſes des Indes, de l'Amérique & les richeſſes de leur commerce.

Il ſemble que ce qui eſt hors de notre vue nous importe peu.

S'il eût été queſtion à Utrecht de donner la Flandre Eſpagnole à l'Angleterre, tout ſe fût ſoulevé : cependant on lui livre l'Italie ; on ne voit pas les Etats qu'elle poſſede déja ; on pouſ-
ſe

se l'aveuglement jusqu'à penser qu'il lui faut un augment de puissance.

Un traité, qui alors eût fermé aux Anglois l'entrée de la Méditerranée, leur eût interdit tout commerce avec la Baltique & le Sud, les eût forcés a se défaisir de l'Ecosse & de l'Irlande, en faveur du Prétendant, c'eût été un veritable traité d'équilibre, il eût encore laissé cette Puissance trop considerable.

Ce traité eût sorti son entiere éxécution, parce que l'Angleterre se trouvoit alors citée au tribunal de l'Europe assemblée: s'il n'étoit pas même proposable, il ne s'en suit pas moins qu'il eût pacifié l'Europe & eût été conforme à son intérêt public & particulier.

La conquête que la France vient de faire, doit dessiller les yeux sur cet intérêt.

Les nations se conjurent, s'arment contre la tyrannie de pouvoir; celle de richesse & de commerce est-elle moins importante?

Laissons les peuples de l'Océan s'endormir dans leurs fers.

J'ai prouvé que l'Italie étoit sous le joug des Anglois; ce joug est à demi brisé par la conquête de Minorque. Quel motif pour engager les Princes de la Méditerranée à joindre leurs forces à celles de la France, pour s'emparer de Gibraltar, livrer cette place à des mains moins redoutables, chasser les Anglois de leur mer, se partager entr'eux le commerce du Levant, & rendre à leur marine son ancienne splendeur!

Sans

Sans avoir recours aux mines de Mr. de Lancenarés, l'imprenable Gibraltar résistera-t-il aux forces combinées de l'Espagne, de l'Italie & de la France?

On doit compter au rang des avantages de la Conquête de Minorque, la prise qu'elle donne sur Gibraltar.

Cette Ville, maintenant à découvert au milieu de ses ennemis, ne doit plus attendre un prompt secours. On peut lancer contre elle les foudres enlevées à ses Maîtres; & opposant double Escadre à la Flotte Angloise qui voudroit la défendre, la rendre spectatrice de la défaite de ses vengeurs, ainsi qu'il est arrivé à Mahon.

Gibraltar rendu, la France acquiert le titre glorieux de restitutrice de la liberté & du commerce de l'Italie. Les colonnes d'Hercule deviennent des barrieres réelles sous lesquelles le Pavillon Anglois sera obligé de se baisser. L'Europe entiere se trouve délivrée. Les anciennes Puissances maritimes renaissent, & par des traités équitables de commerce, reprennent un éclat, qui n'est usurpé sur personne. La puissance ne l'emportera plus sur l'industrie des peuples. Ils pourront acquérir eux-mêmes leurs besoins; l'équilibre de commerce sera établi.

L'attente du succès de l'expédition de Minorque tenoit les Alliés de la France en suspens.

Les Conseils qui ont adopté la lenteur pour leur principe déterminant, se rejettoient de leur irrésolution, sur le changement que l'évenement heu-

heureux, ou malheureux, de cette entreprise, apporteroit dans les affaires.

Les Puissances que leur véritable intérêt portoit à se ranger du côté du plus fort, attendoient que le fort leur eût marqué le parti qu'elles devoient prendre.

Enfin dans l'indécision générale de l'Europe, qui aveuglée sur ses intérêts voyoit avec indifférence, & le fond de la question qui armoit les deux Couronnes, & les premieres hostilités; la France avoit besoin d'un coup de parti, qui pût réveiller ses Alliés de l'espece de léthargie dans laquelle ils étoient ensevelis, lui en attirer de nouveaux, & leur fournir un prétexte à se déclarer.

Les personnes employées dans les négociations, seront aisément persuadées de cette vérité. Elles ont dû s'apercevoir, combien la lenteur de l'expédition retardoit le succès de leurs projets.

Elles ont senti, quel changement la levée du Siége de Mahon eût apporté aux affaires du cabinet de France; elles en auroient tremblé, si le courage de la Nation & la capacité de ses Chefs ne les eussent rassurées.

Qu'on me permette de dire ici, que la force que le négociateur tire de la confiance qu'il a dans le succès des entreprises militaires, n'influe pas peu sur la réussite des projets dont il est chargé, & lui conserve au moins ce caractere de fermeté, si propre à lui faire obtenir, dans les moments les plus critiques, tout ce qu'il peut se promettre.

On

On augmente toujours sa puissance, lorsqu'on diminue celle de ses ennemis.   Ce n'est point en ce sens, que je veux parler de la prise de Gibraltar.   Je laisse les avantages négatifs, pour m'attacher aux positifs.

La clef de la Méditerranée entre les mains de la France, ou rendue à l'Espagne, ou à quelque Puissance d'Italie; on ne se trouve plus dans le cas de diviser, au premier bruit de guerre, les forces maritimes & de présenter deux fronts à l'ennemi.

Le commerce du Levant ne risque plus d'être interrompu, dans le temps où il est précisément le plus nécessaire, c'est-à-dire lorsque des guerres onéreuses épuisent l'Europe.

Par la continuité du commerce du Levant, la France se retire en grande partie de la puissance des Anglois, dont elle n'acquiert plus tant de denrées.

Les Ports de Marseille & de Toulon, libres en tems de guerre, rafraichissent continuellement la France: & l'Angleterre ne peut plus lui faire la guerre, qu'à son propre desavantage & au détriment de son commerce.

La Marine militaire n'étant plus employée à escorter les vaisseaux sur la Méditerranée, & à la garde des Ports, peut, jointe à celle de l'Océan, être opposée à la Marine Angloise & lui disputer l'Empire de la Mer.

Ces avantages sont trop sensibles, pour avoir besoin d'être plus détaillés.

On

On ne doit repondre ici qu'à l'idée dans la-quelle on eſt vulgairement, que le défaut de rade, rend Gibraltar un poſte de peu de con-ſidération.

Une place eſt plus redoutable par le mal qu'el-le fait, que par les avantages qu'en retire l'E-tat qui la poſſède.

Qu'importe qu'un port rende à l'Angleterre deux ou trois millions? Ce qui intéreſſe, c'eſt que la poſſeſſion de ce port, fût-elle inutile, n'incommode pas la marine & ne détruiſe point une branche eſſentielle du commerce. Le tort que l'on fait eſt plus réel, plus fatal, que tout le bien qui peut arriver.

Nous devons inférer que les Anglois, loin de faire ce qu'ils pouvoient pour empêcher la priſe de Mahon, ont eu tort de chercher à ſecourir cette Place, & de n'avoir pas ſongé à prendre leur revanche ſur quelque Iſle de la Méditerranée.

Que toute l'Europe doit ſe liguer avec la France, pour le Siége de Gibraltar, afin de repouſ-ſer les Anglois au delà du Détroit.

Que par la Conquête de Minorque la France a décidé ſes alliés & entamé Gibraltar.

Qu'enfin, la priſe de cette Place apporteroit à la France & à l'Europe des avantages conſi=derables.

[I v]

MEMOIRES
POUR SERVIR 'A
L'HISTOIRE
DE NOTRE TEMS,
PAR-RAPPORT A LA GUERRE
ANGLO - GALLICANE.

[IV.]

L'ANTIPATHIE ENTRE L'ANGLETERRE ET LA FRANCE, FORTIFIE'E PAR LA PRISE DE MINORQUE, ET AVANTAGES QUE LA FRANCE TROUVE DANS CETTE CONQUETE.

QUe la France s'empare de la clef de la Méditerranée; c'eft fans doute un très grand avantage pour elle: mais que les Anglois en reftent poffeffeurs, c'eft un mal bien inférieur à celui que pouvoient aux François caufer les établiffements anglois au cœur de cette mer.

Minorque bloquoit, pour ainfi dire, Marfeille & Toulon: c'étoit le repaire où les prifes faites fur la France étoient dévorées.

Dans cette isle les Corfaires anglois rafraichis des fatigues de l'Océan, acqueroient une courfe plus vigoureufe fur la Méditerranée.

Le commerce d'Efpagne & de France étoient également commandés par Mahon; cet heureux entrepôt pompoit la plus grande partie des richeffes de l'Italie, de la France & de l'Efpagne.

D

Dans

Dans les tems de guerre l'Angleterre avoit au milieu de ces Puissances un abri, qui non seulement leur en imposoit, mais à la faveur duquel elle pouvoit méditer les plus grandes entreprises.

Ses vaisseaux, ses constructions, ses préparatifs y étoient soustraits aux regards ; l'orage le plus funeste pouvoit s'y former en secret, & éclater ensuite sur les Puissances paisibles d'Italie.

Par la prise de Mahon ces périls se sont dissipés : voila des avantages bien grands qu'elle procure aux François.

La France par la conquête de Minorque s'avance au milieu de la Méditerranée, s'assure le commerce direct du Levant & des Côtes d'Afrique, bat la Sardaigne, défend les Ports de Marseille & de Toulon, & met un obstacle invincible aux descentes qu'on projetteroit sur la Provence.

Les bâtimens de Toulon & de Marseille destinés à tenter le passage du détroit, trouvent un point de repos ; & les vaisseaux des Côtes occidentales de France, après le même passage, rencontrent un port de leur nation, où se peuvent échanger les marchandises des Indes contre celles de la Méditerranée.

Les denrées de toutes ses Provinces, apportées par le canal de Languedoc dans la mer de Provence, ouvrent un commerce direct entre l'Isle Minorque & le Levant, & épargnent aux vaisseaux venants de l'Orient, le passage du golfe ou du détroit.

La

La moindre diminution de tems ou de frais dans une branche de ce commerce, eſt un avantage conſidérable ;, parce que la ſubſiſtance de toutes les Provinces Françoiſes méridionales en dépend.

Dans un tems de paix le commerce du Levant apporte à la France vingt-cinq millions. La moindre de ſes guerres, par le changement inévitable de théatre, dure toujours cinq à ſix ans. Il eſt démontré que la France ne reſte jamais plus de dix ans ſans guerre ; on a même été plus loin, l'on a fait de cette guerre dixainaire un des principes de la politique françoiſe. Où ne mene pas le défaut de juſteſſe dans les idées, ſur tout en politique ?

Croira-t-on jamais qu'il fût une nation incapable de conquerir, & par ſa ſituation & par ſa conſtitution ; un Etat peu peuplé, deſert encore dans de très grandes parties, & qui ne peut faire de guerre, quelle qu'elle ſoit, qu'à ſon deſavantage : auxquels on perſuadât cependant que la guerre étoit néceſſaire, & une perdition périodique utile, pour augmenter leurs forces ?

Je m'arrête ſur ce raiſonnement, parce qu'il eſt la baſe du plus dangereux ſyſtême que l'on puiſſe adopter; & que ce ſyſtême eſt prêché par quelques hommes d'Etat, ſur tout par le Militaire.

J'avoue qu'une guerre tous les dix ans eſt néceſſaire à cette partie de la Nobleſſe françoiſe qui ſuit la profeſſion des armes, & à tout le corps militaire ; que les Soldats, les jeunes Officiers doivent être accoutumés au feu réel ; mais je

de-

demande ſi l'avantage d'un corps particulier doit l'emporter ſur le bien général? Cette implication d'intérêt entre les differents membres de l'Etat, eſt peut-être un des plus grands vices de la conſtitution de la France.

Je reviens ſur mes pas: les guerres de la France ſont toujours avec l'Angleterre; ainſi la France gagne à la liberté de ſon commerce avec le Levant cent-cinquante millions tous les dix ans.

L'interruption d'un commerce ne doit pas être priſe pour ſon entiére extinction?

Je repons que dans les guerres de la France avec l'Angleterre, le commerce ceſſe preſque entiérement ſur la Méditerranée.

La France n'a pas aſſez de ports ſur cette mer; Marſeille & Toulon, compterai-je Antibes, ne fourniſſent point aſſez d'Armateurs, pour que les flottes & les Corſaires puiſſent avoir deux objets diſtincts.

La protection du commerce eſt le premier point que l'on perd de vue, excepté dans les commencements d'une guerre, lorſque des retours importants méritent l'attention de l'Etat.

Les eſcadres Françoiſes cherchent les eſcadres ennemies. On s'attache au premier objet, qui eſt de nétoyer la Mer, & l'on eſcorte peu.

Le Corſaire donne lieu à un nouveau commerce: celui de priſe bien plus riſquable, mais plus lucratif que celui de marchandiſe; qui par là devient abandonné, ou du moins n'eſt plus qu'acceſſoire. Les cargaiſons ſont plus legéres, le prix des aſſurances augmente, enfin la lon-

gueur

gueur de la navigation & l'avarice des Négociants, multiplient le gain par les dangers, & les frais des marchandises exportées par ceux des denrées importées.

La prise de Minorque donne des ports excellents à la France, & la met en état de penser à des armements plus nombreux.

Les vaisseaux anglois n'ayant plus de port en propre sur la Méditerranée, (sur-tout dans la guerre présente, où ceux de l'Espagne, de la Savoye, de la République de Genes, de la Toscanne, de la Sardaigne, de l'Etat Ecclesiastique, enfin de Naples & de Sicile leur deviennent naturellement fermés,) n'ont plus de retraite dans les chasses qu'on pourroit leur donner, & sont obligés à fournir des convois plus vigoureux.

Iront-ils dans l'Adriatique chercher, pour un moment, la protection de Venise, plus interessée qu'aucune autre Puissance à les détruire ?

Si la témérité, la haine, les emportent au-delà du Détroit ; ils sont obligés de se résoudre à donner aux François la chasse jusques dans l'Archipel, sans trouver aucun abri, tandis que les vaisseaux appartenans à la France, poursuivis, auront cent ports pour se rafraichir dans leur course ; ou bien ils doivent s'attendre à être répoussés de la mer Jonienne jusqu'au détroit de Gibraltar par des bâtimens assurés de relâcher où il leur plaira.

Enfin Gibraltar n'est plus qu'un poste embarrassant pour les vaisseaux François qui veulent tenter le Détroit, mais de peu de considération ſi on ne le regarde que comme l'aſile paſſager des Anglois aux confins de la Méditerranée, mer qui n'a, ni ne doit avoir rien à démêler avec l'Océan; & qui liguée, comme elle le devroit être, peut toujours fermer le paſſage du Détroit & faire repentir de leur témérité les vaiſſeaux qu'une inutile fureur porteroit dans ſon ſein.

Qu'on réfléchiſſe ſur les défenſes naturelles de cette mer, ſes ſinuoſités, ſes golfes, ſes détroits; & l'on verra que lorſqu'elle voudra s'armer, elle n'aura rien à redouter de l'Océan.

Que l'on ſe faſſe une idée de la puiſſance maritime de la France, lorſque ces côtes méridionnales ſeront hors d'inſulte, que les Corſaires anglois n'oſeront ſe préſenter dans la Méditerranée, qu'une legére Eſcadre ſuffira aux François pour défendre le paſſage du Détroit aux vaiſſeaux de guerre, & que toutes ſes forces tranſportées ſur l'Océan, pourront diſputer pied à pied à l'Angleterre ou l'Empire de la mer, ou ſon propre terrein, ſi les circonſtances des tems les portoient à des invaſions.

Une ligue avec l'Eſpagne, qui n'étant plus ainſi que la France occupée à combattre ſur la Méditerranée, pourra réunir ſes flotes: une pareille ligue, dis-je, peut rétablir un véritable équilibre de puiſſance & de commerce ſur l'Océan.

Enfin par la Conquête de Minorque, les François, libres dans le commerce de l'Afrique & du Levant, doublent leur marine ſur l'Océan; & unis à l'Eſpagne, peuvent luter avec avantage contre les forces combinées de la grande Bretagne

tagne & de la Hollande, & donner au commerce & aux poſſeſſions de l'Amérique, cette ancienne ſplendeur qui rendit ſi long-tems la Puiſſance Eſpagnole redoutable à ſes voiſins.

Les Citoyens du nouveau monde forment une partie de la Monarchie, qui n'eſt pas ſi entiérement détachée du corps, qu'on doive en négliger la conſervation.

Ce ſont leurs freres, leurs parens, leurs amis, leurs fortunes que les François défendent lorſque la guerre ſe porte dans ces climats. Il eſt étonnant qu'ils perdent ſi ſouvent ces objets de vue, & qu'ils regardent comme d'autres hommes leurs propres compatriotes, parce que des malheurs les ont obligés à chercher loin d'eux une ſubſiſtance qu'ils partagent.

Telle eſt l'erreur du peuple. Un trajet de mer briſe les liens du ſang, de l'amitié & du patriotiſme. Deux villages brûlés par les ennemis ſur les frontieres, intéreſſent davantage que des Provinces entiéres uſurpées en Amérique, que le maſſacre de pluſieurs milliers de ſoldats, qui ne ſemblent plus appartenir à la France, parcequ'ils ont eu le courage d'aller chercher la mort & l'honneur dans des pays trop éloignés d'elle. Triſtes victimes égorgées en ſilence, infortunés expatriés dans leur propre patrie, privés également & de la gloire de leur mort, & du bruit de leur victoire !

Des principes différents animent les Anglois : l'eſprit de propriété donne plus d'extenſion à leurs ſentimens. Le colon de la Jamaïque eſt toujours

D 4

ci-

citoyen de Londres; il représente dans sa famille, qui attend de lui ou son opulence, ou les besoins de la vie: ses dangers sont partagés, on s'y réjouit de ses succès, tout tient au corps de l'Etat. C'est cette liaison constante qui conserve la puissance de l'Angleterre, & empêche que l'accessoire ne devienne le principal, que les Colonies n'absorbent l'Etat, & n'en transportent les forces dans une partie de la Monarchie, qui exigeroit alors un autre système de gouvernement, de politique, & qui n'établiroit sa grandeur, sa sureté qu'aux dépens du corps primitif.

Des raisonnements différents conduisent à d'autres dangers, celui de voir un jour se détacher d'une partie essentielle de soi-même; ces riches Colonies achetées de son propre péril, de son sang & de ses travaux; ce prix que Dieu sembleroit avoir accordé aux connoissances, aux découvertes de l'esprit humain, si plus d'humanité avoit dirigé les conquêtes.

Je prendrai encore un essor à ce sujet; non qu'il intéresse particuliérement la Nation Françoise. Il est connu que dans la conquête du nouveau Monde, les François ont été moins fameux par leurs barbaries qu'aucun autre peuple, & que leur joug pése moins aux Nationaux que celui des autres Puissances Européennes.

Mais je dirai que les cruautés & le carnage ne devoient point être l'aurore du jour que le Christianisme a fait luire sur ces peuples; que probablement le baptême de sang n'étoit pas nécessaire à la conversion de cette partie du Monde; enfin qu'on

ne

ne doit pas imputer à une Nation entière ce que des forbans, des corsaires, des gens sans éducation, sans mœurs, sans religion, sans principes, que des préjugés inhumains ont pu commettre de contraire à la religion, aux mœurs & à l'humanité.

Qu'on juge par les Armateurs François d'aujourd'hui de ce qu'ont dû faire les Cortés , les Pizares?

Que sont encore la plûpart des Capitaines de vaisseaux marchands? Des gens, qui sortis du plus bas degré de la Marine reçoivent leur épée des mains de l'avarice, & se croient en droit de faire payer à d'autres hommes les dangers qu'a couru leur existence.

Doit-on attendre quelque humanité de ces avanturiers, qui ont pesé la vie des hommes dans la même balance, où ils pesèrent leurs propres jours contre leur fortune; qui jugent du prix du sang humain par le mépris qu'ils font du leur, & croient qu'étouffer la sensibilité, c'est étouffer la crainte?

Féroces avant d'être guerriers, ils ne respirent que le sang & le lucre. Si le hazard leur offre une conquête, tout homme leur devient un être étranger, coupable au moins de n'avoir pas été les détruire dans leur patrie; crime digne de mort, & qui entraîne la confiscation de biens.

La barbarie semble attachée à cet état, elle devient la vertu des ames viles qui l'exercent. Ce sont de ces guerriers sans mission, à qui le danger a donné du courage, l'appas du gain, de la

té-

témérité. Malheureux le peuple subjugué par de pareils Conquérans ! La clémence marque les victoires des braves gens ; la mort, la cruauté, l'injustice désignent celles des ames basses.

Un Monde en proie aux Armateurs, ne seroit peut-être pas mieux traité que le furent le Pérou, le Mexique ; le même Monde conquis par une Flotte Françoise, béniroit bientôt Louis XV.

On trouvera surprenant que je m'emporte dans le moment actuel contre un corps si utile au commerce & à l'Etat, un corps qui a donné des hommes célébres : je m'explique, & déclare que je n'ai point eu en vue de blâmer la chose, mais la maniere de la chose, & de faire sentir qu'il y a une espece d'inhumanité, de laisser le commandement des vaisseaux marchands à des mains barbares, capables, & toujours à portée, de commettre les plus grands excès : enfin d'insinuer, que ces Armateurs, destinés qu'ils sont à un commandement, devroient avoir reçu une éducation convenable & être tirés d'un corps auquel on auroit donné de bonne heure des idées nettes du droit des gens, de la liberté & de la dignité de l'homme : pour que leur despotisme sur leur bord fût plus équitable, & que l'humanité fût à l'abri des injures du Pavillon.

Un Armateur a entre les mains la vie, la liberté de plus de deux cens citoyens, & cet homme n'est ordinairement qu'un Pilote qui connoît les étoiles & fort peu les loix.

C'est ainsi que mille petites republiques flottent au gré des vents & du caprice du pouvoir arbitraire.　　　　　　　　　　　　C'est

C'est ainsi qu'une partie de la Nation vit sous le joug affreux du despotisme, & reclame en-vain au milieu des flots les loix sous lesquelles elle est née.

C'est ainsi qu'un peuple se voit imputer des cruautés dont il est incapable.

Pizare arme à ses frais plusieurs vaisseaux & va découvrir, c'est à dire usurper, dévaster un Monde nouveau; les compagnons de sa témérité, que lui avoit donné l'espoir du pillage, exercent toutes sortes de cruautés, & ces horreurs sont imputées aux Espagnols! On fremit encore quand dans les affaires du Mexique ou du Pérou, on parle de ce peuple.

Si Charles-Quint avoit osé faire lui-même les frais de ces conquêtes, & y envoyer d'abord des Officiers expérimentés, des Soldats disciplinés, son siécle auroit fourni à la postérité moins de modeles d'inhumanité & de barbarie.

Revenons à notre objet. La liberté de réunir presque toutes les forces maritimes de la France sur l'Océan, (avantage que la prise de Minorque lui procure) met à couvert ses Colonies, lui donne plus de facilité à les approvisionner, à les secourir & à en être secouru, conserve une partie essentielle de la Monarchie, & sauve le corps de l'Etat de ces coupures funestes que lui cause l'interruption de son commerce.

En supposant la guerre dixainaire avec les Anglois devenue un arrêt inévitable de la fatalité qui préside à la durée des Etats, qui soumit Troyes aux Grecs, Carthage à Rome, & Rome

à

à des Visigots. Les cent cinquante millions, que rapporte déformais à la France la non-interruption du commerce du Levant & de l'Afrique, pourvoient aux frais de cette guerre.

Les François libres de faire eux-mêmes leurs achats de bled dans le Levant & en Sicile à un prix plus médiocre (si une barbare obstination les force à laisser détruire leur agriculture,) ils rapportent l'abondance dans leurs Provinces incultes & dans leurs Camps. Délivrés de l'horrible nécessité de devoir leur subsistance à leurs ennemis, ils sont sûrs de poursuivre leurs victoires, de n'être pas contraints à tenir la gloire de leurs Armes par des paix onéreuses, & de sacrifier leurs exploits, leurs triomphes, à de vils besoins qui les commandent.

Enfin leurs guerres ne seront plus un jeu sûr, que l'Angleterre pouvoit faire cesser dès le moment qu'elle entroit en perte, ou poursuivre à sa volonté jusqu'à leur entière ruine. Elle ne tiendra plus dans ses mains les rations des Soldats François, l'ordre de la paix & le contre-poids de ses pertes.

Les traités, l'arme avec laquelle elle les a vaincu si souvent, lui deviendront aussi funestes que les combats.

Les avantages tant négatifs que positifs que la France pourroit retirer de la prise de Gibraltar, font une suite de la conquête de l'Isle Minorque.

Ceux qu'elle retire de l'expédition de Mahon font indépendans de ceux résultans de la prise de Gibraltar.

Par

Par la conquête que la France vient de faire, elle étend son empire & son commerce sur la Méditerranée, met ses Côtes méridionales hors d'insulte, rend la liberté à son commerce dans le Levant & l'Afrique, gagne en tems de guerre par cette continuité de commerce vingt-cinq millions par an, & brise les fers de l'Italie.

Les forces maritimes de la France peuvent être doublées sur l'Océan : de ce nouveau degré de puissance, ses Colonies acquierent un nouveau lustre, & deviennent moins séparées d'elle.

La France pouvant faire elle-même son commerce de bled dans le Levant & l'Italie, secoue le joug des Anglois, n'est plus commandée par ses besoins; peut poursuivre les avantages de ses armes, réfuser ou imposer la paix, & n'être plus forcée à terminer des guerres glorieuses par des traités peu avantageux.

C'est une opinion fausse de croire que Guillaume le Conquérant ait porté en Angleterre la haine que les anciens Normands avoient conçue contre le nom François.

Aucun sentiment de haine ne conduisoit les Normands dans leurs invasions. La soif du butin, les richesses de la France, étoient leur seul véhicule; & la coutume barbare qui alors défendoit d'aimer ses ennemis, avoit peu de part à leurs expéditions. S'ils commirent sur les François des cruautés inouïes, ce fut moins par haine que par tempérament, par habitude, par métier.

Les fréquentes contributions qu'ils retiroient de Paris, & avec lesquelles ils s'en retournoient

tou-

toujours satisfaits, prouvent qu'ils haïssoient moins alors la France, qu'ils ne la méprisoient, & qu'ils n'aimoient que l'argent.

Ces Conquérans barbares, finirent par être des créanciers un peu durs, puis des rentiers paisibles, enfin des amis, des alliés, des sujets.

Il en fut autrement des François. Ceux-ci les haïrent de bonne foi; & si la force eût été de leur côté, on ne sçauroit dire à quelle barbarie ils ne se seroient point emportés contre eux. La vengeance remplissoit leurs cœurs. La différence des Religions dans ces tems d'ignorance les leur auroit rendus odieux, quand même ils leur auroient fait du bien.

Ils insultoient à leur Religion, ils profanoient leurs Temples, ils pilloient leur Villes, brûloient leurs habitations, ravageoient leurs moissons; leurs femmes, leurs enfans étoient leurs esclaves, leurs victimes, ou la proie de leurs desirs; enfin ce torrent de feu étoit suivi d'un fleuve de sang.

Quel Peuple eut jamais des sujets de haine & de vengeance plus justes que ceux des François? que de siécles il faut pour fermer de pareilles cicatrices.

Les préjugés qu'ils ont encore sur la bonne foi de cette Nation, quoique fondue dans la leur, est une suite de cet ancien ressentiment, & peut-être une des sources de leur haine pour les Anglois: quand je dis haine, je force l'expression, car ils ne haïssent plus; les Anglois le sçavent, il y a long-tems qu'ils ont défini les Fran-çois un Peuple qui ne sçait ni aimer, ni haïr.

Le mot de haine, relativement aux François, ne doit donc être pris ici que pour cet accès de fureur qui saisit en tems de guerre les soldats & le peuple, & qui s'exhale chez les beaux esprits par des chansons & des invectives. Point de Nation qui se haïsse davantage en guerre, point qui s'aime, j'ose dire estime plus dans la paix.

Ne tient-on pas un peu dans les querelles d'Etat, des gens du bas peuple, qui s'embrassent dès qu'ils ont fini de se battre?

La paix ne sera pas plûtôt publiée, que les François se hâteront de donner aux Anglois les plus grands éloges, de leur adjuger l'empire des Sciences. Ils s'écrieront *que ce n'est qu'à Londres que l'on ose penser.* Ils avoueront humblement que c'est au génie Anglois que l'on doit l'esprit philosophique; qu'ils sont les maîtres en raison, en calcul, en sciences profondes, dans l'art du Gouvernement & de la Politique; qu'enfin notre siécle doit à cette Nation ses lumieres & ses plus grands exemples.

On adoptera ses goûts, ses usages, les modes lui seront assujetties. Rien ne sera bien s'il n'est à l'angloise, & il sera du bon ton d'avoir un Anglois pour ami; parce qu'on sera persuadé qu'un Anglois seul sçait aimer. Tandis que dans le cours de cette guerre, en France l'on sera capable de pousser le ridicule jusqu'à prohiber la lecture de Locke & de Newton.

La fameuse querelle sous Guillaume le Conquérant, n'est pas la seule origine de la haine entre les Anglois & les François.

Les François commencerent à ne point aimer les Anglois dès le moment où les Normands se mêlerent avec eux, & les Anglois ne haïrent les François qu'après avoir été chassés de la France.

Les guerres sont la source à laquelle on doit faire remonter toutes les antipathies entre les Nations. Celle qui a le plus perdu, hait ordinairement davantage; surtout lorsqu'elle a souffert des invasions.

Aux

Aux horreurs ordinaires d'une conquête, succédent toujours l'oppreſſion la plus cruelle & des outrages inéfaçables dans le cœur d'un Peuple.

Le pere au lit de la mort, raconte encore à ſes enfans les malheurs dont il a été le témoin, les miseres qui l'ont accablé, & les opprobres qu'il a souffert. Ce souvenir dans un homme expirant eſt un ſentiment de haine, qu'on éprouve à ſes récits & qui souvent eſt le ſeul hérirage qu'il laiſſe à ſes enfans, auſſi ſoigneux que lui à le tranſmettre à leur poſtérité. C'eſt ainſi que la haine s'éternise.

Une famille au bout de trois ſiécles, lit dans ſes titres de poſſeſſion la cauſe de ſa pauvreté actuelle. Elle y apprend que puiſſante, riche autrefois, ſes biens, ſes honneurs lui furent enlevés par l'uſurpation d'une Nation voiſine : le foible reſte de ſon ancienne ſplendeur, renouvelle ſans ceſſe le ſouvenir de ſes pertes : heureuſe encore ſi ces archives de ſa ruine, ne ſont point celles de ſon deshonneur, de ſes regrets ; ſi elle n'y lit point la mort infame du Héros dont elle ſe faiſoit gloire de ſortir, le carnage de ſes auteurs, & de quel ſang furent teints les murs du château détruit, où elle enſevelit ſa miſere, où elle nourrit dans les pleurs une haine ſtérile, que le flambeau de la guerre féconde & rend enfin redoutable aux juſtes objets de ſa vengeance.

Ces ſentimens particuliers, preſque éteints par le tems & perdus dans leur dégradation, forment cette averſion, que ſans idées nettes, ſans fondement, dont il puiſſe rendre raiſon, un Peuple conçoit contre un autre.

Chaque guerre renouvelle cette haine, parce qu'elle renouvelle les pertes, & que les avantages qu'elle apporte à la Nation ne ſont point aſſez ſentis du particulier.

MEMOIRES
POUR SERVIR 'A
L'HISTOIRE
DE NOTRE TEMS,
PAR-RAPPORT 'A LA GUERRE
ANGLO-GALLICANE.

[v.]

L'ANTIPATHIE DES ANGLOIS ET DES FRANCOIS DEMONTRE'E PAR UNE COMPARAISON.

QU'importe à un citoyen qui vient de perdre dans un combat ou ſon pere ou ſon frere, que la Monarchie ſoit, à raiſon de cette perte, agrandie d'une toiſe?

Qu'on attende cependant tout de ce même citoyen, ſi on le conduit contre la Nation qui lui a ravi l'appui, ou l'amour de ſa famille. En lui combattront tous les parens & les amis qu'il aura perdus. Ce ne ſera plus un homme qui défend ſa vie, mais un lion qui cherche à dévorer:

.... *Pallas te hoc vulnere Pallas*
Immolat.   Æneidos Lib. 12.

Il en eſt cependant arrivé autrement à l'égard des François: ils n'ont point conquis en Angleterre. L'image de l'invaſion des Anglois eſt encore

core présense à leur mémoire ; cependant les François sont plus haïs, qu'ils ne haïssent.

On sçait jusqu'où va l'emportement du peuple de Londres, même dans les plus paisibles, je ne dirai pas contre la Nation Françoise, mais contre le simple nom, contre l'air François.

Ne cherchons point la cause de cette haine, constante d'une part, momentanée de l'autre, ailleurs que dans le caractère des deux Peuples.

L'obstination des Anglois, dirai-je l'ardeur d'étendre leur domination ? est la source de leur aversion pour la France.

Séduits par un prétexte de droit dans les guerres, sous le Dauphin Charles VII. on leur persuada qu'ils avoient des prétentions incontestables sur plusieurs Provinces, même sur la Couronne de France. Le sort des armes appuya leur prétendu droit, & y ajouta celui de possession.

Il fallut les chasser d'un pays dont ils s'étoient emparés à titre de conquête & de propriété. Ils crurent qu'on les avoit chassés de leur Patrie, qu'on usurpoit réellement sur eux ; & ce qui piquoit plus leur amour propre, c'étoit à une femme qu'ils étoient obligés de céder leur conquête.

Ils perdirent la France, mais non l'espoir d'y rentrer. Ils la regarderent comme une de leurs Provinces usurpées par une Puissance étrangére, qui n'auroit pas toujours des femmes pour la défendre. Leurs Rois conserverent dans leurs titres ceux de cette conquête. L'Angleterre fut convaincue que la France tenoit ses Provinces ; celle-ci craignoit qu'elle n'envahît les siennes, &

il

il arriva ce qui arrive dans les contestations suspendues, où les deux parties croyant avoir bon droit, une obstination indestructible, l'antipathie s'emparent des esprits.

Le schisme de Henri VIII. augmenta encore cette aversion. La haine du Papisme devint la vertu de l'Angleterre. Ce n'étoit pas assez de haïr les François pour eux-mêmes, il falloit encore haïr en eux le Chef de leur Eglise.

La Religion qui jette de plus profondes racines dans les cœurs, aigrit les François de leur côté contre une Nation hérétique. Leurs ennemis devenus ceux de Dieu, leur parurent des impies, à la destruction desquels leur conscience étoit intéressée.

La Ligue craignit le secours d'Elizabeth & tonna contre les Anglois. Le Peuple fut toujours nourri dans la haine.

. Les assassins de Charles premier redouterent l'assistance que la France devoit & pouvoit donner à cet infortuné Monarque. Les Partisans de Cromwel au seul nom François crierent à l'ennemi, aux tyrans, & les discours publics prêcherent l'aversion contre la France.

Les Royalistes d'aujourd'hui furent élevés dans ces sentimens, qui gravés par l'éducation, leur devinrent naturels. Ils virent la France toujours, ils la voient encore armée de leur ennemi, leur présenter sans cesse leur ancien Maître ; & ils regardent ce Prince comme un ange exterminateur qui doit venger dans leur sang, celui qu'ils ont versé.

E 2

En-

Enfin la révocation de l'Edit de Nantes plaça les plus cruels ennemis de la France, au milieu de ſes ennemis, qui en augmenterent leurs forces, leur induſtrie, leur commerce, leur haine.

Ce furent les refugiés François, les le Clerc, les Courtils, & autres qui donnerent l'éveil de ce projet abſurde de Monarchie univerſelle attribué à Louis XIV. On ſçait à quel point ces plumes mercenaires porterent la déclamation & l'invective contre ce Monarque illuſtre. Les Chaires Proteſtantes ne retentirent que d'imputations affreuſes, d'alluſions indécentes & de portraits odieux de ce Prince.

Ce déchaînement commença par les refugiés qui entrerent dans le Sacerdoce. Pour ſatisfaire leur vengeance particuliere, pour paroître bons Anglois, ils chargerent d'horreurs leurs Diſcours publics: les Anglois prévenus, haïrent toute la Nation dans ſon Roi.

Ces déclamations groſſiéres paſſerent des Temples au Parlement, au Cabinet, & du Cabinet de Londres, dans tous ceux de l'Europe. Louis XIV. y fut peint comme un tyran de ſes propres ſujets, qui eſſayoit ſur eux, les fers qu'il préparoit au monde entier.

On n'examina pas la poſſibilité du projet, on le paſſa pour exécutable. Toute l'Europe frappée d'une terreur panique, ne vit plus pour premier point de ſa politique, que la perte du tyran commun, & l'abaiſſement de la Maiſon de Bourbon.

L'Em-

L'Empereur même fut le premier à répandre l'alarme; lui, à la Maiſon de qui ce projet avoit été imputé depuis long-tems, & qui étoit encore embarraſſé à s'en défendre. Car les Anglois n'avoient fait en cette occaſion que retourner contre la Maiſon de Bourbon, la peur que Henri IV. avoit faite de la Maiſon d'Autriche à toute l'Europe.

Enfin les Anglois ont été accuſés à leur tour d'avoir adopté ce ſyſtême, & peut-être avec plus de fondement, attendu l'énormité de leur puiſſance maritime.

Ce ridicule projet de Monarchie univerſelle (dont je n'entreprends point de prouver l'impoſſibilité d'exécution, parce qu'elle eſt palpable à tous les politiques; même à ceux dont le génie a le plus d'écart) enfanta, comme je l'ai dit, le ſyſtême de l'équilibre: contre projet par lequel l'Angleterre eſt devenue ennemie néceſſaire de la France.

Crainte d'une Monarchie univerſelle, balance de pouvoir: voilà le guide de toutes les opérations des Conſeils Européens. Cependant cette Monarchie univerſelle n'eſt qu'un ſonge, dont on a bercé la vieilleſſe du dernier ſiécle. L'équilibre n'exiſte point: il n'y a nulle part de compenſation de Puiſſance. La mer eſt reſtée au premier occupant; & l'Europe reſſemble à une prairie, dont le ruiſſeau qui l'arroſe, appartient à un Seigneur différent, libre de le pêcher, ou d'en détourner les eaux.

Y a-t-il plus d'équilibre dans le partage du nouveau Monde?   E 3   II

Il est bien étonnant que tant de vuide n'ait point été apperçu dans les principes, qui pendant près d'un siécle ont dirigé les mouvemens de toutes les Puissances Européennes, & dirigé tant de têtes raisonnables.

Rien, depuis ce tems, n'a pu concilier à la France l'amitié des Anglois. Le Duc d'Orléans Regent, sentit combien dans les commencemens de son ministere, & la foiblesse de son Gouvernement, il lui importoit de ménager cette Puissance, & d'avoir un appui contre les persécutions de l'Espagne. La France goûta enfin un peu de calme, prolongé par la douceur du gouvernement du Cardinal de Fleury. L'aversion de l'Angleterre sembloit être un peu affoiblie, lorsque la derniere guerre la ralluma avec plus de force.

Les batailles de Dettingen, de Fontenoy & de Rocou fournissent des preuves de toute l'animosité des deux Nations, & ont laissé dans leurs cœurs un ressentiment que rien ne peut éteindre.

Il ne manquoit plus qu'une querelle d'intérêt, pour porter la haine mutuelle à son dernier période: le sort vient de la faire naître.

On ne peut cacher les pertes que le commerce François a fait, & combien leur patience a été fatiguée & insultée.

L'Angleterre a perdu Minorque, & l'Angleterre n'aime point à perdre. Les emportemens publics contre l'Amiral Bing, le déchaînement de la Nation, sont des preuves certaines que la perte des soldats, la honte d'être battu & forcé à se rendre, ne sont point les seuls sentimens qui
agi-

agitent en ce moment les esprits de Londres. Ils sentent l'étendue de la perte qu'ils ont faite ; tout Etat commerçant est intéressé, & tremble toujours pour les risques que son commerce peut courir.

Ces événemens sont peu favorables aux projets qui auroient pour but de rétablir l'union entre les Peuples des deux Couronnes, & de détruire l'antipathie qui régne entr'eux. Projets bien dignes de notre siécle, qui semble être celui du raisonnement ; c'est-à-dire celui où la nature & l'humanité ont le plus de droits sur les hommes.

Ces haines pardonnables dans des tems barbares, ne le sont plus dans des siécles policés.

L'esprit philosophique qui parle aux derniers citoyens de Londres, ne devroit-il pas leur faire voir, combien il est insensé de haïr un homme, parce-qu'il est né à quelques milliers de toises loin de nous, parce qu'il respire un air différent, qu'il porte un habit plus long, ou parle un autre idiome ?

Nous avons étouffé ces préjugés, qui à la vérité nous ont plus gouvernés qu'aucune autre Nation, & nous en avons en partie l'obligation à l'Angleterre : il faut une espéce d'yvresse générale pour les faire renaître parmi nous.

On diroit que le flambeau de la raison dont les Anglois sont les dépositaires, porte sur ceux qui le tiennent, une ombre qui les aveugle.

Mais peut-être est-il de leur politique, de celle de la France, de fomenter cette antipathie entre les deux Nations ?

E 4

Les

Les haines fameufes de Rome & de Carthage ont fait, dit-on, long-tems la grandeur de ces Etats.

On croit la France dans la même pofition : voyons s'il y a lieu au parallele.

Carthage enrichie du commerce de Tyr, ne put voir long-tems fon ambition contrainte à fe refferrer dans les bornes de fon Continent. L'Afrique prefque entiére fous fa domination, ne fervoit que d'aliment à un orgueil dont les projets embraffoient l'Univers.

Maîtreffe de la Mer, allié des Efpagnes dont elle favorifoit les deffeins, parce qu'elle les fubjuguoit par le commerce de l'Afrique, elle apprit des Efpagnols la grandeur, les projets de Rome, & prit dans leur fein la haine qu'ils nourriffoient contre une République qui vouloit les affujettir.

L'opulence de Carthage étoit la fource de fon orgueil, vice qui ne connoît point de bornes lorfqu'il doit fa naiffance aux richeffes.

Les projets les plus vaftes furent les fruits de l'yvreffe de ce Peuple, augmentée par les plaintes & les récits des Efpagnols.

Il fouffrit avec impatience que la Nature eût mis une barriere entre lui & les Romains. Il chercha à fe raprocher de fes Rivaux, par les mêmes moyens qu'ils employoient pour venir à lui. Il fe foumit la Corfe, la Sardaigne, & entreprit la conquête de la Sicile. Cette derniere expédition ouvrit la carriere.

Les

Les Romains eurent les premiers succès. Dulius remporta même quelques avantages sur mer; & Rome étonnée de son propre triomphe, décerna des honneurs jusqu'alors inconnus, à son Amiral; si l'on peut appeller ainsi un homme qui commande quelques barques mal construites & mal gouvernées contre une Puissance qui faisoit trembler la mer. On voit encore des débris de ce triomphe dans la colonne Raustrale que Rome éleva alors en l'honneur de Dulius, & que l'on conserve au Capitole.

La descente d'Agatoclés en Afrique, engagea les Romains à y envoyer une Armée. Regulus gagna à la bataille d'Ecnome, & put se présenter devant Carthage.

Par les raisons que j'ai alléguées dans les pages précédentes, on doit juger que cette expédition, qui fut sans doute accompagnée de toutes les horreurs de la guerre, changea en haine dans le cœur des Carthaginois la rivalité de gloire & de puissance, & que cette haine invétérée passa de citoyens en citoyens, comme elle fut transmise à Annibal par son pere.

Le passage de ce Général en Italie, à la tête d'une Armée conduite par la jalousie, la haine & la vengeance, les cruautés exercées contre les peuples, le carnage de Cannes, les dangers que courut Rome, livrerent les Romains à une haine pareille, qui ne se trouva point affoiblie par une paix de vingt-cinq ans, à l'expiration de laquelle commença la seconde guerre punique.

E 5

Je

Je ne dirai rien des suites de ces guerres; on sçait que la destruction de Carthage en fut le terme: mais ce qu'il faut peser, c'est l'idée où l'on est qu'elles affermirent la grandeur des Romains, & contribuerent à retarder la chute de deux Républiques, dont les Gouvernemens corrompus depuis long-tems, étoient minés par un vice intérieur, suffisant pour réduire Carthage au même état où la mirent les Scipions, & faire crouler Rome sous son propre poids.

C'est une erreur de penser que la guerre puisse détruire les vices du Gouvernement, sur-tout dans un Etat qui n'est point militaire.

La longueur seule des guerres puniques devoit ruiner Carthage. Tout Etat commerçant est insensiblement détruit par la guerre. Si l'on me demande les raisons de ce principe, je n'en donnerai qu'une; c'est qu'un Etat commerçant qui a de longues guerres à soutenir, devient militaire, & est perdu par ce changement de constitution; parce qu'il perd ses richesses, parce que sa position n'étant point militaire, devient mauvaise; parce qu'il ne trouve ni dans les causes physiques ni dans les causes morales, de quoi faire des Soldats & des Officiers; que le climat qui produit de très habiles Négocians, est souvent ingrat à former des guerriers, & que l'éducation n'a point inspiré de bonne heure cette inclination, ces vertus militaires, sans lesquelles il n'est point de soldats.

Parce que dans les mutations de constitution un Etat risque sa perte; ces mutations sont à la fois propres & relatives. Com-

Comme propres : elles souffrent de grandes difficultés ; elles aportent de terribles accidens dans l'intérieur toujours peu disposé à les recevoir : c'est un corps étranger introduit dans la masse du sang, qui y engendre la corruption, la langueur & la mort : par la seule raison qu'il n'est point analogue aux parties qui le reçoivent.

Comme relatives ; lorsqu'elles ne se font point en raison réciproque du mouvement général & particulier de la masse commune des Puissances qui environnent un Etat, elles lui sont funestes par sa seule position cénographique.

Un Etat commerçant est ceint de Gouvernemens militaires ; il possède les richesses des Nations qui l'entourent ; son commerce est leur propre intérêt : mais s'il abandonne sa constitution primitive, & veut devenir puissance militaire, il est perdu ; par la même raison qu'un Gouvernement militaire englobé dans des Puissances commerçantes, le seroit, s'il vouloit tourner ses vues du côté du commerce.

Donnons un exemple. Supposons un Despote en France. Nous verrons à la vérité peu de desordre, dans l'intérieur de l'Etat ; parce que la Nation naturellement affectionnée à ses Maîtres, en adore les noms & les volontés : que quelqnes maux que puisse attirer sur elle une pareille forme de Gouvernement, elle chérira toujours dans leurs descendans le sang d'Henri IV. de Louis XIV. & de Louis XV. de même que les Romains révéroient dans Néron sanguinaire les vertus de Germanicus : ainsi peu d'intrigues ; peu de séditions, y troubleront le despotisme.   Mais

Mais l'industrie sera détruite, le flambeau des sciences éteint, l'éducation timorée ; l'esclavage abbatra les cœurs ; les vices dans lesquels il aura fallu endormir la Nation, germeront de toutes parts ; la terreur du châtiment, la crainte du Maître, feront les seules vertus. Tout dépendant du pouvoir arbitraire, l'espoir de rendre les enfans illustres & opulens sera entierément éteint. On n'amassera plus de richesses que pour soi-mêmes ; plus de mœurs, plus d'honneur, plus de commerce, plus de soldats, qu'*une Milice insolente, qui faite à essayer sa force contre des sujets, à châtier des esclaves, fuira devant l'ennemi, & attaquera son Maître.*

Cependant les Nations voisines auront conservé leur ancienne constitution ; le Germain n'aura rien perdu de son ardeur guerrière ; l'Anglois, le Hollandois, auront englouti l'industrie & le commerce du François ; les Colonies seront passées dans leurs mains, parce que révoltées de la pesanteur de leur nouveau joug, elles en auront apperçu près d'elles un plus léger : les Puissances du Nord se feront jointes pour partager les dépouilles de la France ; les Souverains d'Italie lui feront devenus des voisins redoutables.

Qu'auront les François à opposer à tant d'ennemis ? Des soldats sans courage & sans discipline, des Officiers sans connoissances, sans honneur ; une Nation dans les fers, qui pleure sa liberté, des Villes abandonnées, des champs incultes, & des Laboureurs expirans de besoin : heureux alors, si le tableau affreux de ces miséres ne dégoûte pas de la conquête de la France.

Car-

Carthage s'écarta de sa premiere constitution, dès le moment qu'elle voulut conquérir. Le succès augmenta le vice. Il lui fallut des soldats, jusque dans ses Vaisseaux; son commerce, autrefois paisible, eut besoin d'être appuyé par la force: le même climat dut produire des Magistrats, des des Négocians, des Officiers & des Soldats.

Les loix faites pour un Peuple de Marchands, ne furent pas propres pour un Etat militaire.

On vit paroître à Carthage des Ordonnances sur la guerre, des Soldats disciplinés, des Généraux; mais bientôt le Marchand eut peur de son Armée. Les Saffétes purent en appuyer leur autorité, ou en redouter la puissance. De-là ces deux factions, qui partagerent Carthage entre les Citoyens & l'Armée. Le Général fut immolé aux terreurs du Peuple, le Peuple à l'ambition du Général: l'histoire du Duc de Malboroug nous retraceroit un pareil exemple.

Ce ne fut cependant là que la cause seconde: la premiere constitution avoit été altérée depuis long-tems.

Les loix avoient été faites pour une Monarchie, & non pour un Etat républicain; encore moins pour l'Anarchie, qui de tems en tems gouvernoit Carthage. Ces loix étoient fondées sur le caractére de la Nation, & lui étoient propres: des loix différentes ne pouvoient que la conduire à sa perte.

Un Etat républicain veut des ames fortes, des esprits prompts à saisir les objets les plus vastes; enfin une passion déterminante de liberté ou de grandeur, à laquelle tout soit sacrifié, & qui rende capable des plus grandes choses.

Le

Le Peuple de Carthage étoit vil, sa foiblesse paroissoit même à travers sa haine : en un mot cette République née pour être sujette, ne pouvoit subjuguer que des Peuples plus lâches, plus mal gouvernés qu'elle.

Nulle vertu ne faisoit son principe. Les haines particuliéres la dévoroient ; celle qu'elle conçut pour Rome, ne servit qu'à augmenter ses maux, loin de les pallier. Elle lui fit jouer un plus grand rôle, aux yeux des Nations ; parce qu'elle la mit en opposition avec les Maîtres du monde. Mais n'est-il pas sensible que cette haine accéléra sa ruine ?

Ce Peuple vendu à l'intérêt, & à tous les vices, trafiquant même du droit de le gouverner, déchiré par des factions, ne pouvoit opposer aux Romains qu'une célébrité d'opulence, & des soldats mercenaires recrutés dans les Espagnes.

Sa Marine à la vérité, puissante pour ces tems, commandoit à la Mer connue & au Commerce ; mais accoutumée à la piraterie, à des descentes sur des Côtes ignorées, pouvoit-on en attendre beaucoup dans une guerre réglée, & compter sur ses troupes de débarquement ?

Pendant ces guerres, le commerce étoit négligé ; les partis croissoient, tantôt pour, tantôt contre son Armée : Carthage étoit le séjour du désordre & du trouble. Ses défenseurs, ses libérateurs étoient payés, par l'ingratitude la plus affreuse, l'exil & la mort. Tout étoit tumultueux dans les projets, dans les résolutions. Les richesses s'épuisoient, parce qu'elles n'étoient plus renouvellées par le commerce. Une partie de la Nation se dévouoit à la guerre, & deve-

noit

noit ainſi ennemie de celle qui reſtoit à Carthage. Tout dans un tel état devoit tomber de ſoi-même.

Ce furent ces Guerriers illuſtres, ces Héros que cette République enfanta pendant les guerres puniques, qui la perdirent. Les exploits même de ces grands hommes lui étoient funeſtes ; ils éloignoient de plus en plus de l'intérêt véritable, & tous les déſordres ſe multiplioient à la faveur de la guerre.

Le commerce ſoutint cependant la ſplendeur de Carthage juſques près de ſa fin. Il la fit toujours croire floriſſante, il périſſoit peu à peu. Ce fut dans Carthage même que les grands coups lui furent portés. Toutes ſes richeſſes furent ſouvent conſommées par les préparatifs de la guerre, le pillage des ſoldats ennemis, & les tréſors dont il fallut acheter la paix. Ainſi cette belle émulation qu'inſpira l'horreur du nom Romain à Carthage, qui contribua à rendre cette République ſi grande & ſi célébre, n'en fit qu'une illuſtre malheureuſe.

Ce fut donc de ſageſſe & de force de Gouvernement, que ces deux Républiques combattirent réellement. Il devoit arriver que le Gouvernement le plus fort, le plus ſage, le plus propre à la guerre l'emporteroit. Le hazard, la valeur même des Peuples firent peu dans cette guerre.

Les Romains, dès leur naiſſance brigans par néceſſité, devinrent guerriers. De fameux ſcélérats enfantérent des Héros. Rome dut tout à ſes armes : la vertu guerrière y devint excluſive, & le Gouvernement militaire. C'étoit le ſeul qu'on pouvoit donner à un amas d'avanturiers, à la ſubſiſtance deſquels on ne pouvoit pourvoir.

Le ſort mettant alors des bornes trop étroites au territoire de Rome, n'en laiſſa plus aucune à l'ambition des Peuples qui l'habitoient ; & en ne leur donnant point aſſez, leur donna l'Univers entier.

Le principe du Gouvernement Romain étant purement militaire, toutes les occaſions de guerre étoient avantageuſes à Rome, & la lioit à ſa conſtitution. Il ſemble que les projets pacifiques de Numa devoient perdre les Romains ; ſi l'on n'étend pas plus loin les vues

de

de ce grand homme, & si l'on ne croit pas qu'il avoit dans son génie des ressources, que nous ignorons, pour parer les vices de son plan, qui devient alors le chef d'œuvre de la Législation.

Cette Nation accoutumée à vaincre, ayant défait les Carthaginois sous Regulus, ne les haïssoit point. Elle voyoit en eux des rivaux fameux; & la gloire de les vaincre, l'emportoit dans son cœur, sur le plaisir de les avoir vaincus.

Mais ces soldats Romains étoient des citoyens. Ils possedoient des terres qui fournissoient à leur subsistance. Leur richesse étoit réelle, & non pas de représentation, comme l'or des Carthaginois. Il n'y avoit pas encore deux lustres qu'ils connoissoient un signe représentatif des productions de la terre.

On ne pouvoit porter la guerre en Italie, sans dépouiller à chaque pas un soldat de son héritage; & ce soldat combattoit pour ses jours, son bien & sa patrie.

Annibal surmonta ces obstacles: mais ce qu'il ne put vaincre, ce fut la haine des enfans, des veuves & des héritiers.

Le desir de la vengeance embrasa tous les cœurs. Chacun avoit toujours présent à l'esprit, sa maison occupée par un barbare, ses moissons, les toisons de ses troupeaux tombantes sous une main étrangére. Tout citoyen sentoit le malheur de l'Etat par ses pertes paiticuliéres; & la nature qui pleuroit un pere ou un fils, pleuroit en lui soldat,

Impius hæc tam culta novalia miles habebit!
Barbarus has segetes!

Les défaites de Trebie, Trasimenes & Cannes augmenterent ces justes sentimens de haine & de vengeance; ils ne s'éteignoient point pendant la paix, & se rallumoient avec plus de fureur à chaque guerre punique. Mais doit-on leur attribuer le succès des affaires des Romains depuis Cannes, & en inférer que les dangers que Rome courut après ce desastre, & les pertes réelles qu'elle fit, loin d'altérer sa puissance, aient été la cause de sa grandeur?

[VI]

MEMOIRES
POUR SERVIR 'A
L'HISTOIRE
DE NOTRE TEMS,
PAR-RAPPORT A LA GUERRE
ANGLO - GALLICANE.

[VI.]
SUITE DE L'ANTIPATHIE DES ANGLOIS
ET DES FRANÇOIS DEMONTRÉE.

QU'on remonte aux tems, où les Romains étoient à peine débarrassés de Pyrrhus & affermis dans l'Italie ; ils venoient de voir ce Prince prêt à les réduire à se renfermer dans Rome. Les plaies de cette guerre saignoient encore ; il fallut oublier tout à coup le soin de la guérir, équiper des vaisseaux, & songer à une guerre d'un genre qu'ils n'avoient jamais éprouvé, & pour lequel ils n'étoient pas faits.

Ils durent à ces guerres l'avantage d'avoir une Marine : mais elle ne leur servit pas dans beaucoup d'occasions. Cet établissement s'éloignoit même de la nature de leur Gouvernement, qui n'étoit point formé pour devenir une Puissance maritime.

F　　　　Peu

Peu faits à la navigation , heureusement les Romains la goûterent peu. Leurs connoissances sur cet art ne furent jamais bien étendues. Leur constitution ne fut que peu altérée.

Mais ne pouvoient-ils pas mieux employer ailleurs les forces qu'ils perdirent en Afrique?

Les divisions ne déchiroient pas moins Rome que Carthage.

Le choix de Flaminius pour commander les Armées, le pouvoir suprême donné, puis retiré, à Fabius, ensuite accordé à un Minutius; un Varon nommé pour collégue de Paul Emile; enfin les efforts de Claudius & de Cneius Cornelius, pour enlever le commandement à Scipion, font une preuve de ce que pouvoit à Rome l'esprit de parti, & de l'influence que les factions différentes avoient sur les affaires de la République.

La Grece, l'héritage d'Alexandre, attendoient l'ambition des Romains.

Riches des pertes qu'ils n'auroient point faites en Afrique & en Italie, leurs conquêtes seroient devenues plus serrées, leurs triomphes plus rapides. Les Gaules subjuguées plutôt, les auroient laissés sans ennemis, dans un tems où la vertu de Rome étoit dans sa vigueur. Les Catons, les Brutus n'eussent point eu à réprimer l'ambition de César, & auroient pu appliquer leur génie à un nouveau plan de Législation propre à conserver la liberté, la gloire de Rome, & à en perpétuer l'Empire.

Il fuffifoit de défendre la Sicile de l'ufurpation des Carthaginois; & cet objet entretenoit le génie militaire de la Nation, fans la fatiguer par des pertes irréparables.

Tant que Céfar vécut, le Gouvernement militaire fut propre à Rome : mais fous les autres Empereurs, on auroit eu befoin de remonter les reffors de l'Etat, & de former un autre projet de Légiflation. Les loix néceffaires pour faire la fortune d'un Empire, ne font pas toujours bonnes pour la conferver dans le point de fplendeur où elles l'ont fait parvenir.

Prefque tous les Gouvernemens périffent, parce qu'on ne faifit pas le moment propre à changer leur conftitution. Il eft toujours trop tôt, ou trop tard. Les anciennes ou les nouvelles loix occafionnent fa ruine.

Cependant il y a un inftant qui fe fait fentir, celui où le caractere des Peuples a éprouvé une entiere révolution.

Sous les fucceffeurs d'Augufte, les Romains laffés de faire la guerre, n'avoient qu'à s'appliquer à des réformes utiles; à diminuer les priviléges & la puiffance des Légions : les Armées n'euffent point été employées à fervir l'ambition d'un citoyen; il n'y auroit point eu de guerre civile; l'armée n'eût pas fait & détruit tant d'Empereurs, à qui elle ne donnoit fouvent qu'un vain titre, dépouillé de toute autorité par les lâches complaifances qu'ils étoient obligés d'avoir pour ceux qui les avoient élevés. Enfin Rome n'eût point péri par les Soldats, qui de-

voient

voient la défendre, & non la gouverner.

Cent cinquante ans de guerre contre les Carthaginois, furent la cause de ces desordres & de sa ruine; parce que l'instant de la révolution qui devoit se faire dans son Gouvernement, fut retardé & manqué; les esprits étant occupés d'un présent critique, de guerres civiles, de petits intérêts, enfin de querelles de citoyens, d'où dépendoit alors le destin de l'Empire.

Que les guerres puniques aient tenu long-tems les Romains en haleine, & leur aient formé des Soldats & des Généraux rompus aux fatigues, aux dangers, & aux ruses de la guerre, c'est ce qu'on ne peut nier.

Mais qu'on leur attribue la grandeur où Rome parvint dans la suite; c'est mal connoître les effets de la haine sur un Peuple : ils sont les mêmes que sur le cœur d'un particulier. Cette passion dessèche, use, corrompt tout ce qu'elle touche.

Tant qu'il n'y eut que l'émulation entre les Romains & les Carthaginois, qu'un desir mutuel de gloire porta ces Peuples à éprouver leurs armes, sans doute cette rivalité augmenta leurs vertus ou les mit dans un plus grand jour. Mais dès que la haine & l'antipathie entrerent dans leurs cœurs, livrés à des sentimens bas & cruels, à des préjugés grossiers, on n'en dut espérer que corruption dans leurs mœurs, trahison dans leur politique, & foiblesse dans leur gouvernement.

La

La haine est le vice des ames basses, & ne produit que des projets insensés & des événe-mens funestes.

Passons au parallele des Gouvernemens.

Quoi qu'en dise Polibe, on n'en peut établir aucun. Il n'y a point de raport entre un Etat commerçant & un purement militaire.

Le Gouvernement de Rome réunissoit tous les avantages des autres, & celui de Carthage tous leurs défauts. Cette République toujours flotante entre l'Aristocratie & l'Anarchie, n'eut jamais une législation stable. Les caprices du Peuple ou les divisions des Magistrats, non les circonstances, donnoient en un instant une au-tre forme à l'Etat; de sorte qu'il avoit tous les vices de l'Aristocratie & du Gouvernement po-pulaire. L'avarice étoit l'ame de cette prétendue République, dont les vices accrurent dès qu'elle y ajouta ceux du gouvernement militaire.

Ses loix n'avoient rien établi sur le choix des Généraux. Leur emploi peu important dans les commencemens; & qui le devint beaucoup lors-que le Gouvernement prit une autre forme, fut décerné à la brigue de l'Officier qui sçut le mieux payer ses clients. Le citoyen le plus riche, le soldat le plus prodigue tenoient ainsi les rênes de l'Etat.

Point de liaison entre le corps qui défendoit & celui qui étoit défendu. Le Généralat étoit séparé de la Magistrature; & l'esprit de commer-ce balançant l'esprit de conquête, ou n'enfantoit que des projets trop vastes ou trop étroits, dont

l'exe-

l'execution étoit confiée à des Officiers sans expérience, qui conduisoient des soldats mercénaires.

Qu'on oppose à ce tableau celui de Rome, & l'on verra s'il y a le moindre lieu à la comparaison des deux Gouvernemens.

La perte de Carthage étoit écrite dans les loix de Romulus, & même de Numa.

La haine des Romains devoit ruiner Carthage : mais Rome devoit se ressentir des coups qu'elle avoit portés. Il étoit juste que chacun éprouvât les effets du sentiment barbare auquel il s'étoit livré.

L'antipathie des Anglois & des François offre un autre tableau, malgré les points de ressemblance dont il faut convenir, & que l'on peut déduire aisément de ce que j'ai dit ci-dessus.

Paris ni Londres ne sont ni Rome ni Carthage, quoiqu'on ait souvent tenté ce parallele. Il n'y a point tant d'oposition dans le gouvernement & la valeur des deux Nations. On trouveroit en aprofondissant un peu, que la constitution est presque la même, à l'exception de quelques accidens qui semblent avoir dirigé vers un point fixe la forme du gouvernement anglois, tandis que le François nage encore dans le vague, sans pouvoir saisir un objet décidé.

Les Rois Normands porterent à Londres les loix Françoises, & les enterent sur celles qu'ils trouverent déja établies. Ce Parlément d'Angleterre si redoutable à l'autorité royale, ne fut dans son origine que l'image de celui que les Rois de France traînoient à leur suite.

Le

Le Gouvernement François purement militai-re dans son principe, cessa de l'être, dès que fixés dans un continent les François devinrent cultiva-teurs, dès que la formation de plusieurs Etats dans lesquels ils se trouverent environnés, & plus encore leurs pertes en Italie, en Palestine, les persuaderent qu'ils n'étoient point un peuple conquérant, & que leurs vues militaires devoient se borner à la défensive.

L'Angleterre instruite par ses pertes en France, se rendit bientôt la même justice.   Un desir mutuel de gloire & de conquête portoit Rome & Carthage à se chercher: un sentiment d'inté-rêt engage les Anglois & les François à s'éviter.

La conquête du nouveau Monde inspira à tous les deux le desir des découvertes.   Les François partirent les premiers, ils formerent des établis-semens en Amérique: mais les troubles de leur Patrie arrêterent leurs progrès.

L'Angleterre plus paisible dans ce tems, por-ta plus loin ses conquêtes, ses découvertes, & se fit à la mer, aux voyages extraordinaires & pénibles, mais plus encore au gain immense qu'elle en retiroit.

A l'ombre des guerres civiles des François, qui les rapellerent à leur premiere constitution militaire, l'Angleterre devint une puissance con-quérante & commerçante.   Son commerce & ses conquêtes étant liées ensemble, elle acquit l'empire des mers: son gouvernement devint mixte.

F 4

Dans

Dans l'intervalle des guerres de la France avec ſes voiſins, elle reprit les erremens du commerce.   Celles qu'elle eut à ſoutenir contre cette Puiſſance maritime, l'obligerent à former une Marine, dont les débris, dans des tems de repos, lui ſervirent à s'étendre en Amérique, & à établir un commerce.

Les conquêtes des Anglois toucherent enfin celles de la France, & la mirent au moment où les Romains ſe trouverent en face des Carthaginois, lorſque ces derniers attaquerent Siracuſe.

Les bornes que la nature avoit preſcrites aux deux Royaumes, leur ôtoient toute eſpérance de jamais décider, par la voie des armes, des querelles de limites.

Cependant l'Acadie eſt devenue pour les deux Nations ce que la Sicile fut pour les Carthaginois & les Romains.   Dans cette Province étoit marqué le point où devoient ſe rencontrer le Breton & le François occupés à tracer avec des lignes de ſang les bornes de leurs Provinces limitrophes.

Mais la pareille circonſtance fit naître les haines de Rome & de Carthage, & celles de l'Angleterre & de la France ſont invéterées.

Aucune des deux Nations n'a ſur l'autre le moindre avantage.

Les différens partis qui diviſent l'Angleterre, conſtituent ſa force.

Le Gouvernement François ne tire la ſienne que de l'entière ſoumiſſion du corps de l'Etat à leur Chef, & de la paix intérieure dont la France jouit.

Les

Les François ne peuvent guéres conquerir en Angleterre, les Anglois ne peuvent rien entreprendre sur le terrein de la France.

La nature de ces deux Gouvernements semble les porter à la paix; & si la guerre promet quelque avantage, c'est à celui qui a le plus conservé sa constitution militaire; parce qu'il perd déja moins à l'interruption de son commerce.

Mille différences entre la haine des Romains & des Carthaginois, & l'antipathie des Anglois & des François, se présentent à l'esprit; mais il est tems de rentrer dans les bornes que je me suis préscrites.

En supposant que la haine puisse combler les desirs des cœurs qu'elle dévore, je porterai les conjectures au plus loin.

Je mettrai d'abord, si l'on veut, la France sous le joug de l'Angleterre, & l'Angleterre sous la domination de la France.   Il ne faut qu'un coup d'œil sain, pour s'appercevoir que chacun des deux Gouvernements est ruiné par les avantages que je lui accorde.

Cependant quelles chiméres plus heureuses la haine des François peut-elle enfanter? & quel pas peuvent-ils faire dans leurs guerres, quels avantages remporter, qui ne les menent à ce point & ne tendent à leur ruine?

Par quel barbare aveuglement se flatent-ils donc qu'accroître la haine des nations, c'est augmenter leurs propres forces?

Un peuple est détruit par un autre, voilà la fin des antipathies nationales: mais si le peuple

    con-

conquérant eſt détruit lui-même par ſa conquête, tous deux ſe feront armés pour leur perte.

De quel côté que la victoire ſe range, elle n'apportera rien que de funeſte. Examinons cependant ſous quels étendarts les probabilités doivent la fixer.

Les priſes des Anglois affoibliſſent le commerce de la France: mais il a mille moyens pour ſe relever.

La conquête de Minorque chaſſe les Anglois de la Méditerranée: dans cette poſition rien n'eſt plus facile aux François que de former en peu d'années une marine en état d'en impoſer à l'Angleterre & de lui enlever ſes Colonies ; car elles doivent être l'objet principal, puiſque c'eſt en elles que réſide la puiſſance.

Deux ſaiſons ſuffiſent pour conquérir l'Angleterre, ſur-tout à l'aide des partis qui la diviſent: en vingt campagnes on ne ſubjugueroit pas la France, telle qu'elle eſt. Toute l'Europe a éprouvé ce que les François valent ſur leur terrein ; on doit avoir renoncé à les conquérir.

Que l'Angleterre les dépouille de ſes Colonies, la perte qu'ils feront ſera compenſée à ſon égard, par l'épuiſement où ſes propres conquêtes l'auront jettée: parce que toute leur force n'eſt point dans leur commerce ; & que l'Angleterre ne peut faire de conquêtes dans le nouveau Monde, qui ne la dégarniſſent en Europe, & ne mettent les François en état de prendre leur revanche ſur les Iſles Britanniques.

Tout

roit du sang, & des guerres, qui peuvent entraîner la ruine des deux Nations.

Mes sentimens se sont assez développés dans le cours de cet Ouvrage. On ne s'attend point que je prenne l'affirmative sur cette question. J'ajouterai même, qu'il est toujours imprudent, ou malheureux, de jurer une haine irréconciliable; fusse à l'ennemi le plus foible.

Le projet d'une guerre continuelle avec l'Angleterre, jusqu'à la destruction d'une des deux Couronnes, n'a pu partir que d'un esprit, plus inspiré par les préjugés nationaux, que par une saine politique.

Mon objet n'est point de montrer le vuide d'un système, qui appuyé sur des comparaisons poétiques, suppose Paris Rome, & Londres Carthage.

Je fuis au contraire cette idée. Il est bon quelquefois de donner des moyens d'exécuter les plans les plus insensés; parce que le tourbillon qui entraîne les cervelles politiques, les amene souvent au point où elles saisissent les objets les plus faux, & les font embrasser comme un recours certain dans les malheurs qui nous menacent.

Ces projets fantastiques deviennent souvent un débris, que l'épuisement de notre imagination nous fait saisir dans le naufrage; il importe qu'il ne se pulvérise point dans nos

mains

Il faut croire qu'avant d'entamer cette guerre, les François auront commencé par détruire le commerce d'Angleterre, relativement à eux.

Que des réglemens favorables à la population & à l'agriculture, joints à des loix somptuaires, auront entiérement souftraits les François à cette Puiffance.

Que par une fage œconomie, par les achats de grains fur la Méditerranée, les François auront rempli leurs greniers, & fe feront mis à l'abri de la difette, & du caprice des faifons, au moins pour dix années.

Que leurs Colonies pourvues abondamment pour le même efpace de tems, de vivres, de vêtemens, d'uftenfiles, d'armes & de foldats, feront en état de fe paffer de fecours, & d'occuper les Anglois dans le nouveau Monde; tandis que la France les attaquera par mer.

Que la bonne adminiftration des finances aura fupplée à l'interruption du commerce du François en Amérique, & aux dommages qu'il faudra accorder à fa Compagnie des Indes.

Que fon induftrie lui aura acquis dans l'Afrique & le Levant tout le commerce qu'y faifoient les Anglois; & que celui qu'il fera fur la Méditerranée; équivaudra pendant la guerre à l'interruption de celui de l'Océan.

Que

Que les François auront trouvé des moyens de faire rentrer dans la maffe de leur
confommation les denrées qu'ils exportoient
pour l'Angleterre, ou fon compte; telles
que les vins & farines qu'elle tire de Bor-
deaux.

Que le commerce de Nantes, confiftant
au fret, aura eu fon dédommagement, &
ne fouffrira que peu du retard des fonds
confidérables dont les Colonies Françoifes fe
trouvent débitrices à fon égard.

Qu'un débouchement plus fort du fuper-
flu de la France lui fera ouvert fur la Méditerranée, & la récompenfera des pertes
que fes ports de l'Océan, peut-être réduits
à la défenfive, feront dans la branche du
commerce de rifque, qui leur fera refté.

Que les prifes faites par fes Armateurs
pourront être de quelque compenfation avec
l'interruption de fon commerce.

Enfin il eft à fuppofer que tous les Princes de l'Europe (à l'exception de ceux d'I-
talie) voudront bien être les fpectateurs tranquilles de ces combats.

Les chofes ainfi établies, l'Angleterre
périt d'elle-même par les pertes de fon commerce.

Ses Colonies , dont l'opulence ne confifte que dans leur relation continue avec le corps de l'Etat , tomberont dans un affoibliffement qui en affure la conquête ; tandis que celles des François approvifionnées & garnies de troupes difciplinées , acquerront fur elles la plus grande fupériorité, & pourront les enlever.

Les François combattent à préfent dans le nouveau Monde avec tout l'art de l'Europe , les Anglois l'éprouvent. Il eft bien étonnant que de vieilles & mauvaifes maximes militaires ayent regné depuis fi long-tems dans des parties de la dependance de la France. Ses Colonies fe font vues au point d'ignorance & difcipline, où cinquante foldats Pruffiens y auroient battu cinq cent hommes.

Les vues étendues du Miniftre qui préfide aux affaires de la Guerre, ont embraffé cet objet éloigné. Grace à fes travaux, l'art de la guerre aide par-tout le courage de la Nation.

Un plan de guerre facile , mais trop long à détailler, trop peut-être au deffus de mon génie, fuffiroit pour démontrer ce que j'avance, que les forces militaires Françoifes en Amérique peuvent leur acquerir une grande extenfion de puiffance dans cette partie du monde, & peut-être en dépoffeder les Anglois.

Ce n'eft pas que je propofe de porter le théatre de la guerre préfente en Amérique ; ce projet feroit infenfé.

[VII]

MEMOIRES
POUR SERVIR 'A
L'HISTOIRE
DE NOTRE TEMS,
PAR-RAPPORT 'A LA GUERRE
ANGLO-GALLICANE

[VI.]

INTE'RETS PRESENTS DE LA FRANCE.
DROITS DE L'ESPAGNE SUR MINOR-
QUE ET GIBRALTAR.

IL eſt en général de l'intérêt d'une Puiſſance d'éloigner la guerre des frontiéres. Cette maxime eſt fauſſe à l'é-
gard de la France, ſur tout ſi on lui donne une
certaine étendue.

Sans doute il eſt avantageux de ne point ſouf-
frir ſur ſon terrein les dégâts, les malheurs inſé-
parables de la guerre; mais il importe aux François
de ne point trop s'éloigner de leurs foyers.

Ce ſeroit rappeller des lieux communs, que
d'expoſer ici toutes les raiſons qui appuient ce
ſentiment. Elles ſont priſes dans le caractère du
peuple François, & même dans ſa conſtitution
phyſique. Tous les pays étrangers où les François ont porté leurs armes ſont témoins de leurs
pertes.

Le climat de l'Amérique eſt un de ceux qui répugnent le plus à leur conſtitution. Dans leurs armements il faudroit compter près d'un tiers de perte en ſoldats juſqu'au jour du débarquement, au moins autant dans le cours d'une année de ſéjour en Amérique. Que l'on ajoûte à ce calcul la perte qu'ils peuvent faire dans les combats & dans le retour de ces mêmes troupes, on verra que d'une Armée complette de dix mille hommes, il ne rentrera pas en France mille ſoldats; ainſi, victoire ou défaite, il faudra commencer par paſſer en pertes toutes les Troupes que la France enverroit; ce qui répugne à la foibleſſe de ſa population.

Les Finances trouveroient encore un autre obſtacle dans une guerre de cette nature. On voit du premier coup d'œil, que les frais y ſont au moins quadruplés, en comparaiſon de ceux ſuffiſans pour une guerre voiſine.

Il ne faudroit donc point lever de ces Armées puiſſantes, propres à tout envahir; mais augmenter peu à peu l'Etat militaire des Colonies Françoiſes, & leur envoyer des Officiers du premier ordre.

Il faudroit donner à la Marine, non ce point alarmant d'éclat & de puiſſance où Colbert la vouloit porter d'abord; mais une force mâle, qui nourrie dans l'obſcurité, ne s'augmenteroit que par degrés : car tout dans ce projet doit marcher lentement.

Il faudroit enfin transporter peu à peu, non des Régimens entiers, non l'élite de ſoldats;

dats ; mais faire un choix dans tous les Corps militaires, tel à peu près que celui des Grenadiers, d'hommes du tempérament le plus propre aux fatigues de la mer, qui en auroient autrefois couru les dangers, ou que de longs voyages par terre auroient accoutumés à toute forte de climats ; enfin de la fageffe, & de la tempérance, defquels on fût à peu près affûré par une conduite régulière.

Des Corps particuliers feroient formés de ces foldats, qui déja vainqueurs du climat par leur tempérament, ne tarderoient pas à l'être des ennemis par leur valeur.

Ces Corps voudroient être animés par une paye plus forte, & l'efpoir d'un établiffement.

Alors on pourroit reprendre l'ufage des Romains, & leur affigner des fonds de terre, dans les poffeffions qu'ils conquerroient.

Cette méthode eft la feule que toutes les Nations aient employé avec fuccès, lorfqu'elles ont voulu conquérir. C'eft par elle que les François fe font établis dans les Gaules.

A l'égard des Officiers, un pareil choix feroit difficile. La force fit les premiers Nobles, aujourd'hui la foibleffe & les infirmités les défignent.

Il feroit donc inévitable d'en multiplier le nombre ; d'autant plus que cette foule d'Officiers fait la force des Armées.

Mais entr'eux il faudroit choifir ceux qu'une application particuliére à la théorie de leur art, auroit diftingué des autres ; en un mot les gé-

G 2

nies

nies les plus inventifs, éprouvés toutefois dans l'exécution.

Les Colonies mises par ces moyens en état d'entreprendre & de conquérir, il ne s'agiroit plus que d'empêcher les secours que l'Angleterre pourroit envoyer dans les siennes.

La Marine portée peu à peu au degré où il est facile de la mettre, lorsqu'on voudra penser que le tems a son empire sur les choses humaines, & que dans les projets il faut se prêter aux longueurs que la prudence avoue, & se refuser aux exécutions trop rapides: La Marine Françoise, dis-je, se trouvera en état de commander à celle d'Angleterre, ou d'en rompre les entreprises.

Tandis que les Armateurs de Brest, St. Malo, Nantes, la Rochelle & Rochefort couvriront l'Océan; Dunkerque rétabli, commandera à la Manche.

L'Isle Minorque reprenant sa premiere destination, peut devenir bien-tôt le second arcenal de l'Europe, par la nature même de la chose.

Marseille dans la position où nous présentons les événemens, ayant attiré à elle tout le commerce du Levant & de l'Afrique, aura un objet de gain assez considérable, pour ne plus se hasarder au commerce de prise. Toulon moins commerçante, pourra fournir encore quelques Armateurs ; mais ils ne seront point en assez grand nombre, ni assez forts, pour se déboucher du détroit de Gibraltar.

Il n'y aura donc presque plus d'Armateurs sur la Méditerranée; ils y seroient d'ailleurs inutiles, dès que l'entrée en sera fermée aux Anglois par une Escadre.

La France se trouvera privée d'un secours puissant dans les guerres maritimes, de l'intelligence des Armateurs Provençaux; car il n'est point à croire qu'ils aillent prendre course dans les ports de Bretagne, ou de Normandie.

Enfin cette Escadre toujours obligée d'être en échec, & de faire chaîne pour fermer le Détroit, diminue les forces de la France sur l'Océan.

Trouvons un moyen de lever ces obstacles?

Les Provençaux naissent presque tous marins. Ce Peuple fournit d'excellens Matelots; & les Forbins, &c. sont une preuve que sa Noblesse produit de grands hommes de mer.

Il faut donc se garder de détourner le génie de cette Nation d'un objet si important, & cependant débarrasser des préparatifs & des dangers de guerre ses Villes commerçantes.

L'Isle Minorque présente les moyens que l'on peut desirer.

Une position plus avancée dans la Méditerranée, donne au Port de Mahon la préférence sur ceux que la France a dans cette mer. Il paroît placé pour protéger & défendre, & les autres pour recevoir. Plus voisin du Détroit, il abrége les courses qu'il faudroit prendre jusqu'à Marseille, ou Toulon.

Les fortifications de Mahon rétablies, non-seulement pour mettre cette Place hors d'insulte,

G 3

mais

mais pour qu'elle puiſſe tenir ſon territoire en
reſpect : il ne faut que peupler cette Isle d'armateurs, de Matelots, d'Ouvriers ; enfin n'y laiſſer établir que des gens occupés de la Marine,
auſquels on accorderoit de grands priviléges ;
entr'autres celui de courſe excluſivement ſur la
Méditerranée, & en concurrence ſur l'Océan.

On pourroit former aiſément à Marſeille des
Compagnies, qui entreprendroient cet arſenal,
à certaines conditions ; & les obliger à donner
au Roi un Vaiſſeau de guerre dans un eſpace de
tems fixé. Ces Vaiſſeaux, ſur leſquels il faudroit
laiſſer quelques droits aux habitans, raſſemblés
par le tems, ſeroient deſtinés (ſans pouvoir être
détournés pour quelqu'autre uſage) à former
l'Eſcadre de chaîne pour la garde du Détroit, &
à favoriſer le paſſage aux Armateurs Minorquains,
qui iroient faire des courſes ſur l'Océan.

Ces habitans ſeroient encore tenus de protéger
le commerce François, & de donner la chaſſe
aux Corſaires d'Afrique, dans des cas de mécon-
tentemens.

Quant aux priviléges qu'on pourroit leur accorder ; il en eſt d'une nature à rendre cet étab-
liſſement en peu de tems redoutable.

Le premier pourroit être la non-dérogeance
pour les Nobles qui voudroient entrer dans ce
Service maritime, en quelques grades qu'ils puſ-
ſent être. Il ſeroit facile d'anoblir ce Service,
en déclarant que tous ces Vaiſſeaux appartien-
nent au Roi, non comme effet propre, mais
comme lieu contenant pluſieurs Sujets de Sa
Ma-

Majesté, dont il aura confié le gouvernement à tel, ou tel, en ordonnant que les emplois de Capitaines & de Pilote, feront effentiellement remplis par des Nobles, qui au bout d'un certain tems acquerront un rang dans la Marine. Ainfi on auroit une Ecole marine pratique, qui fourniroit au Roi de très-grands Officiers, & qui contribueroit à réparer la fortune de bien des familles nobles. Les Cadets de Provence fentiront aifément l'utilité de cette inftitution.

Mais ils feront aux gages, & aux ordres d'un Marchand? Ils feront obligés d'entrer dans tous les détails du commerce, & de jouer l'écritoire à la main, & le tablier à la ceinture, le rôle indécent de Commis?

Il y a mille moyens de fauver ces inconvéniens.

On peut par une retenue fur les armemens, mettre ces Officiers aux appointemens de Sa Majefté, & contraindre les Marchands à avoir un homme de plus fur leurs bâtimens pour conduire leurs intérêts.

Il arrivera de-là que chaque Marchand donnera la fubfiftance à deux Nobles par bâtiment qu'il armera. N'eft-ce pas l'impôt le plus jufte, que la richeffe puiffe payer à la Nobleffe indigente?

Le fecond privilége feroit l'acquifition de la Nobleffe, pour les particuliers qui auroient armé un certain nombre de Vaiffeaux, ou fait telle quantité de prifes pour l'Isle Minorque.

G 4

Voi-

Voilà peut-être en l'étendant & le rectifiant, un des plus sûrs moyens d'appeller dignement la Noblesse au commerce, & de détruire bien des préjugés sur cet article.

Je reprends, dira-t-on, une question déja décidée; mais je ne la crois pas entiérement approfondie.

Je sçais que la faculté de commercer accordée à la Noblesse, ruineroit l'Etat, parce qu'elle en changeroit la constitution ; & je renvoie à ce sujet à l'excellent Ouvrage de Mr. le Chevalier d'Arc, & à la belle décision du Parlement de Grenoble.

Mais ce qui est généralement vrai, ne souffre-t-il pas des exceptions particuliéres? Quel mal, par exemple, fait à l'Etat, le privilége qu'ont les Bretons, de laisser reposer leur Noblesse?

Mais la guerre n'anoblit-elle pas tout ce qui la concerne? n'y a-t-il pas sur les Vaisseaux marchands des périls à essuyer, de l'honneur à acquérir dans les combats, des citoyens à défendre, des ennemis à vaincre, la gloire du Pavillon François à soutenir, & la justice à rendre? Le gouvernement d'un Vaisseau n'est-il pas un gouvernement militaire? Les deux professions que la Noblesse Françoise a embrassées exclusivement, se trouvent réunies, l'Epée & la Robe ne sortent point ici de leur catégorie.

Tout rentre dans la constitution militaire. Je ne sçais pourquoi cette partie de la guerre a été jusqu'ici abandonnée à des gens du peuple, à l'exclusion de la Noblesse: est-ce parce que c'est

la

la guerre la plus lucrative ; ou qu'on n'avoit
point encore trouvé les moyens que je viens de
propofer, d'anoblir les objets ? Moyens d'autant plus exécutables, qu'il eft de la grandeur,
de l'équité & des foins paternels du Roi, d'avoir,
par-tout où plufieurs de fes Sujets fe trouvent
raffemblés, un Officier qui le repréfente, dont
la naiffance, les qualités connues, puiffent lui
répondre, que nul de fes Sujets ne gémit dans
l'oppreffion, qu'aucune action barbare, aucun
violement du droit des gens, ne feront commis
fous fon pavillon, même à l'égard des ennemis
de l'Etat.

Je ne donne qu'une ébauche de ce projet; je
n'appuie pas fur fes avantages, fur fa néceffité,
& par-là peut-être il paroîtra vague : mais tous
les politiques conviendront que les foudres deftinées contre l'Angleterre, doivent être forgées
dans l'ombre, que les préparatifs contre l'Océan,
doivent fe faire fur la Méditerranée, & que Minorque eft le lieu le plus propre à des armemens
fecrets.

Les Anglois, comme je l'ai prouvé, n'ont
point fçu profiter de ces avantages. Que la France foit plus fage qu'eux, & de l'expédition la plus
glorieufe à la Nation, fcache en faire la plus
utile. Je ne parlerai point de l'intérêt particulier : mais les Généraux qui ont conduit cette
entreprife, les Officiers, les foldats qui l'ont exécu-
tée, demandent, pour prix de leux travaux, de
leurs périls, de leur héroïfme & de leur fang, de ne
point laiffer perdre à l'Etat le fruit de leurs exploits.   G 5   Je

Je n'oublie pas la question de Droit sur Minorque & Gibraltar; j'essayerai seulement de l'effleurer dans plusieurs de ses points.

Le droit parle en faveur de l'Espagne.

La possession pour l'Angleterre,

Et la conquête pour la France.

C'est à l'intérêt général à prononcer, c'est à lui qu'il appartient d'annuller les prétentions les plus justes & de donner du fonds aux frivoles. Cet intérêt semble demander que la conquête en passe à une Puissance de l'Italie, ou constitue un Etat neutre. Examinons ces cinq objets.

Une puissance dépouillée dans un moment de foiblesse d'une partie essentielle de ses Etats, & qui n'a mérité ce démembrement que par la crainte ridicule de ses voisins, semble reclamer aujourd'hui au tribunal de l'Europe plus éclairée, moins frappée des terreurs paniques qu'on lui avoit inspirées, les loix de l'équité & les droits imprescriptibles des Couronnes.

Cette union redoutable des deux branches de la Maison de Bourbon n'en impose plus aux Politiques, depuis qu'on a consenti à l'établissement de deux divisions de cette Maison en Italie.

On a enfin connu que les droits du sang & des alliances sont des motifs qui contribuent à entretenir la bonne intelligence entre les Princes, mais qui n'en confondent point les intérêts. Aujourd'hui chaque Puissance ne compte

plus

[illegible] les affaires de
[illegible] emploi que le Conseil
[illegible] résolve jamais à s'attirer
[illegible] avec les forces des autres Sou-
[illegible] gouvernement les projets ambitieux que
[illegible] auroit former [...]

[illegible] intérêt de l'Espagne de vivre bien
[illegible] & cet intérêt est le même
[illegible] qu'il étoit avant que les Bourbons montassent
[illegible] un trône.

[illegible] actuel de la Cour de Madrid ne laisse
[illegible] redouter de son ambition, & paroît
[illegible] pour la restitution de l'Isle Minorque et
[illegible]

[illegible] doute seroit grand à la France, qui
[illegible] guerres de ce siècle a fourni des preu-
[illegible] de son désintéressement, de don-
[illegible] marque d'affection & de
[illegible] il paroît même contre les senti-
[illegible] qu'un allié jouisse d'une perte
[illegible] que son allié fit autrefois dans une cause com-
[illegible] mune, & qui coûte sur à la rigueur du droit
[illegible] de conquête.

[illegible] droit puis au Congrès d'Utrecht la
[illegible] parut acheter par la cession de Gibral-
[illegible] tar & de Minorque, la paix aux dépens de
[illegible] l'Espagne. le droit naturel établit qu'entre
[illegible] associés l'un ne profite pas des pertes, de
[illegible] l'autre & qu'ils en tiennent compte mu-
[illegible] tuellement, lorsque les objets passés en perte ren-
[illegible] trent sous la puissance d'un des deux.

Telle

Telle étoit la position de la France à l'égard de l'Espagne avant le traité d'Utrecht.

Ces deux Puissances unies l'une pour défendre son Roi, l'autre pour protéger un de ses Princes, ayant à soutenir les armes de toute l'Europe, n'ont jamais dû s'attendre à garder les parties de la dépendance de l'une que l'autre pourroit reconquerir sur l'ennemi commun. Le traité de paix n'a point rompu ce consentement tacite, parce que n'y ayant pas eu de guerre entre ces Couronnes, le traité d'Utrecht n'a rien pu stipuler sur leurs droits.

Moyens contre l'Espagne.

Je répondrai d'abord aux questions de droit.

La France par la conquête de Minorque a mis sous sa puissance un bien qui étoit propre à ses ennemis, & par les traités de cession de l'Espagne, qui dérogent à toutes les prétentions antérieures, & par les dommages que l'Angleterre a fait à la France à la faveur de cette possession ; dommages qui en cas de restitution devroient être payés par l'Espagne, & emporteroient la valeur réelle de la conquête.

Par la cession de Gibraltar & de Minorque dont Louis XIV. se fit, à la vérité, fort, envers les Anglois ; ce Prince acheta moins sa paix particuliére, que la Couronne de Philippe V. & le repos de la Nation Espagnole, épuisée par de longues guerres & forcée d'accéder au traité d'Utrecht.

En-

Enfin le droit de conquête a toujours abforbé toute forte de droit; & l'intérêt de la Nation s'oppofe en cette circonftance à la générofité du Monarque. Je l'ai prouvé par les avantages que cette conquête apporte à la France.

Quant à l'intérêt de l'Europe & de l'Italie, on voit que la trop grande puiffance, de même que la trop grande foibleffe, de l'Efpagne, font des obftacles infurmontables au projet de reftitution en faveur de cette Couronne.

La Méditerranée pourra toujours craindre l'étendue immenfe que les Côtes d'Efpagne lui préfentent. Cette étendue, à la vérité, eft maintenant de peu de confideration, parce qu'elle n'eft qu'une étendue; mais le fyftéme du Gouvernement peut changer, les préjugés d'un Peuple fe détruire, & de fages loix porter en peu de tems l'agriculture, la population à un point qu'on ne fauroit fe repréfenter.

Ce ne feroit pas la premiere révolution que les Arts auroient produite. Ils ont opéré des métamorphofes plus furprenantes.

Il ne faut pas en bonne politique qu'un Etat foit puiffant pour être à craindre; il fuffit qu'il puiffe le devenir.

Sans s'embarraffer dans des tems à venir, la foibleffe actuelle de l'Efpagne détourne de l'idée de lui confier un pofte fi important. Il
eft

est visible qu'elle ne le pourroit pas garder, les Anglois étant les maîtres de la contraindre sur l'Océan à leur restituer leurs possessions de la Méditerranée.

La détention des galions, une flote devant Cadix, enfin mille moyens pouvant donner la loi aux Espagnols, les Etats d'Italie se trouveroient livrés aux dangers auxquels ils viennent d'échaper, & les Puissances qui bordent l'Océan, perdront ce qu'elles pouvoient gagner à l'abaissement de l'Angleterre.

Les prétentions que la Cour de Londres a sur Minorque sont des plus solides. Elles s'apuient sur les préliminaires d'un traité de paix avec elle, pour la fin de la succession d'Espagne, confirmés par le traité d'Utrecht ; sur la cession que l'Espagne elle-même lui fit de cette l'Isle par le traité de Seville, sur une possession de quarante-trois ans, & sur la conquête que le Général Stanhope en avoit faite en 1708.

De sorte que dans le cas où la France se feroit fait une loi immuable & généreuse de ne rien garder de ses conquêtes, elle ne pourroit sans encourir un soupçon d'injustice, refuser de rendre aux Anglois l'Isle Minorque.

Moyens contre l'Angleterre.

Trop de lumiere s'est répandue sur le rolle que les Anglois ont joué dans la guerre de succession, pour penser que leurs bons offices aient

mérité

mérité de la part de l'Europe la moindre ré-
compenfe. Leurs Alliés même conviennent
aujourd'hui de cette vérité. Tout le feu de
cette guerre fut fouflé par l'Angleterre, qui
fous prétexte d'empêcher l'entiére oppreffion
de l'Europe, & de faire paffer dans la Maifon d'Autriche un jufte héritage, ne travailla
qu'à l'abbaiffement & à la ruine de toutes les
Puiffances engagées dans cette guerre, & à l'é-
difice de fa propre grandeur.

Il eft bien facile de commenter fur les événemens, lorfque le tems a laiffé tomber le voile qui les couvroit: mais n'étoit il pas clair
dès 1705. que la politique de l'Angleterre n'é-
toit point d'augmenter la puiffance de la Hollande ni celle de la Maifon d'Autriche, & qu'elle ne cherchoit à travers ce chaos d'intérêts dif-
férens, qu'à s'élever par l'affoibliffement où la
guerre alloit réduire les autres Puiffances?

Elle en impofa, même à Utrecht, en fe
faifant adjuger Gibraltar & Port Mahon, comme à la Puiffance qui s'étant armée la premiére pour la liberté de l'Europe, auroit plus
d'attention à la maintenir, & comme un dédommagement d'une guerre dans laquelle elle
gagnoit tout: ainfi le droit eft faux dans fon
principe.

Celui de conquête ne l'eft pas moins.
Stanhope ne fit l'expédition qu'au nom des Alliés, & réduifit les Minorquains fous l'obéiffan-
ce de l'Archiduc.

L'in-

L'intérêt général de l'Europe, & sur-tout de l'Italie, répugne à l'idée de laisser aux Anglois la moindre possession sur la Méditerranée. Je ne rentrerai point à ce sujet dans une répétition de preuves, on peut les extraire du corps de cet Ouvrage.

Minorque ne doit être rendue ni à l'Espagne, ni à l'Angleterre, à titre de droit, ni de convenance politique.

La restitution qu'on en feroit à une de ces deux Puissances, blesseroit l'intérêt général de l'Europe & acheveroit de détruire le prétendu système d'équilibre.

MEMOIRES
POUR SERVIR 'A
L'HISTOIRE
DE NOTRE TEMS,
PAR-RAPPORT A LA GUERRE
ANGLO - GALLICANE.

[VIII.]
CONSIDERATIONS SUR LES INTE'RETS DE L'ITALIE. DROITS DE LA FRANCE SUR MINORQUE.

Nul syftême politique n'a guéres fouffert plus de variations que celui de l'Italie. C'eft en vain qu'on voudroit y trouver aujourd'hui quelque refte d'harmonie de pouvoir.

Cependant il y a toujours un intérêt général qui fe fait fentir à travers toutes les révolutions de puiffance. Cet intérêt eft, comme je l'ai déja dit, de chaffer le commun oppreffeur, d'une mer que la nature femble avoir fortifiée contre lui.

Une fuite de cet intérêt décide, qu'il ne faut confier les poffeffions ci-devant occupées par les

H An-

Anglois, qu'à une Puiſſance en état de les défendre contre eux & de les détruire ſur cette mer:
mais par laquelle pourtant on ne puiſſe pas être
opprimé quelque jour.

De ces deux conſidérations, la premiere parle
en faveur de la France & de la Maiſon d'Autriche:
la ſeconde paroît prononcer contre elles, & indiquer à l'eſprit de chercher dans l'Italie quelque
Souverain auquel on puiſſe confier le ſoin de la
liberté genérale, & dont la poſſeſſion de l'Isle
Minorque n'augmente pas trop le pouvoir.

Naples trop éloigné, Veniſe encore trop puiſſante, Genes trop foible, ne ſçauroient remplir
l'objet de cette recherche.   Il faut néceſſairement revenir aux premieres idées.

Ainſi dans les affaires de l'Europe, les Poten-
tats feront encore long-tems obligés de choiſir
entre les Maiſons de Bourbon & d'Autriche, &
d'y chercher ou leurs défenſeurs, ou les arbitres
de leurs querelles, ou l'équilibre des Puiſſances.

Le choix ne paroît pas douteux.   La Maiſon
d'Autriche, comme ſouveraine d'Italie, ne peut,
ſans rendre ſa grandeur ſuſpecte, ſonger à l'étendre ſur la Méditerranée.   Comme Puiſſance maritime, elle eſt encore trop foible pour qu'on
puiſſe l'oppoſer à l'Angleterre, pour laquelle ſes
Etats d'Allemagne lui preſcrivent quelques mé-
nagemens.

Cherchons cependant à éviter la déciſion; &
prenons un milieu, que l'état des affaires d'Italie

lie préfente naturellement, celui de confentir à l'établiffement d'une Puiffance neutre au milieu de la Méditerranée.

L'Italie eft divifée en un trop grand nombre de Souverains, pour que l'averfion de toute Puiffance confidérable ne foit pas le premier objet de fa politique.

Un Empereur grand Duc de Tofcanne, un Bourbon fur les Thrônes de Naples & de Sicile, un autre Souverain des Duchés de Parme & de Plaifance, un Duc de Savoye Roi de Sardaigne; les Républiques qui feules pourroient combatre pour la liberté, affoiblies ou prefque détruites, l'influence que la France a fur les affaires d'Italie, l'étendue des Côtes d'Efpagne : tout femble annoncer quelque révolution néceffaire dans cette partie du monde.

Les Princes d'Italie font fi foibles, qu'ils ne peuvent fe foutenir que par leur affoibliffement mutuel. Ils doivent fe prêter à l'établiffement d'une Puiffance nouvelle, qui diminuera d'autant la force des anciennes.

Les Anglois (comme nous le fuppofons) chaffés de la Méditerranée, plufieurs Etats reprennent leur ancienne vigueur.

Venife, qui foutient encore avec majefté la perte de trois Royaumes, rétablit fa fplendeur; Genes voit fon commerce refleurir; & l'Italie peut rentrer fous la domination de ces deux Républiques.

H 2

Il importe aux Etats républicains que la domination des Souverains ne s'étendè pas, parce que leur servitude seroit la suite de cet agrandissement. Ainsi l'intérêt général seroit blessé par la restitution de Minorque à un Prince quelconque d'Italie : il semble demander qu'il s'éleve sur la Méditerranée un Etat, qui puisse fixer les choses au point actuel & détruire tous les projets d'agrandissement.

Je dis plus, c'est qu'il y aura lieu à l'établissement forcé de cette Puissance tant que la Corse ne sera point entiérement soumise aux Genois, & elle ne le sera jamais.

L'Italie doit craindre que cette Isle ne tombe enfin sous la domination de la Sardaigne ; ce qui emporteroit la balance politique d'un autre côté. Car quoiqu'il n'y ait point un systême général, ni une harmonie de pouvoir en Italie, il y à une combinaison d'intérêt particulier, qui produit à peu près le même effet.

Naples est en échec avec l'Etat Ecclesiastique, Venise avec Genes, Parme avec Turin & Modene, & la Toscanne avec la Sardaigne. Mais ces oppositions sont plutôt des effets de divisions, que des intérêts bien entendus : & de ces ligues particuliéres, nulle ne tend au centre, le hazard seul en fait une masse commune d'intérêt.

Genes éclairée sur ses véritables avantages, abandonnera ses droits sur une Isle qui la ruine & incommode ses Alliés. Il est bien surprenant que

que la France dans toutes ſes guerres avec l'Angleterre, ſoit obligée de compter douze mille
hommes pour la défenſe de la Corſe.

La poſſeſſion de cette Isle ſera toujours inutile aux Genois, par la nature de leur Gouvernement. Les dédomagemens qu'on pourroit leur
donner en argent, leur ſerviroient plus dans leur
commerce, qu'une étendue de terrein perdue
qui exige d'eux une armée, des frais conſiderables, & les détourne ſans ceſſe de l'objet principal de leur conſtitution.

Genes avec la Corſe n'eſt pas plus puiſſante.
Genes ſans la Corſe devient plus riche; ſur tout
ſi elle comprend dans le traité de ceſſion de ce
Royaume, la démolition à jamais de certains
Ports qui pourroient inquiéter ſon commerce,
& ſi elle ſe reſerve des droits de franchiſe dans
les autres.

Les Baléares jointes à ce Royaume formeroient
un Etat aſſez conſidérable, dont la politique ſeroit de détruire les Anglois, aux dépens deſquels
il ſe feroit élevé.

L'accord avec l'Eſpagne au ſujet de Minorque
& de Lyvica ſouffriroient de grandes difficultés ;
qu'on pourroit cependant lever, ſoit par le choix
du Prince en faveur duquel on formeroit cet
Etat, ſoit par les engagemens que l'on contracte-
roit de rendre Gibraltar à cette Couronne, & de
ſupporter les frais de cette expédition.

La premiete difficulté consiste dans le choix du Prince.

Les obstacles semblent applanis de la part de l'Espagne, si on veut faire cet établissement en faveur de Don Philipe, à qui le Parmesan & le Plaisantin ne forment point un Etat convenable. Mais il est Prince d'Italie, & les raisons que j'ai alleguées, s'opposent à ce choix.

Les secondes idées tombent sur le Prétendant. Il paroît digne de la générosité des Puissances Européennes, de rendre à la Maison de Stuard les Couronnes qu'elle a perdu par l'ambition d'un Sujet.

On ne croira guéres dans l'avenir, que les malheurs de cette illustre Maison ayent parlé si long-tems à nos cœurs, sans avoir armé toutes les Puissances pour venger ses droits, & l'insulte faite en elle à la Majesté Royale.

Quel terrible exemple pour les Monarques qu'enyvrent la grandeur du thrône, l'encens des flateurs & les droits de leur couronne, que le spectacle d'un Roi devenu sujet, traînant de contrée en contrée ses infortunes & ses vertus ! Tirons le rideau sur les couleurs d'un tableau que notre siecle ne sauroit regarder sans honte, ou sans attendrissement.

Il étoit du destin de Rome d'avoir dans tous les tems des Rois à sa Cour ; &, par un arrêt du sort, Jacques III. y représente aujourd'hui les Ptolomées, les Nicomedes, les Antiochus ;

com-

comme des ruines superbes, que le tems semble
avoir chargé de ce soin, nous y retracent une
idée de la magnificence Romaine.

Est-ce au Chef auguste de l'Eglise, qu'il appartient seul d'ouvrir son sein aux malheurs des
Rois; & tous les Princes Chrétiens ne lisent-ils
pas leur devoir dans l'exemple généreux qu'il
leur donne?

Que serez-vous demain, Monarques, dont
le nom seme la terreur, & dont la présence in-
spire le respect, si la main impie de vos sujets
renverse votre thrône?

Echapés à la mort, proscrits, persécutés, livrés
par l'espoir des récompenses, aux coups de mille assassins, à charge à vos Alliés, fugitifs de
Royaume en Royaume, éprouvant par-tout....
La protection de Dieu, les soins paternels de
son Eglise, Rois! sont les seuls secours qui vous
restent dans l'adversité.

Revenons à des idées politiques.

La Maison Stuard, par la haine que le Gouvernement Anglois lui porte, paroît la plus
propre à garder contre lui la clef de la Méditerranée.

Mais elle attire toutes les forces de l'Angleterre sur les Côtes d'Italie; & si elle est assez heureu-
se pour n'être point dépossedée, la puissance
qu'elle acquerrera, ou mille circonstances, peuvent l'engager à passer le Détroit, à poursuivre
ses droits imprescriptibles sur les trois Royaumes.

Si le fort alors favorife fes armes, & l'inveftit de fes Etats, les Isles Baléares & la Corfe deviennent des Colonies Angloifes; événement qui apporteroit à l'Italie tous les maux que l'on veut éviter.

Où prendre d'ailleurs les dédommagemens de l'Efpagne pour les Isles qu'elle céderoit? Eft-ce à la France à les fournir dans fes poffeffions des Indes? Cela feroit injufte. La politique efpagnole pourroit regarder Gibraltar comme un équivalent peu fuffifant, & peut-être dangereux, pour elle.

Le corps des Princes regnans de l'Empire, ne préfente pas un choix plus analogue aux principes d'où nous fommes partis.

Les intérêts du Collége des Electeurs s'opoferoient à un aggrandiffement fi confidérable pour un d'entre eux; & l'Empire lui-même fouffriroit du changement de réfidence d'un de fes principaux Souverains.

Parmi les Princes particuliers, le Landgrave de Heffe femble fe défigner: mais fes alliances avec la Cour de Londres décident contre lui.

La branche catholique de la Maifon de Saxe n'offre que des Princes que la jeuneffe exclud d'un établiffement, dont leurs grandes qualités les rendent dignes; & la différence des Religions ne donne guères plus lieu à d'autres choix.

Il faut donc retourner au point d'où nous fommes partis, & décider entre la Maifon d'Autriche, ou celle de Bourbon.

J'ai

J'ai rapporté en peu de mots ci - deſſus, les raiſons qui prononcent contre l'Autriche.

Examinons celles qui pourroient parler contre la France, & l'engager,

1. A une reſtitution quelconque de l'Isle Minorque.

2. A en faire une ceſſion à telle, plutôt qu'à telle autre Puiſſance.

3. A conſentir, ou contribuer, à la formation d'une nouvelle Souveraineté ſur la Méditerranée.

Les droits que cette Couronne a ſur Minorque, ne peuvent être conteſtés ; non qu'elle veuille s'autoriſer de l'arrêt du ſort & s'appuyer de la force des armes.

Les ſimples droits de la guerre légitimoient autrefois toutes les Conquêtes. Notre ſiécle eſt devenu plus délicat. On veut que les loix civiles juſtifient les opérations militaires.

Ce n'eſt donc pas la Conquête ſeule qui établit les droits de la France ſur l'Isle Minorque, mais encore la loi des dédomagements.

Cette loi veut qu'une partie léſée puiſſe avoir recours ſur l'objet qui eſt le plus à ſa bienſéance, & le conſerver, ſi elle s'en eſt emparée, ſauf à eſtimer le dommage & le nantiſſement.

Si l'effet ſaiſi eſt d'une plus grande valeur que les pertes cauſées, il eſt juſte que l'ex-

H 5

ce-

çedent du prix foit rendu par la partie faifif-
fante ; fi la partie faifie n'aime mieux payer
réellement les domages & retirer l'effet.

Mais les Souverains qui ont la jufte & noble délicateffe de voûloir que le droit civil
appuye leurs actions, en adoptent les principes, fans pour cela s'affujetir à toutes les
conféquences qu'ils fe réfervent d'adapter à
leur caufe.

Il n'en eft point d'un pofte militaire comme d'une terre, dont la jouiffance fert & la
privation ne nuit que négativement, comme
je l'ai dit.

Souvent une place dont la poffeffion eft inutile, eft de la plus grande importance; par
la feule ceffation du tort qu'elle nous faifoit
entre les mains de nos ennemis, ou par les avantages qu'elle leur apportoit.

Ces avantages font un dommage réel, que
l'intérêt de l'Etat, la premiere loi des Souverains, les oblige à détruire ; & cette maxime eft fondée fur le droit naturel qui décide, que je ne fuis pas obligé envers mon
ennemi à lui reftituer, lorfque je fuis libre
de choifir entre la chofe & la valeur de la
chofe, un effet dont la privation eft deftructive à mon égard.

Faifons taire encore une fois & les droits
de l'Etat, & le droit naturel, & revenons
aux loix civiles.

El-

Elles adjugent le gage à celui qui en eſt ſaiſi, pour ſureté des dommages qui lui ont été faits, ſi la partie ne peut lui fournir l'équivalent des pertes qu'il a ſouffertes.

Or quel eſprit aſſez calculateur, pourra trouver un défaut de compenſation, au déſavantage de la Grande Bretagne, entre les torts qu'elle a faits dans le commerce des François ſur la Méditerranée, à la faveur de cette poſſeſſion, pendant le cours de quarante-trois ans?

Entre ceux qu'ils éprouvent par l'interruption de leur commerce en Amérique, pendant la guerre préſente, qu'elle y a commencé?

Entre les priſes qu'elle leur a faites depuis plus d'un an, contre la foi des traités?

Entre les pertes, non évaluables & ſubſéquentes de toutes ces pertes (car dans une juſte compenſation, il faut compter les intérêts des intérêts, & les domages réſultans des domages; ce qui forme une contre-gradation à l'infini.) Enfin, entre les frais de la conquête de Minorque, & la valeur réelle de cette conquête? Car la valeur de fiction peut de leur part, être payée par les torts de fiction.

La France, dira-t-on, a conſenti par deux traités à ſupporter ces torts. J'en conviens; mais tant qu'ils ne deviendroient point

abu-

abusifs, tant que le droit des gens, qui est la base des traités, seroit respecté, tant que la foi que l'on doit à la paix seroit observée réguliérement.

Voilà entre une foule de moyens, ceux que la France peut opposer aux Anglois; lorsqu'elle ne voudra point s'appuyer du droit de conquête & du prétexte du bien de l'Etat.

L'intérêt de l'Europe? .... j'arrête à ce mot, qui souvent n'est qu'un son vague dont le bruit en impose, même à des politiques: & je rentre dans la discussion de cet intérêt.

Le systême qui avoit pour principe l'humiliation des Maisons de Bourbon & d'Autriche, doit être renvoyé au siécle de Henri IV.

La politique, nouvellement arrivée d'Italie, étoit alors dans son berceau; & sans prétendre devenir une science, elle n'étoit encore qu'un talent dans ceux qui l'exerçoient.

Un homme simplement négociateur, n'avoit point un état, & ne paroissoit point remplir sa destinée. Il falloit encore qu'il eût quelque commandement dans les Armées, le maniment des finances, quelque part à l'administration publique, ou du moins la Pourpre romaine.

On doit juger par l'opinion qu'on avoit de cette science, du point où elle étoit portée.

Le grand projet de Henri IV. pour l'abaissement de la Maison d'Autriche, fut dans

son

fon fiécle le chef d'œuvre de la politique. Il
en étoit lui-même fi étonné, qu'il n'ofoit
s'en ouvrir qu'à des amis particuliers, dont
il avoit éprouvé la fidelité dès leur jeuneffe.
Rien ne l'embarraffoit davantage, rien ne fut
plus ridiculement tâtoné, que les ouvertures
qu'il chargea fes Miniftres d'en faire à quelques
Puiffances. Ce grand Prince n'agiffoit pas en
homme maître de fa matiere, mais en particulier qui a trouvé un diamant & qui ne
fait à qui fe fier pour le vendre. Les négociations de Beaumont & de Sully à la Cour
de Londres, la moleffe de celles du Cardinal
d'Offat à Rome, font des preuves fuffifantes de
ce que j'avance.

La Maifon d'Autriche n'étoit pas plus verfée
dans la politique. Les négociations de Bus-
bek en font des preuves. Toujours dupe des
rufes des Turcs, & anéanti par la Majefté
Ottomane, il ne fçut leur oppofer qu'une
fidelité aux intérêts de fon maître, à l'épreuve
de toutes les cruautés.

Le projet de la ruine de la Maifon de Bourbon, fut enfanté par celui de l'abaiffement de
la Maifon d'Autriche, auquel il fuccéda. Je
me fuis affez étendu fur les caufes qui le réa-
liférent & les effets qu'elles produifirent, pour
avoir fait fentir tout le vague de fon objet.
Des lumiéres plus étendues ont délivré les
François, des terreurs dont l'ignorance les
rempliffoit.

Cha

Chaque Puiffance a des limites phyfiques &
politiques, dans lefquelles fon intérêt la force
toujours à rentrer.

La forme feule des Gouvernemens en prefcrit la puiffance & l'étendue; puifqu'il en eft
de telle nature, que le plus petit aggrandiffement en cauferoit la ruine.

La France a fes bornes plus qu'aucun autre
Etat. Elles font même dans le tempérament
du peuple & dans fon caractere. Sa conftitution phyfique s'eft toujours oppofée à fes conquêtes; & elle ne fubfifteroit pas long-tems
fous un Gouvernement dont les refforts feroient
diftendus par leur propre longueur.

Ses alliances avec l'Efpagne & quelques
Puiffances d'Italie, ne doivent pas être un plus
grand fujet d'alarmes.

Ces alliances font devenues prefque propres
aux familles, de forte que l'Allié d'un Roi
n'eft plus celui de fon peuple.

Je dirai la même chofe de l'augmentation
de puiffance que la conquête de Minorque apporte à la France. Tous les avantages qui
réfultent pour elle de cette expédition lui font
perfonnels, & ne donnent à fa grandeur aucune extenfion relative.

On ne doit pas concevoir plus d'ombrage
pour la Marine Françoife.

Tranfportée fur l'Océan, elle fera toujours
affez occupée avec les Anglois. Il ne refte-

ra

sera aux François sur la Méditerranée, que les vaisseaux de guerre nécessaires pour garder les postes dont ils se seront chargés ; & Venise & Genes, qui auront repris leur ancienne splendeur, pourront toujours s'opposer aux entreprises de la France.

L'Italie gagne avec les François, par leur manière différente de commercer, ce qu'elle perdoit avec l'Angleterre.

Enfin nul Etat n'est plus interessé, ni plus propre que la France à défendre aux Anglois l'entrée de la Méditerranée, échapée heureusement à leurs fers.

Qu'on réfléchisse sur l'antipathie des Nations, leurs intérêts respectifs, & l'opposition dans laquelle elles resteront long-tems ; on verra que l'Italie ne risque rien, & se soustrait à sa ruine inévitable, en laissant la France s'agrandir sur la Méditerranée aux dépens de l'Angleterre.

La Maison d'Autriche n'est-elle pas au sein de l'Italie pour la rassurer contre ses craintes, si la conduite moderée & désinteressée du Monarque généreux qui gouverne la France, laissoit quelque jour à des imputations ambitieuses ?

Il est donc de l'intérêt de l'Italie que Minorque soit entre les mains des François.

Il y a des difficultés insurmontables dans les projets d'etablissement d'une nouvelle Puissan-

fance en Italie, à laquelle on donneroit les Baléares & la Corfe.

Enfin les droits de la France fur l'Isle Minorque font appuyés fur le droit de Conquête & les Loix civiles.   Cette Puiffance eft la
feule qui doive garder Minorque contre les Anglois ; & l'intérêt de l'Europe, fur-tout celui de l'Italie, exige qu'elle conferve cette
Conquête.

MEMOIRES
POUR SERVIR 'A
L'HISTOIRE
DE NOTRE TEMS,
PAR-RAPPORT 'A LA GUERRE
ANGLO GALLICANE.

[IX.]

OBSERVATIONS SUR LA REQUISITION S. M. B. PRE'SENTE'E AUX ETATS GE'NE'RAUX LE 27. AOUT 1756. PAR LE COLONEL YORCK, APRE'S LA PRISE DE MINORQUE.

LA REQUISITION.

HAUTS ET PUISSANS SEIGNEURS, les
,, hostilités que les François n'ont cessé
,, de commettre depuis la conclusion
,, du Traité d'Aix-la-Chapelle dans les diffé-
,, rentes parties des Etats du Roi en Améri-
,, que, ont épuisé la patience & la modéra-
,, tion de S. M., & l'ont reduite à repousser
,, la force par la force dans cette partie du
,, monde. Comme les préparatifs extraor-
,, dinaires que la France a faits sur toutes
,, les Côtes voisines de la Grande Bretagne,
,, menaçoient d'une invasion les Royaumes
,, Britanniques, S. M. a été aussi obligée
,, de faire tout ce qui étoit en elle, pour

I

,, ôter

,, ôter à un ennemi déclaré (en tâchant de
,, diminuer le nombre de fes vaiffeaux & de
,, fes Matelots) les moyens de fuivre les in-
,, fpirations de fa vengeance. La France gui-
,, dée par fon reffentiment, a enfin attaqué
,, l'Isle Minorque, qui fait partie des pof-
,, feffions garanties à la Couronne Britanni-
,, que par les principales Puiffances de l'Eu-
,, rope. Cette même Puiffance voulant qu'il
,, ne refte aucun doute fur l'étendue de fon
,, inimitié envers le Roi, inonde actuelle-
,, ment fes Côtes de troupes. Sa dernière
,, entreprife ayant achevé de convaincre le
,, Roi, qu'elle ferme les oreilles à toute voie
,, ultérieure de conciliation, & qu'elle ne mé-
,, dite que ce que la guerre a de plus ex-
,, trème..... S. M. ne fauroit fe difpenfer de
,, réclamer l'exécution du Traité de 1678,
,, qui a fi heureufement fubfifté depuis fi
,, long tems entre la Grande Bretagne & vos
,, *Hautes Puiffances*. Je ne doute nulle-
,, ment que le Roi mon Maître n'éprouve
,, de la part de fes alliés, parmi lefquels
,, *vos Hautes Puiffances* ont toujours occupé
,, la première place, la même bonne foi
,, dont S. M. a fi fouvent fait l'expérience,
,, & que *vos Hautes Puiffances* ne donnent,
,, fans délai les ordres néceffaires pour pré-
,, parer les fecours de terre & de mer fti-
,, pulés par le Traité fus-nommé.

Lon-

London Evening - Post.
Du 21. Août 1756. *

O Angleterre ! ô ma Patrie ! que l'alterna-
tive où je te vois reduite me semble embarras-
sante ! il ne t'est, pour ainsi dire, plus possible
de continuer la guerre ; & si tu acceptes la paix
tu es perdue pour toujours ! Est-ce ainsi que
tu couronnes l'édifice superbe de tes anciens tro-
phées ? Carthage a triomphé & a toujours été
maîtresse des événemens, tant qu'elle n'a point
cessé d'être maîtresse des mers ; mais lorsqu'elle
est devenue la proie des dissensions intérieures &
de la rage des partis, les voiles Romaines ont
méprisé l'orgueil & le courroux des flots qui la
deffendoient, & ses Peuples ont reçu comme
les autres le joug honteux de l'esclavage. Nous
avons attiré sur nous le même blâme que Carthage : mais fasse le Ciel que nous n'en soyons
pas aussi sévérement punis qu'elle ! nous sommes parvenus à nôtre *nec plus ultrà*. Il est à
présent question de sçavoir de quel côté panche-
ra la balance. Resterons-nous ce que nous sommes, ou deviendrons-nous les humbles vassaux
des François ? Mais si quelque chose peut ôter
à notre mauvais génie une si funeste prépondé-

I 2

ran-

(a) Je joins à la Requisition un morceau singulier d'une Gazette Angloise. Le Lecteur y verra les efforts
que l'on fait encore pour échauffer la Nation : on sent
que la paix est nécessaire, que les Sages la désirent, que
les bons citoyens osent la demander. On a besoin de
la multitude pour faire échouer les vûes des uns & des
autres. C'est à elle que l'on s'addresse dans les Gazettes & dans les papiers publics.

rance, c'eſt, dans d'auſſi triſtes conjonctures, quelque action d'éclat, quelque ſigne de vigueur de notre part. Redoublons nos efforts ſur mer : n'écoutons aucune propoſition de paix, duſſent même nos ennemis nous offrir de nous rendre Minorque, d'abandonner leurs poſſeſſions en Amérique, & de démolir pour toujours le Port de Dunkerque ; ſi en même-tems ils ne renoncent totalement à ſe former une Marine : ſans cela notre confiance feroit une ſeconde fois notre perte, car ils n'entendroient que nous prêter, & pour très-peu de tems, ce que nous croirions nous être fait céder ; ils n'aſpirent qu'à notre deſtruction : & comme ils ont éprouvé qu'elle ne peut s'opérer que par une ſupériorité décidée à la mer, & que c'eſt ce qu'ils travaillent aujourd'hui de toutes leurs forces à acquérir ; ſi leur Marine reſtoit dans l'état où elle eſt actuellement, Dieu ſçait ce qu'elle deviendroit au bout de dix autres années de paix. Il n'y a donc point d'efforts que nous ne devions faire, ni de meſures que nous ne ſoyons obligés de prendre pour prévenir un malheur ſi terrible, & laver l'affront que nous venons de recevoir dans la Méditerranée. Congédiez une armée qui vous eſt inutile, formez des milices, renvoyez chez eux les mercenaires étrangers ; & en tems de paix, ſi vous pouvez l'obtenir par l'anéantiſſement de la Marine de France, ayez toujours quarante mille Matelots à vos ordres, & un nombre proportionné de Vaiſſeaux au ſervice du Gouvernement ; alors les beſoins preſſans, les occurences imprévues

vues n'énerveront pas vos forces; vous serez en état de repousser la moindre offense, & votre Marine ne sera pas insultée impunément; alors vous serez de nouveau respectés, & vous deviendrez encore une fois les seuls arbitres de l'Europe.

La Requisition de S. M. B., dit-on je pense, réunit en peu de mots toutes les raisons que l'on a soin d'étendre dans des conférences particuliéres. J'en conviens, il dit tout; & ne nous apprend rien.

N'est-ce que d'aujourd'hui que nous savons que *la modération & la patience* du Roi d'Angleterre étoient épuisées *in petto*, dans le tems même que ses Ministres feignoient de chercher avec empressement un plan de conciliation? Croit-on instruire les Hollandois des torts de la France, en leur exposant gravement, que *guidée par SON RESSENTIMENT elle a enfin attaqué l'Isle Minorque?* M. Yorck qui connoît les Traités, y a vû sans doute, qu'ils obligent ces bons Republiquains à croire fermement, que les François devoient laisser détruire leur Marine avant de songer à la vengeance, & n'écouter leur *ressentiment* que quand ils n'auroient plus de vaisseaux.

En vérité, il eût mieux valu, en supprimant ces belles raisons, tant de fois rebattues, dire tout uniment : ,, Hauts & Puissans Sei-
,, gneurs, nous avons besoin de vos troupes &
,, de vos vaisseaux. Nous vous pardonnâmes
,, votre refus lorsqu'il put servir de prétexte à
,, faire entrer les Hannovriens en Angleterre.

,, Il paroît qu'aujourd'hui la Nation n'en veut
,, plus. Dépêchez-vous de nous fournir d'au-
,, tres troupes. Il doit y avoir quelque Traité
,, qui vous y oblige. A tout hazard, nous
,, vous citons celui de 1678.

Il n'y a qu'une chose qui m'a frapé dans ce Mémoire ; c'est la mention que l'on y fait des *voies ultérieures de conciliation* auxquelles on pré-tend que la France *ferme l'oreille*. Je n'ose ici risquer mes conjectures. Ne voudroit-on point dire aux Hollandois, que l'on auroit besoin de ces *voies ultérieures ?* Ne seroit-ce point une priére honnête que l'on leur feroit, d'entamer une né-gociation devenue nécessaire à la situation pré-sente de la Grande Bretagne ? Si cela étoit, il faudroit prier le Colonel Yorck de s'expliquer plus clairement.

En attendant qu'il le fasse, parcourons ce nouvel Exposé des injustices de la France : on diroit que ceux qui l'ont composé, auroient eux-mêmes cherché à indiquer à la Republique les réponses qu'il mérite : chaque motif que l'on y présente, est appuyé sur un fait qui le détruit. Telle est du moins l'impression que cet ouvrage a faite sur moi. Voyons si je suis en état de la justifier.

,, Les hostilités, dit-on, que les François
,, n'ont cessé de commettre depuis la conclusion
,, du Traité d'Aix-là-Chapelle dans les différen-
,, tes parties des Etats du Roi en Amérique, ont
,, épuisé la patience & la modération de Sa Ma-
,, jesté, & l'ont réduite à repousser la force par
,, la force *dans cette partie du monde.* Ne

Ne l'ai-je pas bien dit, & cette derniére phrase n'est-elle pas la réfutation même du moyen
que l'on veut tirer de ces faits vagues, dont jufqu'ici on n'a pas donné la moindre preuve? On
fomme la Republique en effet d'exécuter le Traité de 1678. Oublie-t-on que ce Traité ne parle
que des hoftilités & des entreprifes commifes en
Europe? Tout ce qui fe paffe en Amérique lui
eft étranger.   Donc les Hollandois font difpen-
fés d'examiner à qui ces prétendues voies de fait
peuvent être imputées.   C'eft un procès que les
deux Nations devoient vuider entr'elles & fur les
lieux.   Si la Grande Bretagne a voulu en faire un
fujet de guerre, elle a dû s'attendre à la foutenir
feule.   Deux circonftances doivent fe réunir
pour lui donner le droit d'exiger les fecours promis par le Traité.   1. Il faut qu'elle foit forcée
à fe défendre.   2. Que les premiéres hoftilités
qui la réduifent à cette néceffité, ayent été commifes en Europe.

Il y a plus; celles dont fe plaint ici l'Angleterre, & qui, de fon aveu, n'ont été commifes
qu'en Amérique, font, fuivant l'Auteur du Mémoire, poftérieures au Traité d'Aix-la-Chapelle.
Or fuivant les obligations qu'impofe à la Republique celui de 1678, la premiére chofe qu'elle
auroit à faire pour la Grande Bretagne, feroit
d'interpofer fa médiation pour engager la France
à rétablir les chofes fur le pied qu'elles avoient
été reglées par ce Traité.   Car la Republique ne
doit des fecours, que dans le cas où fes foins
ne réuffiroient pas.   Ainfi en fuppofant des en-

I 4

tre-

treprises de la part des François, elle devroit commencer par dire à ceux-ci : Remettez-vous, par rapport à l'Angleterre, dans l'état où vous étiez avant les mouvemens qui ont excité ses plaintes : bien entendu que celle-ci en fera autant de son côté. Or cette proposition est précisément celle qui a été faite à la Cour de Londres par l'Ambassadeur de France, environ six mois avant que les hostilités commençassent en Europe. N'étant point juges du fond de la contestation, la Republique pourroit' elle procurer à la Grande Bretagne un parti plus avantageux que celui qui a été refusé par ses Ministres ? Quoi ! on viendra se plaindre aujourd'hui d'entreprises commises depuis 1748, on dira qu'elles ont épuisé la. *patience & la modération* de S. M. B., lorsqu'il est prouvé qu'il n'a tenu qu'à ce Prince *si modéré & si patient*, de prendre pour regle provisionnelle de ses possessions, l'état ou elles se trouvoient avant l'invasion qu'il allégue ! En un mot, ou les François ont réellement entrepris, ou ils ne l'ont pas fait : dans le premier cas, il n'a tenu qu'à l'Angleterre que le trouble fût reparé sans allumer la guerre en Europe. Dans le second cas, de quoi se plaint on ? Peut-on, dans l'un & l'autre, forcer la Republique à prendre parti dans une querelle, que l'on semble n'avoir cherché à exciter, que pour avoir un prétexte d'attaquer & de détruire la Marine Françoise ?

Ainsi, effaçons du Mémoire présenté aux Etats Généraux cette premiere phrase. Trois
rai-

raisons écartent irrévocablement l'induction que l'on voudroit tirer du fait qu'elle renferme. 1. Il n'est point prouvé, & la France a même établi le fait contraire. 2. Quand la Grande-Bretagne rapporteroit des preuves de ce qu'elle avance, les hostilités qu'elle allégue ont été commises en Amérique. 3. Enfin, il n'a tenu qu'à l'Angleterre d'obtenir, sans le secours des armes, toute la justice qu'elle pouvoit réclamer. La passion seule l'a donc entraînée. La Republique doit-elle pour seconder de telles vûes, renoncer à tous les avantages de la paix, de la liberté, du commerce? Continuons l'examen du Mémoire.

,, Comme les préparatifs extraordinaires que
,, la France a faits sur toutes les côtes voisines
,, de la Grande-Bretagne, menaçoient d'une
,, invasion les Royaumes Britanniques, Sa Ma-
,, jesté a été aussi obligée de faire tout ce qui é-
,, toit en elle pour ôter à un *ennemi déclaré*,
,, en tâchant de diminuer le nombre de ses ma-
,, telots, les moyens de suivre les *inspirations*
,, *de sa vengeance.*

Ici commence l'exposition des motifs qui doivent déterminer la Republique à secourir l'Angleterre. Ne perdons point de vûe, qu'aux termes du Traité de 1678, elle doit prouver aux Etats Généraux qu'elle a été attaquée en Europe. Si c'est elle qui commence les hostilités, si c'est elle qui met son ennemi dans la juste né-cessité de se défendre, elle n'a rien à leur de-mander. Voyons donc comment on prouve

I 5   que

que c'est l'Angleterre elle-même, qui se trouve forcée de repousser la violence en Europe.

Si l'on en croit la réquisition de Sa Majesté Britannique, le motif qui l'a déterminée à faire attaquer indistinctement tous les vaisseaux François, & à commettre toutes les violences dont la France s'est déterminée à tirer vengeance, n'a été que la vûe de ces préparatifs qui se faisoient sur les côtes de France. Le Roi Très-Chrétien assemble des troupes, a dit la Cour de Londres : donc il médite une invasion en Angleterre : donc il se déclare notre ennemi : donc il fait lui enlever ses vaisseaux, ses Officiers & ses Matelots.

Ici, j'avoue que je ne puis assez admirer cette hardiesse intrépide, avec laquelle on fait avancer au Roi d'Angleterre des faits, dont toute l'Europe connoît la fausseté. Que l'on ait cru tromper la France en lui cachant des ordres donnés en secret, & en ne lui présentant que des vûes directement contraires aux démarches que l'on méditoit : cette fraude n'étoit que contraire à la bonne foi. Mais que l'on veuille en imposer à la Hollande, sur des événemens qui se sont passés sous ses yeux ; c'est joindre à la honte d'un mensonge bas, la folie d'un mensonge inutile. C'est insulter au discernement de ceux, que l'on voudroit convaincre ; c'est trahir ses propres intérêts, en achevant de ruiner la confiance dûe à la parole du Monarque, dont on a déjà tant de fois osé compromettre la gloire.

C'est

C'est au mois de Juin 1755, qu'ont commencé les brigandages de la Marine Angloise: ils ont continué sans interruption, & les Gazettes de Londres avoient déja annoncé une foule de prises, lorsqu'au mois d'Avril 1756, le Roi de France a fait marcher ses troupes vers les côtes de son Royaume. Etoit-il juste de veiller à leur conservation? Ce soin si nécessaire, dans un tems où les vaisseaux François étoient pris presqu'en sortant des ports de ce Royaume, étoit-il permis au Roi Très-Chrétien? Mais si la marche des troupes de France étoit pour les Anglois un motif suffisant d'attaquer, de piller, d'enlever; le pillage, les attaques réiterées, les prises fréquentes; en un mot, les hostilités les plus violentes étoient, à plus forte raison, un motif pour Sa Majesté Très-Chrétienne d'assembler ses troupes. Il n'est donc ici question, que de consulter les dattes & de rétablir les faits, pour démontrer que c'est la France elle-même qui s'est précautionnée, & que c'est l'Angleterre qui a rendu ces précautions indispensables.

La Vérité échappe à l'Auteur du Mémoire malgré lui. Pourquoi les Anglois ont-ils cherché à *diminuer le nombre des vaisseaux & des Matelots de la France?* C'est, selon lui, parce qu'ils vouloient lui ôter les moyens de suivre les *inspirations de sa vengeance.* Mais la vengeance suit l'insulte, & ne la prévient pas. Si les hostilités commises n'eussent pas été antérieures à la résolution prise

par

par la France d'affembler fes troupes, quel objet auroit eu la *vengeance* dont on fuppofe celle-ci animée ?

C'eft donc bien inutilement que l'on veut changer l'ordre des faits. L'anachronifme eft ici trop frappant, & l'on ne prendra jamais pour la caufe des hoftilités auxquelles la Marine Angloife s'eft livrée, ce qui n'en a été que l'effet.

Mais tâchons de fauver ici une partie du menfonge que l'on nous débite. Interprétons benignement tout ce qui nous eft préfenté au nom d'une Tête Couronnée. Voici peut être ce qu'ont voulu dire fes Miniftres. Ils ne peuvent certainement fe diffimuler, que les ordres donnés par le Roi de France pour la défenfe des côtes de fon Royaume, n'ayent été poftérieurs de beaucoup à la prife de plus de 100. vaiffeaux François: mais fans doute que ce qui a déterminé l'Angleterre à continuer & à redoubler même fes violences, c'eft qu'elle a vû que le Roi Très-Chrétien n'étoit pas difpofé à les fouffrir long-tems. Ce ne font donc point les ordres qui ont occafionné les premiéres hoftilités commifes en Europe, mais elles en ont néceffité la continuation, par la raifon merveilleufe qu'il faut mettre hors d'état de nuire celui que l'on a commencé par maltraiter, & à qui l'on a donné le droit *de fe venger*.

N'eft-il pas, en effet, bien fingulier, que pour prouver que les François ont commencé la guerre en Europe, on vienne parler des marches que leurs troupes ont faites en s'approchant des côtes de l'Ocean & de la Méditerranée ? Cet homme-là
nous

nous a regardé de travers; il a bien l'air de méditer quelque projet; donc il faut lui casser bras &
jambes. Voilà le raisonnement de la Cour de
Londres, dans toute sa force. On voit combien
il est concluant dans l'hypothèse qu'elle voudroit
faire adopter: mais si cette hypothèse même est
fausse; s'il est prouvé que celui qui a regardé de
travers, & qui a témoigné par quelques mouvemens qu'il ne supporteroit pas long-tems l'insulte, avoit d'abord été attaqué sans raison & sans
menagemens: que l'on juge de l'impression vive,
que doit faire sur tous les esprits le beau raisonnement destiné à les subjuguer.

Jusqu'ici le Mémoire ne prouve point que les
François soient les aggresseurs: aussi ne regardé-
je les argumens que je viens de réfuter que comme des enfans perdus, que l'on lache pour es-
carmoucher. Mais prenons y garde, voici le
corps de bataille.

,, La France, guidée par son ressentiment, a
,, enfin attaqué l'Isle Minorque, qui fait partie des
,, possessions garanties à la Couronne Britannique
,, par les principales Puissances de l'Europe.

Hé bien! Messieurs les Politiques de Hollande, avez-vous quelque chose à repondre à cette
raison victorieuse? Ce n'est point ici un fait in-
venté. La France, pour le coup, ne criera
point à l'imposture. L'Isle de Minorque lui est
aujourd'hui soumise. Les François en ont fait
la conquête. Ils ont donc attaqué, & attaqué
en Europe.

At-

Attaquons nous-mêmes *le corps d'armée* par son endroit foible. Je le trouve dans ces mots, *guidée par son ressentiment*. Il est donc vrai que la France avoit quelque sujet d'en avoir. Il est donc vrai que si ses troupes ont fait une descente dans l'Isle Minorque, c'est que l'on avoit commencé par lui enlever son bien; en un mot, par lui faire la guerre dans toutes les mers.

Ces hostilités ont-elles suffi au Roi de France pour le déterminer à attaquer les possessions Angloises? Non; il a commencé par sommer Sa Majesté Britannique de lui faire rendre justice, & de lui restituer ses vaisseaux. Il a protesté à la face de l'Europe qu'il ne vouloit faire la guerre qu'après avoir épuisé tous les moyens de conciliation. L'Angleterre a refusé! Alors le droit de represailles s'est ouvert en faveur de la France; L'attaque de l'Isle de Minorque a été résolue. La Grande Bretagne a déclaré la guerre; La France forcée à se défendre, l'a déclarée elle-même. Voilà l'ordre des faits qu'il ne faut point perdre de vûe.

C'est en les réunissant, que nous devons examiner de bonne foi, si la conquête de l'Isle Minorque a changé la nature de la guerre, & si l'on peut dire que les François ayent cessé de se conformer aux loix d'une légitime défense.

En effet, par la résolution des Etats Généraux du mois de Mai 1756, il a été statué sur deux points importans: l'un de Droit, l'autre de Fait. 1. Dans le Droit, il a été jugé que si la guerre n'étoit de la part de la France qu'une défense na-
tu-

turelle & forcée, la République ne devoit aucuns secours à l'Angleterre. 2. On a décidé
dans le Fait, que la France ne faisoit que se défendre & repousser l'injure d'un aggresseur.

Si donc, malgré la prise de Minorque, les
choses sont encore dans le même état; rien n'est
moins concluant que l'induction que l'on veut
tirer de la conquête de cette Isle.

Or, je crois quil est démontré que la guerre
soutenue par la France n'a point changé de caractére. Et en effet, pour juger de la nature
d'une guerre, ce ne sont point ses différentes
opérations qu'il faut consulter, il faut remonter
aux causes qui y ont donné lieu.

Il y a une grande différence entre la défense
des Particuliers & celle des Etats. Le Particulier doit se borner à repousser les coups & à les
parer; il n'a le droit de frapper que tant que
son ennemi le presse, & uniquement dans la
vûe de l'écarter. La raison en est simple: l'homme soumis aux loix civiles ne défend par la force que sa vie, & dans le cas seulement où elles ne peuvent venir à son secours. Il n'est
chargé de conserver que son être naturel. Son
être civil est sous la protection de la loi. Elle
veille pour lui à la conservation de sa liberté,
de ses richesses & de son domaine.

Les Etats au contraire n'ont point d'autorité
commune qui puisse prévenir, réprimer, punir les injustices qu'ils commettent les uns à l'é-
gard des autres. Leurs droits aussi-bien que
leur existence n'ont d'autre gardien que la force.

La

La loi naturelle doit être d'abord consultée ; mais lorsqu'elle a parlé, les armes exécutent ce qu'elle a dicté.

Ainsi, dans le droit naturel que les Etats ont de se défendre, est compris celui de punir un adversaire injuste, de poursuivre un ravisseur violent, de se venger de ses outrages ; enfin de le mettre hors d'état de nuire. La même loi qui autorise à repousser le brigand, autorise aussi à courir après lui.

De-là il résulte que la Nation qui attaque sans raison, & qui par ses violences force l'autre à se défendre, légitime les coups que celle-ci doit lui porter. Si le peuple attaqué bornoit sa défense à attendre l'ennemi & à le chasser, il donneroit sur lui-même trop d'avantages à l'aggresseur. Celui-ci maître des momens & des circonstances, ne frapperoit jamais qu'à coup sûr : la force qui se contente d'être un obstacle purement passif, est obligée de céder tôt ou tard à la violence qui acquiert du poids par son impétuosité même.

Concluons, que l'attaque de l'ennemi entre réellement dans les moyens de repousser l'injustice. La Puissance lésée & outragée, en entrant dans le pays de son adversaire, ne sort point des bornes de la défense qu'elle se doit à elle-même. L'agresseur est toujours celui qui, le premier, a par des hostilités injustes, forcé un autre Etat à prendre les armes. Quelques opérations qu'exige la sûreté de celui-ci ; quelques mouvemens qu'il fasse contre l'ennemi qui l'a provoqué, il est toujours censé se deffendre : il pourra souvent attaquer, jamais il ne sera l'agresseur.

Si donc nous avons jugé, à la rupture de la paix, que les Anglois étoient les auteurs de la guerre ; nous devons juger qu'ils n'ont pas cessé de l'être pour avoir perdu l'isle Minorque. Les François continuent de se deffendre, en marchant contre un ennemi qui s'est emparé de leur bien.

MEMOIRES
POUR SERVIR'A
L'HISTOIRE
DE NOTRE TEMS,
PAR-RAPPORT A LA GUERRE
ANGLO - GALLICANE.

[x.]

SUITE DE LA REQUISITION ANGLOISE,
APRES LA PRISE DE MINORQUE.

LA Cour de Londres n'appuïe sa requisition que sur le Traité de 1678. L'alliance qu'il renferme est purement deffensive. Or quels sont les devoirs qu'impose une
alliance de cette espéce aux Puissances qui la con-
tractent?

Sont-elles obligées de prendre les armes si-
tôt que leur Allié est dans le cas de deffendre
ses possessions, & ne leur est-il jamais permis
d'examiner s'il s'est mis lui-même dans la nécessité de se deffendre, en attaquant injustement?
Si cela étoit, tous les Traités seroient de la même nature, & il n'y auroit aucune différence entre une alliance offensive & deffensive, & celle
qui n'a pour objet que la deffense mutuelle; car,
comme je viens de le prouver, l'agresseur
qui a mis un ennemi paisible dans la nécessité de
repousser l'injure, est quelquefois dans le cours

K

d'une

d'une feule campagne, tantôt occupé à attaquer le pays de fon ennemi, tantôt réduit à deffendre le fien.   Si donc la nature de l'une & de l'autre alliance eft effentiellement différente, il eft néceffaire que le Traité deffenfif n'impofe que la néceffité de fecourir un allié, qui eft obligé de foutenir la guerre fans l'avoir jamais provoquée. Auffi voyons-nous que l'art. 5. du Traité de 1678. fuppofe, que les alliés ne feront tenus de fournir des troupes auxiliaires qu'à celui qui fera *attaqué ou troublé*, & nullement *à l'agreffeur ou turbateur*.   Or s'il eft démontré que les François ne font point devenus *agreffeurs, ou turbateurs* en faifant la conquête de Minorque ; il l'eft également que le Traité de 1678. n'oblige point même aujourd'hui la Hollande à donner des fecours à l'Angleterre.

Que les Traités entre l'Angleterre & la Hollande foient purement défenfifs ; il fuffit pour s'en convaincre de faire attention que le Traité de 1717. renferme entre la France, l'Angleterre & la Hollande, les mêmes ftipulations que contient celui de 1678. paffé feulement entre ces deux derniéres Puiffances.   Voici, les propres termes du traité de 1717.   „ Lefdits Sé-
„ réniffimes Rois & lefdits Seigneurs Etats Gé-
„ néraux promettent leur garantie reciproque,
„ pour l'exécution de toutes les conventions
„ contenues dans lefdits articles... & enfemble
„ pour le maintien & la deffenfe de tous les
„ Royaumes, Provinces, Etats, *droits, immu-*
„ *nités & avantages* que chacun defdits alliés
„ pof-

„ poſſedera réellement au tems de la ſignature
„ de cette alliance; & à cette fin leſdits Sei-
„ gneurs Rois & Etats Généraux ſont convenus
„ entre eux & demeurés d'accord, que ſi quel-
„ qu'un deſdits alliés étoit attaqué *par les armes,*
„ par quelque Prince ou Etat que ce fût, les
„ autres alliés interpoſeront leurs offices auprès
„ de *l'agreſſeur,* pour procurer ſatisfaction à la
„ *partie leſée,* & engager l'agreſſeur à s'abſtenir
„ entièrement de toute hoſtilité. Mais ſi ces
„ bons offices n'avoient pas l'effet que l'on ſe
„ promet, pour concilier l'eſprit des deux parties,
„ & pour obtenir une ſatisfaction & un dédom-
„ magement, dans l'eſpace de deux mois : alors
„ ceux des contractans qui n'auront point été
„ attaqués, ſeront tenus de ſecourir ſans retarde-
„ ment leur allié, & de lui fournir les ſecours ci-
„ deſſous exprimés; ſçavoir le Roi Très-Chré-
„ tien 8000. hommes de pied & 2000. hom-
„ mes de cavalerie, le Roi de la G. B. 8000.
„ hommes de pied & 2000. hommes de cava-
„ lerie, les Etats Généraux 4000. hommes de
„ pied & 2000. hommes de cavalerie, &c.

Les termes de ce Traité n'ont pas beſoin de
commentaire : les obligations reſpectives qu'il
impoſe aux trois Puiſſances, y ſont nettement
exprimées. Dès-là on peut oppoſer à l'Angleterre un dilemme auquel il lui ſera difficile de
répondre. Ou le Traité de 1717. déroge à celui de 1678, ou il n'y déroge pas. Dans le premier cas nous devons nous en tenir aux termes
de la dernière convention. Dans le ſecond cas

K 2

il

il eſt prouvé qu'en 1678. comme en 1717. nous n'avons promis de venir au ſecours de l'Angleterre, que lorſqu'elle ſeroit *partie léſée.*

Il ſuit de-là, que la France peut réclamer les ſecours de la Republique auſſi bien que l'Angleterre; & que ſi dans la guerre préſente la dite Republique doit ſortir de la neutralité, ce ne peut être qu'en faveur de celle des deux Puiſſances qui a réellement été *attaquée par les armes.* C'eſt contre *l'agreſſeur* qu'elle doit réunir tous ſes efforts; d'abord pour l'engager par des bonnes raiſons à *ſatisfaire la partie léſee & à s'abſtenir de toutes hoſtilités*; enſuite pour l'y forcer par des ſecours, accordés à celui des alliés de la Republique qui lui prouvera qu'il ne fait réellement que ſe deffendre. Or quel eſt ici *l'agreſſeur?* On n'en doit point juger ſur les différentes opérations, que la guerre une fois allumée rend juſtes & néceſſaires; mais ſur les cauſes mêmes qui ont rendu cette guerre indiſpenſable pour l'une des deux Puiſſances : il faut en revenir aux principes & aux motifs de la rupture; il faut voir à laquelle des deux Nations elle doit être attribuée. Les François ont conquis Minorque, ils prendront peut-être Gibraltar; ils attaqueront les Anglois partout où ils pourront eſpérer de les vaincre ou de les affoiblir : il n'en ſera pas moins vrai qu'ils auront tout employé pour éviter d'en venir à ces extrêmités cruelles. Il n'en ſera pas moins démontré aux yeux de toute l'Europe, qu'ils ont été réduits à la néceſſité de ſe deffendre & de fondre ſur des raviſſeurs

qui

qui refuſoient de leur rendre une multitude de vaiſſeaux enlevés contre le droit des gens.

Mais la Republique a garanti Minorque aux Anglois. Cela eſt vrai. N'a-t-elle pas auſſi garanti à la France par le Traité de 1717. *ſes droits, immunités & avantages*, au nombre deſquels on doit certainement compter la liberté de la navigation? Tout eſt donc égal pour le droit entre la France & l'Angleterre, & l'unique queſtion à examiner eſt toujours de ſavoir à qui la guerre doit être imputée.

Après cela, *qu'il ne reſte aucun doute ſur l'étendue de l'inimitié du Roi Très-Chretien envers S. M. B.* Que la preuve convaincante de cette inimitié ſe tire de ce que *les Côtes de la France ſont actuellement inondées de troupes*; tous ces grands mots ne prouvent rien contre la lettre & l'eſprit des Traités. Qu'entend-on au reſte, lorſque l'on dit que la *derniere entrepriſe de la France a achevé de convaincre le Roi d'Angleterre, qu'elle ferme les oreilles à toute voie ulterieure de conciliation?* Je paſſe volontiers au Miniſtère de Londres, ces phraſes pompeuſes & triviales, ces lieux communs ſurannés, dont on remplit un manifeſte où l'on ne peut faire entrer des raiſons. Mais que l'on foule aux pieds la vérité connue, que l'on inſulte au jugement de l'univers, & que l'on oſe dire aux hommes, l'évidence vous trompe: ce n'eſt plus là ſimplement abuſer du langage, c'eſt, en renonçant à la bonne foi, annoncer que l'on n'ambitionne pas même l'honneur d'être cru.

 Où

Où sont donc en effet, ces *négociations ulté-rieures* auxquelles la France a refusé de se prê-ter ? Toutes les Gazettes ont annoncé les propo-sitions qu'elle a faites & que la Cour de Londres a eu l'imprudence de rejetter. S. M. T. C. ne s'est-elle pas bornée à demander que l'on com-mençât par lui restituer ses vaisseaux, & n'a-t-elle pas consenti de renouer à ce prix une négo-ciation dans laquelle les Ministres de la Grande-Bretagne n'avoient cherché eux - mêmes qu'à é-luder tous les moyens de conciliation ? Si la Cour de France eut voulu la guerre, les hosti-lités qui interrompirent cette négociation (ho-stilités qui étoient la suite d'ordres offensifs, non-seulement tenus secrets, mais niés dans le tems même qu'on les exécutoit) ne lui fournis-soient-elles pas de trop justes motifs de prendre les armes, & ne dispensoient-elles pas le Mo-narque François, & des égards & des procédés dont la Cour de Londres a affecté de méconnoî-tre le prix ? C'est ce Prince cependant qui pro-pose la paix à son ennemi : c'est lui qui avertit, pour ainsi dire, l'Angleterre, des dangers auxquels elle va s'exposer. Il cherche à éviter une ruptu-re à laquelle les Ministres de Londres paroissent resolus. Ceux-ci osent lui déclarer qu'ils enten-dent garder son bien. Tel est le dernier mot qui est parti de la Cour de Londres, & elle se plaint aujourd'hui que la France *ferme l'oreille à toutes voies ulterieures de conciliation.* O Hol-landois! quelle opinion le Ministère Anglois a-t-il de votre discernement, s'il a imaginé que

vous

vous en dufliez croire le Colonel Yorck fur fa parole ?

Telles font les refléxions fimples que me fournit le nouveau Mémoire adreffé à la République. La raifon, la juftice, l'intérêt de l'Etat, tout fe réunit pour fortifier la barriére qui a été mife entre la guerre & elle. Si l'Angleterre en la preffant de la lier avec elle, ne compte que fur fes raifons, elle fe fonde fur un appui fragile. Je fai qu'elle a d'autres reffources. Je fai que les menaces de fes négociateurs font deftinées à foutenir la foibleffe des moyens allegués par fes Miniftres, à-peu-près comme les Pirateries de fa marine fortifient les menaces de fes négociateurs. Heureufement la Republique, dès qu'elle le veut férieufement, peut impofer filence aux menaces, & faire ceffer les violences. L'Angleterre ceffera d'être pour les Hollandois une ennemie redoutable, dès qu'ils paroîtront compter véritablement fur la deffenfe qui leur eft dûe par les autres Puiffances de l'Europe.

Hélas! je raifonne dans ma retraite; je combine, en Philofophe, les droits, les intérêts & les paffions des Peuples; j'ofe fuppofer que l'équité doit faire la regle des Princes, & que leur politique ne doit être que l'art de faire toujours marcher fur la même ligne, & leur devoir & leur utilité. Combien de fois cependant me tromperai-je dans mes calculs! Combien de fois ces Maîtres du monde, après avoir rendu à cette Souveraine des Rois un hommage que leur cœur dément, facrifieront-ils à leur ambition les loix

les

les plus saintes de la société, le repos & le bonheur de l'univers! Les Mammertins osérent citer à Pompée les termes précis d'une loi Romaine.   Quoi! leur dit-il, je suis armé du glaive, & vous m'alleguez des loix (*a*)! Un Sophiste présenta un jour à Antigone (l'un des successeurs d'Alexandre) un traité sur la justice (*b*).   *Insensé & importun que tu es*, lui répondit ce Prince, *tu me vois prendre les villes de mes voisins, & tu me viens parler de justice.*   Malheur au genre humain, si ce mépris des régles s'empare du conseil des Rois.   C'est tout ce que j'ose dire aujourd'hui ...... Ce traité sur la justice présenté à Antigone me rappelle *l'Antimachiavel*. Je conseille de relire ce livre, & d'en comparer les principes & les maximes avec les procédés & les événemens dont nous sommes les tristes témoins.   Je me contente de transcrire ici quelques phrases de cet ouvrage.

„ La guerre en général est si féconde en mal-
„ heurs, & les suites en sont si ruineuses pour
„ un pays, que les Souverains ne sauroient assez
„ réfléchir avant que de s'y engager.   Je me
„ persuade que s'ils voyoient un tableau vrai
„ des miséres qu'attire sur les peuples une seule
„ Déclaration de Guerre, ils n'y seroient point
„ insensibles.....

Les

(*a*) Plut. Vit. Pompeii.
(*b*) Ἀντίγονος ὁ γέρων, σοφιστοῦ τινος αὐτῷ συγγραμμα προσᾴδοντος περὶ δικαιοσύνης, Ἀβέλτερε σὺ (εἶπεν) ὃς ὁρῶν με τὰς ἀλλοτρίας πόλεις τύπτοντα, λέγεις περὶ δικαιοσύνης.
Plutarc. *De fort. Alex. magn.*

Les Loix, les Libertés des Hollandois, ces biens précieux ne me paroîtront jamais assurés, tant que je verrai l'Angleterre redoubler ses efforts pour les entraîner avec elle dans la Guerre.   J'apprends de tous côtés que les intrigues recommencent ;   que la Cour de Londres renouvelle ses instances ;   que ses Négociateurs se flattent encore :

O navis, referent in mare te novi

Fluctus ? O! quid agis? Fortiter occupa

Portum

Qu'importe, après tout, d'où partent les cris qui l'avertissent de ses dangers? Le bruit des passions ne s'entend qu'à une certaine distance.   La voix de la Vérité franchit tout espace : elle pénétre partout où il y a des hommes raisonnables.

La France n'a demandé aux Hollandois que la neutralité : ils ont consulté les traités, la justice, leur intérêt.   Ils ont promis au Roi Très-Chrétien de ne prendre aucun parti dans la guerre. Cette résolution des Etats Généraux lui a été envoyée : il compte sur leur parole, & c'est dans cette confiance qu'il leur a fait assurer de la continuation de son amitié.

On veut aujourd'hui qu'ils reviennent contre une délibération si sage, & qu'ils violent leur promesse presqu'au moment même qu'ils l'ont

don-

donnée. Les choses ont-elles changé? Quelle est celle des deux Cours qui, depuis le mois de Mai dernier, a donné aux hollandois des sujets de mécontement & des preuves de mauvaise volonté?

Je ne parle ici sur les faits, que d'après les Gazettes d'Utrecht & d'Amsterdam ; & sur les négociations, je m'en rapporte à ce que m'écrivent ceux de mes Correspondans, qui attachés uniquement à la République, n'épousent ni la querelle de la France ni celle de l'Angleterre.

Le Ministère Britannique en renouvellant ses instances, n'a point ajouté de nouvelles raisons à celles qui furent communiquées aux Etats par le Colonel Yorck, lorsque, sur l'examen des Mémoires respectifs des deux Couronnes, la République jugea que son devoir & son intérêt l'obligeoient à la neutralité.

Sur quels nouveaux motifs l'Angleterre a-t-elle donc fondé l'espérance de faire enfin adopter ses vûes par la Republique? Sur les procédés les plus violens, sur les menaces les plus injustes.

Depuis long-tems quelles indignités les Hollandois n'ont ils pas eu à souffrir de la part des Corsaires Anglois? On réclame, dit-on, l'exécution des Traités qui lient la Republique. Quel est donc celui qui donne aux Anglois le droit d'arrêter ses vaisseaux, d'enlever les agrès & les voiles, de livrer les marchandises au pillage, de maltraiter les Matelots & les passagers, de reprendre en un mot, pour détruire son commerce, cet affreux métier de Pirates dont toutes les Nations ont horreur, & dont on peut dire que,
de-

depuis plus de cent ans, les Anglois (*a*) feuls ont donné l'exemple en Europe?

A ces brigandages dont l'Envoyé de Hollande s'eſt plaint, & dont l'impunité ſemble inviter la Nation Angloiſe à de nouveaux excès, la Cour de Londres a joint la hauteur de ſes menaces. Ces prétendus Dieux de la mer préſentent la foudre, leur tonnerre a grondé; c'en eſt fait de la Hollande, ſi par la plus prompte obéiſſance elle ne prévient les coups qui peuvent l'écraſer.

Eſt-ce bien ſerieuſement que l'Angleterre oſe ainſi menacer? Conſiderons, & ſa ſituation actuelle, & la poſition où ſe trouvent à ſon égard tous les Etats de l'Europe: qu'on me diſe d'après cela, ſi l'on imagine que la Grande Bretagne prenne jamais la reſolution de déclarer la guerre aux Hollandois. Je lui paſſois ce ton impérieux, tant qu'elle ſe flattoit d'engager la Cour de Vienne dans ſes intérêts. Au défaut de raiſons, le Miniſtère Britannique pouvoit eſſayer contre la Republique la voie des armes, & lui montrer à ſes portes une Puiſſance dont elle reſpectoit l'amitié, & dont les forces pouvoient être redoutables à ſon pays. Aujourd'hui, que ſes Provinces ſont aſſurées de la paix, tant qu'elle n'y appellera point la guerre: aujourd'hui, qu'une

po-

(*a*) En 1625. & 1626. les Anglois ſans raiſon, ſans prétexte & ſans déclaration de guerre ſe mirent à infeſter les mers & à arrêter tous les Vaiſſeaux François. Le Roi de France fut obligé d'ordonner des repreſailles par ſa Déclaration du 8. Mai 1727. V. cette Déclaration & l'hiſtoire des Pirateries qui y donnerent lieu, dans le Mercure François, tom. 13. ann. 1727.

politique éclairée semble avoir élevé un rempart qui entoure ses possessions; non l'Angleterre ne la forcera point à devenir ses ennemis, si elle n'est point encore entiérement livrée à cet esprit de vertige qui s'empare des Etats, lorsqu'une Providence terrible veut effacer leur nom de des-sus la face de la terre.

Pour juger de ce que fera la Cour de Londres, supposons que ses Ministres ont encore quelque lumiére & quelque zéle.   Je n'examine plus les regles de la Justice & les droits qui résultent des conventions, antiques préjugés que le Gouvernement Britannique a bannis de ses délibérations. Je ne consulte que l'intérêt de l'Angleterre : quel est-il ?

On me répondra: c'est de faire promptement la paix & de donner le manteau, de crainte qu'on ne lui enleve la tunique.   Cela peut être ; mais n'attendons point des hommes cette vertu parfaite qui sçait tout immoler à la Patrie.   Veut-on que des Ministres invitent eux-mêmes la Nation à réparer leurs fautes ? Ils ont amené l'Etat au bord de sa ruine: contentons-nous de suppo-ser qu'ils n'acheveront point de l'y précipiter. Mais n'imaginons pas qu'ils fassent tout ce qu'ils devroient pour l'arracher au danger. Oui, la guerre durera tant qu'une revolution (que l'on peut prévoir, mais que l'on n'ose prédire) n'au-ra point separé la destinée de la Nation de la for-tune de ceux qui la gouvernent.

Mais si ceux-ci ne sont pas assez bons citoyens pour demander la paix, ils sentiront du moins
qu'un

qu'un jour elle fera néceſſaire: ils ne chercheront
point à aggraver les malheurs de leur Patrie.   Si,
lorſque l'Angleterre épuiſée fera pitié à ceux dont
elle aura commencé par exciter l'indignation, les
Puiſſances qui vouloient être neutres ſe trouvent
malheureuſement ſes ennemies, quelle reſſour-
ce lui reſtera-t-il ?

Oui, il eſt eſſentiel au ſalut dela Grande Bretagne, que la Republique ne ſoit point forcée à
lui faire la guerre.   C'eſt tout ce que ſes Miniſtres doivent redouter aujourd'hui.   S'ils avoient
l'imprudence de la reduire à ce parti ſi juſte, dès
qu'il ſera devenu néceſſaire, les eſcadres Hollan-
doiſes unies à celles de la France feroient inceſ-
ſamment la loi à ces ennemis communs, & les
mettroient dans la néceſſité de ſubir toutes les
conditions que l'Europe voudroit leur préſcrire.

Arrêtons-nous à cette idée: elle mérite d'être
développée.   Je ne prétends point, comme on
le verra dans la ſuite, en tirer des conſéquences
funeſtes au repos de la Republique, ou préjudi-
ciables à l'Angleterre.   Je ne fais point de vœux
contre elle, je me contente d'en faire de ſincères
pour le Bien public.

A-t'on jamais apprécié au juſte ces flottes, dont
l'appareil plus magnifique que formidable eſt deſ-
tiné à inſpirer à la Nation Angloiſe une fauſſe
confiance, & à procurer à ſon Souverain des revenus très-réels? Je ſçai que les forces maritimes
de cet Etat ſurpaſſent celles de toutes les autres
Nations priſes ſéparement.   Je conviens que le
plan des Anglois eſt de parvenir à ſe paſſer de

tou-

toutes les Puiſſances, & de pouvoir un jour leur faire la loi. Mais ce plan dont l'Europe s'eſt apperçue, l'Angleterre eſt elle aujourd'hui en état de l'éxécuter? Le peuple, qui lit avec une joie orgueilleuſe la liſte pompeuſe des vaiſſeaux de la G. Bretagne, l'imagine ſans doute. Pour les Hollandois à qui il importe d'approfondir davantage, ils doivent diſtinguer dans cette marine ſi redoutable, ce qui fait la force réelle de la Nation, d'avec cette montre faſtueuſe, qui fait la richeſſe du Monarque. C'eſt ſur cette montre que ſe reglent les ſubſides que le Parlement lui accorde pour l'entretien des flottes. Si on ne les proportionoit qu'au nombre des vaiſſeaux en état de ſervir, ils diminueroient preſque de moitié. Auſſi, tout ce qui porte encore le nom de Navire fait un article des revenus du Prince & des dépenſes du peuple: que l'on juge du ſoin avec lequel on garde dans les ports d'Angleterre d'antiques bâtimens, que l'on ne ſe donne plus la peine de radouber, & qui depuis plus de vingt ans auroient été détruits par les ordres de l'Amirauté, ſi les Officiers qui compoſent ce Conſeil, étoient plus dévoués à l'Etat, qu'au gracieux Souverain qui les paye. Ce phantôme de Marine, joint aux véritables forces navales, tient une place honorable dans les Gazettes de Londres. Il y a peu de ſemaines dans leſquelles on ne diſtribue ces Etats impoſans. Ainſi les Anciens Rois d'Egypte auroient été regardés comme des Souverains invincibles, s'ils euſſent pû perſuader leurs peuples, que tant de Guerriers, dont les

corps

corps morts étoient conservés avec un soin religieux, veilloient encore à la défense de l'Etat, & faisoient partie de ses forces.

Mais c'est le mouvement qui prouve la vie des corps; & si nous voulons juger de la véritable force de la Marine Angloise, examinons ses opérations, & demandons lui quels secours elle a procurés à l'Etat. Au mois de Septembre 1756, neuf mois avant la déclaration de guerre, les Papiers publics d'Angleterre faisoient monter à 243 vaisseaux les forces navales destinées à punir les attentats de la France. Si l'on ajoute à cette liste si nombreuse, celle de tous les navires, qui ont été construits depuis un an, quelles flotes la Grande Bretagne n'est-elle pas en état de mettre en mer? Quelle nation peut aujourd'hui lui disputer la souveraineté de l'Océan? Tous les ouvrages politiques ont répété les noms respectables de ces vieux bâtimens: tous ont vanté le terrible appareil des nouveaux: quelle mer nous a parlé de leurs exploits? La France, on le sait, oui, la France seule, avec sa marine foible & renaissante, a balancé la fortune & bravé tous les efforts de l'Angleterre. En faudroit-il davantage, pour prouver que la Cour de Londres appelle quelquefois l'illusion à son secours; & que les guinées, qu'elle reçoit pour l'entretien des flotes nationales, ne sont pas dans une exacte proportion avec la défense que la nation a le droit d'en attendre?

Ne nous laissons point éblouir par le prestige. Que l'Angleterre fasse sonner ses forces: mais qu'il nous soit permis de les calculer. Je conviens qu'en réduisant le nombre de ses vaisseaux à ceux qui peuvent être utiles à la défense; il surpasse de beaucoup celui que la France peut lui opposer: mais 1. les vaisseaux de la Grande-Bretagne lui tiennent lieu de places fortes. Une partie en doit être employée à mettre ses côtes à l'abri de l'invasion. 2. Le reste qui peut servir à une guerre offensive, est mal pourvû de soldats & de matelots: ces derniers même manquent absolument; & je n'en veux d'autre preuve que les violences exercées depuis un an

pour

pour s'en procurer. L'Angleterre a, proportion gardée, beaucoup plus de vaisseaux que d'hommes; la France a plus d'hommes que de vaisseaux: d'où l'on peut conclure, que celle-ci en augmentant sa marine ajoutera à ses forces, au lieu que celle-là doubleroit inutilement le nombre de ses navires.

Dans cette position respective des deux Puissances, supposons pour un moment que les Etats Généraux, après avoir fait d'inutiles efforts pour faire agréer à l'Angleterre le parti qu'ils ont pris, soient enfin obligés de sortir de cette neutralité si sage, si utile, si juste. Supposons encore, ce qui pourroit très-bien arriver, qu'indignés contre la violence qui leur seroit faite, ils se réunissent à la France pour forcer l'ennemi commun à faire la paix. Quel coup formidable ne seroient-ils pas en état de porter à la G.B.? Quels succès rapides la France ne pourroit-elle pas se promettre, si, regorgeant de soldats, elle trouvoit dans les ports de la Hollande les vaisseaux qui lui manquent? Certainement les Anglois ne soutiendroient pas trois ans une guerre aussi ruineuse: la paix dont on seroit bien-tôt en état de lui prescrire les conditions, procureroit à la République les restitutions les plus utiles à son commerce, & la dédommageroit abondamment des dépenses auxquelles ils auroient eu l'injustice de la forcer.

MEMOIRES
'POUR SERVIR 'A
L'HISTOIRE
DE NOTRE TEMS,
PAR-RAPPORT 'A LA GUERRE
ANGLO GALLICANE.

[XI.]

EXAMEN DES INTERETS DE LA HOL-LANDE, PAR RAPPORT A' LA NEU-TRALITE'.

CE que j'ai dit jusqu'ici, n'est qu'u-ne simple hypothèse. C'est (qu'on me passe ce terme géométrique) un *Lemme*, dont la démonstration étoit nécessaire pour la solution des deux Problêmes importans qui font aujourd'hui la matiére de la délibération des Etats. Examinons-les avec attention: les voici.

Devons-nous prendre part à la guerre présente?
Quel est le moyen le plus sur pour nous en dispenser?

Je me trompe; Il n'y a ici qu'un seul problê-me à resoudre. La premiére de ces deux questions n'en est plus une. Elle a été décidée. Il est é-vident que les Anglois ont été par-tout les aggres-seurs: mais il suffit qu'ils l'aient été en Europe. Ils ne peuvent donc alleguer le *casus fœderis*. Quant à l'intérêt de la Republique, ils doivent trou-ver bon qu'elle ne consulte que soi-même. Or sur cet objet tous les suffrages sont réunis. Tout

L   le

le monde convient que la guerre ne peut être que funeste à la Hollande.

De-là je conclus, premiérement, que la Puissance qui veut forcer les Hollandois à se déclarer pour elle, agit contre le vœu & contre l'intérêt de la République. On conviendra du moins, que dans cette occasion ce n'est point la reconnoissance qui doit décider en sa faveur.

Ce n'est pas pour faire du tort aux Hollandois me dira-t-on ; c'est pour leur propre bien que l'Angleterre veut absolument qu'ils lui fournissent des troupes & des vaisseaux. Ceci pourroit mériter quelque discussion: évitons-la en accordant la proposition. Mais on avouera, qu'il n'y a pas d'injuste ravisseur qui n'en puisse dire autant, lorsqu'il me dépouille. Si la politique d'une Nation ne consultoit jamais que sa propre utilité, sans avoir aucun égard à celle du Peuple avec qui il traite; j'en ai assez dit pour prouver que l'avantage de la France devroit la porter à faire les mêmes instances, & des menaces encore plus à craindre, que celles de l'Angleterre. Cependant elle n'exige autre chose des Hollandois, que la conduite dont leur propre intérêt leur impose la loi.

Une seconde conséquence que je tire de ce que j'ai avancé plus haut, c'est, que sûrs de ne trouver du côté de la France aucun obstacle à la neutralité qu'ils ont resolue, ils doivent employer tous les moyens possibles pour écarter le joug de la nécessité à laquelle on veut les reduire. Quels sont ces moyens? Voilà le véritable problême : cherchons-en la solution.

De

De Négociateur à Négociateur, la Republique a les meilleures & les plus puissantes raisons à alleguer. Mais que répondre à une Nation qui dit, „ *Nous n'examinerons plus rien : il faut ou vous* „ *déclarer pour nous, ou devenir nos ennemis : il* „ *faut dans un délai affez court, ou rompre avec la* „ *France & attirer ses armées dans votre pays, ou* „ *vous attendre à tout le mal que nous sommes en état* „ *de vous faire: nous n'avons plus rien à ména-* „ *ger* : Redde responsum Populo Romano?

On a beau louer la fermeté & la hardieffe de ce Général Romain, qui circonfcrit le pauvre Antiochus dans une circonférence affez étroite; j'imagine que si le Monarque de Syrie eût été à la tête de cent mille hommes aguerris, & commandés par des Généraux, tels que Scipion, il n'eût rendu fa réponfe qu'après être forti du cercle. Je dis plus; on ne la lui eût pas demandée avec tant de hauteur. La foibleffe d'Antiochus fit tout le mérite & toute la dignité de cette fommation tant vantée.

Les Anglois veulent depuis long-tems jouer le rolle des Romains. Ceux-ci, dont la politique profonde embraffoit dès-lors les plus vaftes projets, confentoient de laiffer aux villes Grecques le beau nom de liberté, pourvû qu'elles obéiffent aux ordres de leurs Proconfuls. Ils difoient aux Carthaginois: *Détruifez votre ville & rebâtiffez-la à dix milles du rivage: à cette condition nous voulons bien être vos amis.*

Ainfi la Cour de Londres flattera les Hollandois. Tant qu'il fe feront une loi de déférer aveuglément à fes volontés, elle leur rappellera l'idée

L 2

tou-

toujours chère d'un gouvernement libre & d'un Peuple indépendant. Leur intérêt viendra-t-il croiser cette obéissance à laquelle on les croit accoutumés? Des menaces orgueilleuses succéderont aux assurances perfides d'une amitié dangereuse. Il est très probable, qu'on les quitteroit aisément des secours que l'on exige d'eux, s'ils promettoient de renoncer à tout commerce, que l'Angleterre pourra faire elle-même. Ils ont à ses yeux le même tort qu'avoient autrefois les Carthaginois aux yeux des Romains. Ils sont trop près de la mer.

Mais la Republique veut-elle abbaisser la fierté & faire taire les menaces? Elle est aujourd'hui plus indépendante que jamais. On ne lui veut faire peur que parce que l'on sait qu'elle est à craindre; & c'est dans cette importante occasion qu'elle peut prouver qu'elle est digne d'être redoutée, & qu'elle sent enfin ses forces. Qu'elle oppose une sagesse intrepide aux efforts violens de l'injustice qui croit la subjuguer; qu'elle imite la fermeté du rocher qui ne s'avance point contre les flots, mais qui les repousse & qui les brise.

De tous les raisonnemens politiques par lesquels les vrais amis de l'Etat cherchent aujourd'hui à écarter les demandes de l'Angleterre, il en est un, qui n'essuieroit point de réponse. Qu'on me permette de l'adresser à ces fiers Négociateurs, dont il peut seul faire cesser les instances importunes.

„ Vous voulez donc, Mrs, leur dirois-je, for-
„ cer la République des Provinces-Unies à vous
„ four-

„ fournir des troupes & des vaisseaux. C'est-à-dire
„ que vous ne seriez pas fachés de voir les armes de
„ la France tomber sur nous.　Car enfin il n'y a
„ plus de parti mitoyen à prendre entre la paix & la
„ guerre.　Nous avons promis au Roi Très-Chré-
„ tien de demeurer neutres :　nous ne pouvons
„ changer de resolution, sans le mettre dans le
„ cas de se plaindre de nos procédés & de se ven-
„ ger de notre infidélité. Je conviens qu'à cela il y
„ auroit un double profit pour vous : il seroit as-
„ sez agréable pour l'Angleterre, qu'une partie
„ des forces qu'on lui oppose aujourd'hui, fût
„ employée à abbaisser ses rivaux.　Ce seroit un
„ danger de moins & un gain de plus.

　„ Pour nous qui, toutes refléxions faites, som-
„ mes persuadés que rien ne nous oblige à la guer-
„ re, & qui avons encore plus d'intérêt à conser-
„ ver notre commerce, que vous n'en avez à le
„ ruiner: nous vous déclarons nettement, que
„ nous tiendrons notre parole.

　„ Si la France exigeoit de nous autre chose
„ qu'une neutralité parfaite : si à vôtre exemple
„ elle vouloit nous forcer à joindre nos forces aux
„ siennes: les partisans de l'une & de l'autre Cou-
„ ronne pourroient alors faire respectivement va-
„ loir leurs raisons & leurs motifs.　N'ayant que
„ le choix des maux, nous nous plaindrions d'une
„ nécessité cruelle, & nous vous permettrions de
„ nous prouver que le moyen de les faire cesser
„ le plus promptement, seroit de nous ranger
„ sous vos étendards.

L 3

„ Mais

„Mais ici, nous n'avons point à opter entre
„la France & la Grande Bretagne, mais entre la
„paix & la guerre, entre un commerce floriffant
„& l'inaction de tous nos Négocians; entre les
„richeffes & la pauvreté, la force & la foibleffe;
„que fçai-je? peut-être entre la liberté & l'efcla-
„vage. Notre choix eft fait.

„Que nous préfentez-vous pour nous obliger
„à le rétracter? des Traités? Il n'y en a pas un qui
„nous oblige à vous affifter, lorfque vous ferez
„les aggreffeurs. Votre propre intérêt? Il eft
„dans cette conjoncture inconciliable avec le-uô-
„tre. Donc vos inftances font une injuftice, &
„vos menaces une vexation. Or de Souverains
„à Souverains, le foible feul fouffre l'injuftice
„qu'il ne peut empêcher, & plie fous la vexation
„dont il ne peut fe garantir. Dès-là toute la que-
„ftion que nous devons traiter, fi nous agiffons
„de bonne foi les uns & les autres, fe reduit à fça-
„voir fi vous êtes en état de nous opprimer. Sur
„cela ce font vos Miniftres eux-mêmes que j'in-
„terroge: mais je les prie de ne point nous fépa-
„rer de la France, entre les bras de qui nous fom-
„mes forcés de nous jetter, s'ils continuent leur
„injufte perfécution. Car s'il eft enfin néceffaire
„de nous liguer avec l'une des Puiffances qui font
„en guerre, nous choifirons, n'en doutez pas,
„celle qui nous laiffe faire ufage de notre liberté,
„&, qui comme nous, ne fera la guerre que pour
„vous forcer à la paix. Ainfi avertis par un refus
„ferme & pofitif, prenez votre parti. Nos Né-
„gociateurs ont tout dit, & nos vaiffeaux font prêts.
Qu'on

Qu'on ne croye pas, que les Anglois entreprennent de longúes differtations pour refuter ce raifonnement ; lorfqu'ils verront les Hollandois convaincus de fa juftefle & refolus d'en faire leur plan invariable de conduite.

Mais, me dira-t'on, fi les Anglois effectuent leurs menaces? S'ils déclarent la guerre, ou plutôt fi, fans la déclarer, ils continuent ces brigandages par lefquels ils ont cru donner plus de poids aux argumens de leurs politiques ? ... Hé bien ! fi les Miniftres Anglois ont fermé leur cœur à l'équité, & leur efprit à la raifon; fi à la faute qu'ils ont faite de fe mettre hors détat d'avoir d'autres Alliés que le Roi de Pruffe, ils joignent la folie de s'attirer de nouveaux ennemis; fi dans un moment de délire & de défefpoir ils jurent de hâter la ruine de leur Patrie pour enfévelir leur honte; la Republique aura la guerre; j'en conviens: il faudra bien s'y refoudre.

Mais, 1. l'aura-t'elle moins fi elle viole les promeffes qu'elle a faites à la France? Les chofes ne font plus entiéres : ce qui au mois d'Avril 1756. n'eut été qu'injuftice, foibleffe & imprudence, feroit aujourd'hui infidélité, lâcheté, & mauvaife foi. L'Angleterre n'a point de prétexte pour déclarer la guerre aux Hollandois, la France aura des raifons pour la leur faire. Ainfi en cédant aux follicitations du Miniftère Britannique, ils attirent infailliblement fur eux cette guerre qu'ils veulent éviter. En prenant une refolution ferme de fe deffendre fi la grande Bretagne les attaque, ils ne feront en guerre que

L 4   dans

dans le cas où le Gouvernement feroit la plus haute folie qu'il ait encore faite. Les blameroit-on, de fuppofer qu'il ne la fera pas, & d'agir en conféquence?

2. S'il eft abfolument néceffaire que la Republique faffe la guerre, ne doit-elle pas choifir? 1. la plus jufte, 2. la moins longue, 3. enfin la moins onéreufe? Celle qu'elle auroit à foutenir en fe joignant à la France, dans le cas de néceffité que je fuppofe toûjours, réuniroit ces trois qualités.

Qu'elle fût la plus jufte: c'eft, je crois ce que je n'ai pas befoin de prouver. En effet, fi dans la circonftance préfente les Traités d'alliance avec l'Angleterre ne font point une Loi de les fecourir, quel motif de juftice pourroit porter les Hollandois à tourner leurs armes contre la France, à qui il n'a pas tenu que l'Europe ne fût en paix?

Mais n'examinons point même les différentes vûes qui peuvent animer les deux Cours. Ne confidérons que la Republique & les motifs qui la feront agir. La guerre la plus effentiellement jufte, eft celle que fait un Etat que l'on attaque fans raifon. La néceffité de fe deffendre eft la premiére des loix naturelles. Le parti qu'elle a pris eft jufte. Des voifins impérieux veulent la forcer à en prendre un autre. On lui fait la guerre, parce qu'elle eft tranquille. Que lui refte-t-il à faire, finon de prendre l'univers à témoin, & de la droiture de fes vûes, & de la regularité de fes procédés, & de la trifte néceffité à laquelle on la reduit? Oui, cette nouvelle injuftice

tice de la Cour de Londres achevera de soulever l'indignation de l'Europe. Elle verra une République dont les vûes ne tendent qu'à concourir au système général des Puissances qui l'environnent, système pacifique & destiné au bonheur du monde; elle la verra, cette République, attaquée par des voisins jaloux, uniquement parce qu'elle n'aura point voulu concourir, au dépens de son repos, de sa gloire, de ses finances & peut-être de sa liberté, à attiser le feu de la guerre dans le Continent de l'Europe.

J'ai ajoûté, que la guerre que les Hollandois feroient pour la France, seroit moins longue que celle qu'ils auroient à soutenir pour l'Angleterre. Le but de celle-ci est d'anéantir la Marine & le commerce de la France : or toute l'Europe se liguera plutôt contre la grande Bretagne que de souffrir l'exécution d'un projet qui donneroit à celle-ci un commerce universel & exclusif, & par conséquent la supériorité sur tous les Etats. Concluons de là, que si elle réussissoit avec les forces Hollandoises, la Republique auroit bientôt comme l'Angleterre, tous les principaux Souverains pour ennemis. La France au contraire a prouvé, par les propositions qu'elle a faites, qu'elle n'envioit rien à ses voisins. Elle ne veut que se maintenir dans l'état où l'a mise le Traité d'Utrecht, qui assurément n'étoit point pour elle le comble de la fortune; elle a offert la paix; elle est disposée à la faire à des conditions justes & honorables, dès que les Anglois auront renoncé à leurs prétentions exorbitantes, & lui auront donné des sa-

L 5

tis-

tisfactions pour le paſſé & des ſuretés pour l'avenir.   Or il me paroît, qu'un moyen bien efficace
pour y forcer ceux-ci, ſeroit, que les forces navales de la Hollande ſe joigniſſent à celles de la
France.   Le parti qui obligera le plûtôt les Anglois à déſirer la paix, eſt celui que doit embraſ-
ſer une Republique, pour qui la guerre eſt le
plus grand des fleaux.

Enfin, la guerre la moins onereuſe pour la
Republique, ſeroit celle qui l'uniroit d'intérêts
avec la France.   Si je dis en effet, que les Anglois, devenus les ennemis déclarés de la Republique, ne viendront point ravager ſes Provinces;
on me diſpenſera de prouver ma propoſition.
Leur état, leur ſituation, la nature de leurs forces qui ſont generalement connues, voilà mes
garants.   Mais ſi j'aſſurois que dans l'hypothéſe
oppoſée, la France reſpectera leurs frontiéres;
quelques efforts que je fiſſe pour en convaincre,
je doute que l'on m'en crût.   Toute cette Nobleſſe Françoiſe plus brave que politique, & qui
ſent murmurer ſon courage contre le beau &
l'heureux plan d'une paix éternelle, avec quelle
joye n'embraſſeroit-elle pas les occaſions de ſe
ſignaler? Quelles barriéres la Republique a-t'elle
aujourd'hui à lui oppoſer? Quelles places forti-
fiées mettent ſon pays à l'abri des incurſions? Se
tranſportera-telle, comme autrefois la République d'Athenes, toute entiére ſur des Vaiſſeaux?
Athenes alors laiſſoit paſſer un torrent rapide.
La France eſt un fleuve qui élargira ſon lit ſans
rien diminuer de ſa profondeur. La Grece envoïa

à

à Delos le tréfor commun de toutes fes Villes : mais le plus jufte des Grecs en répondoit. Qui gardera aujourd'hui le dépôt qui fait le fond du commerce de la Hollande? La Grande Bretagne? Mais les menaces-qu'elle a faites ne prouvent que trop que les confeils ambitieux (a) de Themiftocle l'emporteroient aujourd'hui auprès d'elle fur la fevére probité d'Ariflide.

Oui, il ne faut point fe le diffimuler : il s'a-git de l'exiftence de la Republique. Les Anglois ne font point en état de la défendre; & lorfqu'il s'agira un jour de la rendre, auront-ils un grand intérêt d'y réunir tous les avantages qui en font le prix, & qu'elle aura facrifiés pour eux? Son commerce, fes loix, fa liberté, ces vrais biens pour lefquels tant de fang a été verfé, vont donc être remis entre les mains de l'Angleterre. Qui l'empêchera de s'en fervir un jour pour acheter la paix? Alors elle s'excufera fur la néceffité des circonftances, elle trouvera, dans le propre affoi-bliffement de la Republique, de quoi fe confoler de fes pertes : & au lieu qu'une fage politique de-vroit porter les Hollandois à fe mettre au niveau de la Grande-Bretagne, elle fera toujours la maî-treffe de les tenir infiniment au-deffous d'elle. Quelle fermeté intraitable ne montrérent-ils pas à *la Haye* & à *Gertruidemberg?* La confiance que

l'An-

(a) Themiftocle confeilla aux Atheniens de bruler la flote de leurs alliez pour devenir par là les maîtres de la Grece. Ce moyen étoit infaillible. Ariftide oppo-fa la juftice à l'intérêt, & le peuple rejetta tout d'une voix la propofition de Themiftocle.

l'Angleterre avoit sçu leur inspirer, fut la source de leurs fautes. Ils manquerent l'occasion d'être les arbitres de l'Europe. Les Anglois ne virent qu'avec des yeux jaloux ce haut point d'élevation qui enorgueillissoit la Republique. Leur Reine profita de cet aveuglement, & trouva bientôt le moyen de soumettre cette Republique à ses ordres. Je crois pouvoir donner pour une maxime appuyée sur la raison & sur l'expérience, que l'on ne doit s'unir à un Etat plus puissant que soi, que dans la nécessité d'une juste défense. Si l'alliance est offensive, l'Etat le plus fort devient le plus ambitieux, entraîne ses Alliés dans ses fautes, sort des bornes de la Justice; & lorsqu'il est forcé d'y rentrer, il paye alors aux dépens du foible, qui s'est lié à sa fortune.

Voilà ce qui arrivera à la Republique toujours avec les Anglois. La conduite qu'ils tiennent aujourd'hui, prouve assez que son commerce l'inquiéte, & qu'ils craignent que pendant la guerre elle ne s'enrichisse de ses pertes. L'Angleterre court à travers les précipices, & ne veut point lâcher les rênes de ce char qu'elle traîne après elle; & ce n'est qu'avec le fer que les Hollandois doivent couper ces liens dangereux, s'il n'est pas possible de l'obliger autrement à les laisser les maitres de leur route.

J'entends d'ici quelques commerçans peu instruits, opposer à la fortune de l'Etat les fortunes particuliéres. *Que deviendront*, disent-ils, *tant de millions qui sont à Londres?* Ce qu'ils deviendront? Les intérêts s'en accumuleront, & ne seront

ront

ront payés qu'à la fin de la guerre. Mais, je le demande, que deviendroient ces fonds immenses que les Hollandois ont intérêt de conserver, s'ils étoient actuellement entre leurs mains? Dès que la guerre est allumée au milieu d'eux, leur commerce cesse, & leurs fonds sont morts. N'est-il donc pas intéressant pour eux, qu'ils soient placés sur une Nation, qui est en état d'en répondre, & qui tôt ou tard sera forcée de leur rendre la justice qui leur est dûe?

Or l'inconvénient de la cessation des arrérages pendant deux ou trois ans, peut-il balancer cette foule de malheurs qu'ils auroient à craindre, si, dépendans uniquement de l'Angleterre, ils prenoient le parti de se donner des maîtres dans une Nation, & des ennemis dans l'autre?

Je porte mes vûes plus loin, & si l'Angleterre les force à se déclarer contre eux, pourquoi n'envisageroient-ils pas, dans le terme d'une guerre nécessaire, la réparation des injustices que les Anglois leur ont faites? Je ne dis rien de ce Traité de Portugal qui leur a enlevé le commerce des draps. Ne supposons point des changemens, qui ne pourroient se faire, que dans le cas où d'autres Puissances de l'Europe prendroient part à la querelle. Je me rappelle seulement cet acte de Parlement passé le 23. Septembre 1660; il est intitulé, *Acte pour encourager & augmenter la marine & la navigation.* On eût pû avec autant de justice l'intituler *Acte pour diminuer le commerce de la Hollande.* Il porte que *les marchandises & denrées de l'Europe ne pourront être*

ap-

apportées en Angleterre par d'autres vaisseaux, que par ceux qui sortiront des ports des pays où se fabriquent les marchandises & où croissent les denrées, & cela sous peine de confiscation.

Qui ne voit, que ce n'est qu'aux Hollandois seuls que les Anglois leurs bons amis ont voulu fermer l'entrée de leurs ports? Quelles denrées de son propre crû la République est-elle en état de leur fournir? Seroit-elle blâmable, si elle faisoit quelques efforts pour regagner une liberté que toutes les autres Nations leur accordent chez elles? Je ne veux ici que suggérer des idées: c'est à des Politiques plus habiles que moi, à les étendre & à les développer. Ce que je sais, c'est que lorsque l'on est obligé de faire la guerre, il est permis d'en tirer tous les avantages qui n'ont rien de contraire à ses loix; & une vérité qui me paroît également claire, c'est que les Hollandois ont tout à perdre & rien à gagner dans une guerre contre la France, au lieu que celle qu'ils feroient pour elle pourroit, avec bien moins de risques, procurer à leur commerce une étendue & une liberté, que l'Angleterre a toujours cherché à restraindre.

Jusqu'ici j'ai parlé pour ces hommes sages qui lisent dans l'avenir, & dont l'ame élevée ne consulte que la raison. Il est un autre ordre de citoyens, qui par la droiture de leur cœur & la pureté de leurs vûes, ne méritent pas moins nos égards: plus vertueux qu'éclairés, plus capables de sentiment que de refléxions, ils sont attachés à l'Angleterre par un reste de ce préjugé qui leur

re-

repréſente les Anglois comme les anciens défenſeurs de la Republique & de la Religion qui y eſt
dominante. Ils ont oüi parler des ſecours qu'ils
donnerent à la République naiſſante; le dirai-je?
La haine contre le deſpotiſme d'un Souverain
Catholique a laiſſé dans les cœurs un goût ſecret
pour un peuple que l'on croit depuis long-tems,

Ennemi des Romains & de la tyrannie.

C'eſt ce préjugé que j'entreprends de détruire.
En général, il eſt vrai que les ſervices que les
Hollandois ont reçus autrefois de l'Angleterre, ne
devroient pas plus les armer en faveur de ſes vûes
actuelles, que le mal qu'il leur auroit fait, il y
a cent ans, ne pourroit les déterminer à lui re-
fuſer des ſecours, s'il étoit dans le cas d'en exiger. Mais s'il y a des hommes qui établiſſent des
devoirs d'Etat à Etat, comme de famille à famille, & qui penſent qu'ils doivent aujourd'hui à
l'Angleterre une vive reconnoiſſance de ce qu'elle a fait pour eux depuis l'origine de leur République, il peut être utile de leur prouver. 1. Que
l'Angleterre n'a jamais rien fait pour leur Religion: 2. Qu'elle a beaucoup fait contre leur liberté, & qu'au déſir d'abbaiſſer la Puiſſance d'E-
ſpagne, ſe joignoit, dès le tems de la Reine Eliſabeth, la crainte de voir ſe former une Republique puiſſante par ſes loix & par ſon commerce.

Ce plan embraſſe une partie de l'Hiſtoire de
la Hollande, & remplira quelques-unes de mes
feuilles, ſans me faire oublier les engagemens
que j'ai contractés d'ailleurs: j'écrirai alternative-
ment

ment pour les uns & pour les autres. Auſſi ne ſe plaindra-t'on plus des longs intervalles de mon ſilence. Je commence dès aujourd'hui à prouver que je ſuis en état de tenir parole. Je ne citerai aucun fait que l'on ne puiſſe vérifier ſur ces actes précieux qui renferment & les délibérations & les réſolutions dé la République.

Celle-ci luttoit avec force contre ſes véritables ennemis, & flottoit entre la crainte d'aggraver le joug, & l'eſpérance de voir naître la liberté, lorſque la mort lui ravit Guillaume I, Prince d'Orange. Eliſabeth regnoit alors en Angleterre, & les Hollandois lui demandoient depuis long-tems des ſecours que leur ſituation rendoit de jour en jour plus néceſſaires. Enfin elle conſentit à leur accorder 5000. hommes de pied & 1000. chevaux, indépendamment de quelques compagnies auxquelles ils furent obligés de confier les places de *la Brille*, de *Rammekens* & de *Vliſſingue*, pour ſûreté de la paye qui avoit été promiſe à ces troupes (*a*).

Le Comte de Leyceſter, favori de la Reine, commandoit ce ſecours. Il n'alloit point à la Meſſe comme le Duc d'Alençon ; cette ſeule qualité lui gagna la confiance du peuple. Mais quelle utilité procura-t-il à la République? Ouvrons & les Hiſtoires de la Hollande & les Regiſtres de l'Etat.

(a) Reſol. des Et. de Holl. du 2. Octobre 1585.

MEMOIRES
POUR SERVIR 'A
L'HISTOIRE
DE NOTRE TEMS,
PAR-RAPPORT A LA GUERRE
ANGLO · GALLICANE.

[XII.]

SERVICES RENDUS AUX HOLLANDOIS,
PAR L'ANGLETERRE.

L'Unique objet que le Comte de Ley-cefter ait paru fe propofer, tant qu'il fut au milieu des Hollandois, fut de prolonger la guerre, & de s'affurer de places qui puffent mettre fa Maîtreffe en état de dicter des loix à la Republique. Plufieurs de fes Officiers, dont il avoit rempli les poftes, de cet Etat, excitèrent bientôt des foupçons qui n'étoient que trop bien fondés. Les Etats voulurent les retirer des places qu'ils occupoient : le Comte de Leycefter leur donna ordre d'y refter. Qu'arriva-t-il ? Un deux vendit au Duc de Parme (*a*) la Forthereffe de *Wouw* moyennant 1000. florins pour lui, & trois mois de paye pour la garnifon. Cet exem-

M

(*a*) Refol. des Et. de Holl. du 22. Janvier 1585.

exemple fut suivi par Guillaume Stanley & Rolland Yorck. Le premier trahit la ville de *Deventer* qui lui avoit été confiée, & la livra au Général Taxis; l'autre débaucha toute la Garnison du grand Fort de *Veluwe* & rendit aux Espagnols ce poste important. Les Anglois en firent à peu près autant à *Zwol* & à *Arphem*: on les vit déchirer leurs drapeaux & appeller eux-mêmes l'ennemi. Enfin Ariftote Paton vendit au Général Espagnol la ville de Gueldres, dont il étoit Gouverneur (*a*). Telle fut la conduite des Officiers.

Le Général punit-il ces lâches trahifons? Les défavoua-t-il même? C'eft furquoi fe tait l'Hiftoire; mais ce qu'elle a eu foin de tranfmettre à la poftérité, c'eft que le Duc de Parme emporta la ville de l'Ecluse à la vûe du Comte de Leycefter (*b*) qui ne fit pas le moindre mouvement pour la fauver. Quel étoit donc le but de ce guerrier, que l'on ne foupçonnera pas d'avoir eu peur? Peut-on le méconnoître, lorfque l'on voit Guillaume Ruffel faire, par fes ordres, les plus grands efforts pour s'emparer de toute l'Isle de *Walcheren* (*c*), porter les habitans de *Kampweer* & d'*Armuiden* à refufer les garnifons que les Etats vouloient y mettre.

Ce

(*a*) Hooft. hift. des Pays-Bas.
(*b*) Refol. des Etats de Holl. du 4. Août 1587.
(*c*) Bor. troub. des Pays-Bas, liv. XXIV.

Ce fut pour se garantir de la perfidie dont on avoit déja trop d'exemples frappans, que les Etats par une résolution du 23. Novembre 1587. ordonnerent que les serrures des portes de toutes les places frontiéres seroient changées. Les Historiens les plus exacts & les moins suspects de partialité constent que le Comte de Leycester avoit tramé l'odieux complot de s'emparer de plusieurs de ces places, qui, dans le cas où il n'eût pû s'assurer des habitans, auroient du moins (*a*) servi à procurer à l'Angleterre un accommodement avantageux avec l'Espagne.

Ce qu'il y a de certain, c'est qu'alors les Espagnols gagnoient plus de villes par les trahisons des Anglois que par les efforts de leurs propres troupes. Qui est-ce qui fit entrer le Duc de Parme dans *Gertruidemberg*? Il étoit dû à la garnison Angloise environ 31. mois de paye : le malheureux état des Finances de la République rendoit ce retard excusable. Ces braves & fidéles Alliés foulerent leurs drapeaux aux pieds, commirent les brigandages les plus énormes, pillerent des vaisseaux, devinrent en un mot le fléau du pays à la défense duquel ils étoient destinés. Le Prince Maurice de Nassau veut remettre cette place importante au pouvoir de la République : il est obligé de l'assiéger (*b*). Les Anglois osent se défendre contre lui, rendent son entreprise inutile, & le siége n'est pas

M 2

plû-

(*a*) Grot. Ann. des prov. un.
(*b*) Resol. des Et. de Holl. du 5. Avril 1589.

plûtôt levé, qu'ils livrent (*a*) *Gertruidemberg* au Duc de Parme.

. L'Angleterre vouloit-elle alors procurer à la Republique & la liberté du Gouvernement & celle de la Religion ? Que l'on en juge sur les instances réitérées par lesquelles elle la sollicitoit de faire sa paix avec l'Espagne, & de réprendre le joug de ses maîtres (*b*). Que l'on en juge encore plus sûrement par cette négociation qu'elle entâma malgré les Etats Generaux à Bourbourg: tout Citoyen frémit en lisant dans l'Histoire les propositions que fit la Reine Elisabeth. Elle offroit de remettre aux Espagnols toutes les villes qui lui étoient hipothéquées, dès que ceux-ci lui payeroient les sommes que lui devoient les dits Etats. En livrant ainsi les Villes de la Republique à ses ennemis, que demandoient les Anglois pour elle ? D'un côté que l'on retirât de son pays les troupes étrangéres, & que l'on confiât les charges aux naturels du pays. D'un autre côté, que l'on tolerât *seulement pour deux ans* l'exercice de la Religion Protestante (*c*). Le ciel vouloit que les Hollandois fussent libres. Il aveugla Philippe II. Que seroient ils aujourd'hui si ces propositions de l'Angleterre eussent été acceptées, & si maîtresse de leurs places, l'Espagne n'eût

(*a*) Res. des Etats de Holl. des 12. & 16. Octobre. & 11. Décembre 1587. Meteren. hist. des Pays-bas.

(*b*) Meteren *ibid.*

(*c*) Resol. des Etats de Holl. du 14. Avril 1589.

n'eût promis qu'une tolérance vague de deux ans,
& quelques priviléges, pour reutrer en possession de ce Gouvernement cruel dont ils avoient
pour-jamais brisé les chaines?

Quelles obligations n'eurent'ils pas à cette flotte que Philippe nommoit *l'Invincible*, & qui
menaçant les côtes d'Angleterre rompit la funeste négociation de *Bourbourg?* Ils volérent au secours de leurs Alliés, & seconderent la fureur des
vents, qui s'armèrent pour la liberté de la Hollande. Mais je le répéte, cette liberté étoit sacrifiée,
si les Conférences eussent continué, & si l'Espagne eût eu moins de confiance dans ses propres
forces.

Que l'on juge par cet échantillon, quelle é-
toit dès-lors la Politique de l'Angleterre. Nous
ne la verrons point se démentir sous les regnes
qui suivirent celui d'Elisabeth. Cette Princesse
habile prévit & traça elle-même le plan que ses
successeurs devoient suivre par rapport à la Republique: je prouverai qu'ils y ont été fidéles. Voilà les amis pour qui l'on veut que la République
s'immole. Ce seroit porter bien loin la reconnoissance, même la plus juste: mais enfin, tout se
réduit à savoir s'ils peuvent aujourd'hui l'y forcer: Leurs Politiques ne peuvent le dissimuler -
que les tems sont changés; la Protection de l'Angleterre lui est désormais inutile. Elle lui étoit
vendue trop cher. Le systême actuel de l'Europe lui présente une alliance plus utile à sa liberté

& bien moins redoutable à son commerce. Les menaces des Anglois ne doivent donc point l'effrayer. O Hollandois, remontez sur vos vaisseaux ; parcourez librement les mers ; ne vous armez que pour votre défense & contre les pirates qui vous insultent ; profitez des avantages du commerce, que la Nation Angloise semble aujourd'hui sacrifier aux vûes de la Cour de Londres, & dites-enfin à celle-ci?

Infelix, quæ tanta animum dementia cepit?
Non vires alias, conversaque numina sentis?
Virg. En. l. 5.

Suite de l'Histoire des services rendus par l'Angleterre à la Hollande.

Les négociations de Bourbourg ayant été interrompues par l'armement que forma Philippe II. contre l'Angleterre, il n'étoit pas naturel que la Reine Elisabeth conclût avec l'Espagne le Traité dont elle avoit conçu le projet. Elle fut donc obligée de faire avec la France & la Hollande (a) une nouvelle alliance, dans laquelle il fut stipulé que l'on ne se prêteroit à aucune trêve ; moins encore à un Traité de paix avec l'Espagne, *sans le consentement unanime des trois Puissances contractantes, & qu'au contraire on l'attaqueroit de toutes les forces communes & avec la*

der-

(a) Résol. des Et. de Holland. du 28. Septembre 1596.

derniere vigueur dans ses propres domaines. Les Provinces Unies respirerent alors, & ne douterent pas qu'appuïées par deux Alliés si redoutables, elles ne fussent en état de conserver leur liberté & de resister à toutes les forces de leurs ennemis.

Mais celles que la Hollande acquéroit peu à peu, donnoient déja à la Nation Angloise les plus vives inquiétudes. La Hollande ne pouvoit subsister sans le commerce. Cette raison suffisoit pour exciter les craintes & la jalousie de l'Angleterre. Aussi Jacques I. fut à peine sur le thrône, que la Nation (*a*) oubliant des engagemens qu'Elisabeth elle-même n'avoit pas dessein de tenir, fit sa paix particuliére avec l'Espagne : les Hollandois furent abandonnés : il fut même expressément stipulé, qu'aucune des deux Puissances ne soutiendroit de quelque maniere que ce fût les ennemis, ni les *sujets rebelles* de l'autre. C'étoit par cette derniére & honorable qualification que l'Angleterre désignoit ces mêmes Alliés, dont peu d'années auparavant elle avoit paru embrasser la deffense.

Elle prévoyoit cependant, que ces prétendus rebelles pourroient avec le secours de la France resister à l'Espagne. Il étoit donc important de se reserver un moyen pour les accabler : l'Angleterre garda à titre d'hypotheque les villes de

M 4

la

(*a*) Résol. des Et. de Holl. du 23. Août 1604.

la *Brille*, de *Rammekens* & de *Vliffingue*: fes garnifons y demeurerent pour obferver l'état de la République, & pour avertir du moment où il feroit néceffaire de fondre fur elle. Inutilement follicita-ton Jacques I. de retirer ces garnifons. Il exigea (*a*) que la Hollande lui payât 2500000. florins. L'impoffibilité de ce payement affuroit à la Cour de Londres le fuccès de fes vûes.

Le fage Barnevelt les connut & les prévint : ce fut lui qui détermina la République à trouver une dernière reffource dans fon économie, & à faire de prompts efforts pour fe délivrer de ces nouveaux maîtres plus dangereux que les Efpagnols. Ceux-ci fe fuffent alors contentés d'une ombre d'autorité; mais l'exiftence d'un nouvel Etat dont le commerce devoit être la bafe, étoit pour l'Angleterre un fujet perpetuel de terreur & de jaloufie.

Forcés de recevoir les 2500000. florins que Barnevelt leur fit payer, les Anglois ne pardonnerent point à ce courageux Republiquain tout ce qu'il avoit fait pour fatisfaire aux engagemens de l'Etat, & pour payer à l'Angleterre ce qui lui étoit dû. Tous les auteurs parlent de la haine que Jacques I. eut pour lui. Les difputes de religion fervirent de prétexte à cette animofité. Le Roi d'Angleterre paroiffoit ne haïr que le Protec-

(*a*) Refol. des Et de Holl. depuis le 11. jufqu'au 26. Avril 1616.

tecteur des Arminiens (*a*): mais Barnevelt avoit à fes yeux une autre qualité bien plus odieufe: il étoit le défenfeur de la liberté de fa Patrie, & heureufement pour celle-ci un défenfeur clair-voyant.

L'Angleterre ayant ainfi perdu la poffeffion des places fur lefquelles elle avoit jufques-là fondé fa confiance, fentit qu'il n'y avoit plus pour elle qu'un moyen de détruire la République. C'étoit de ruiner fon commerce: elle l'entreprit.

Celui du harang que la Hollande commençoit à faire avec beaucoup de fuccès, attira d'abord l'attention de la Cour de Londres. Elle fe dé-clara fouveraine des mers, & exigea la dîme de la pêche du harang. Bientôt ce nouveau droit de la Couronne d'Angleterre donna lieu à un Edit (*b*) qui défendoit à tout étranger de pêcher dans les mers Britanniques, avant d'en avoir obtenu la permiffion du Roi & payé les droits qu'il plut à la Nation d'impofer.

De ce moment les barques de tous les Pêcheurs Hollandois devinrent la proie des Corfaires An-glois. Le nouvel impôt n'étoit qu'un prétexte: c'étoit au commerce en lui-même que l'on en vouloit; les Pêcheurs, qui étoient obligés de payer un tribut auffi contraire au droit naturel & au droit des gens, n'en étoient pas moins maltrai-

M 5

tés

(*a*) Réfol. du Confeil Comité de Holl. du 24. Décembre 1611.

(*b*) Réfol. des Et. de Holl. du 6. Juin 1636.

tés, & les ports de l'Angleterre se remplissoient de prises de toute espéce: elles affoiblissoient la République; c'étoit l'unique objet de l'Angleterre.

Elle ne pouvoit donner à ce brigandage un air de justice, elle voulut lui donner un air de dignité. Charles I. mit en mer une escadre (a) commandée par le Comte d'Arondel (b) qui avoit ordre de se faire payer un florin par last (c) de chaque bateau qui alloit à la pêche du harang. Les Etats Généraux équiperent de leur côté quelques vaisseaux de guerre sous les ordres du Vice-Amiral Van Dorp, pour escorter leurs Pêcheurs & les garantir de l'insulte. Ainsi la République étoit obligée de disputer à main armée la liberté d'un commerce ouvert à toutes les Nations, & cet injuste domaine des mers étoit dès-lors le prétexte que l'Angleterre saisissoit pour s'assurer sur la Hollande une domination qui avoit toujours été le terme de ses desseins. Que seroit devenue la liberté d'un Etat, que la paix de Westphalie n'avoit point encore affermi, s'il eût alors été vivement attaqué par ses anciens ennemis?

Les troubles qui s'élévèrent en Ecosse, & qui agitèrent bientôt l'Angleterre elle-même, ne permirent pas à Charles I. de suivre ses projets contre la République; mais la Nation ne les perdit point de vûe. Elle craignoit jusqu'aux moindres

dres

(a) Aitzema, tom. 2. fol. 408.
(b) Résol. des Et. de Holl. du 19. Septembre 1636.
(c) Résol. des Et. de Holl. du 16. Octobre 1636.

dres avantages qué les Etats Généraux pouvoient remporter fur les Efpagnols: en 1639. la flotte d'Efpagne fous la conduite de l'Amiral d'Ocquendo perdit deux de fes vaiffeaux, & fut reduite à laiffer la mer libre à l'Amiral Tromp. Celui-ci pourfuivit le refte des vaiffeaux ennemis, & ils ne lui feroient point échappés fi les Anglois eux-mêmes n'euffent facilité leur retraite. Le Port de Dunkerque fauva la flotte du Roi Catholique.

La mort tragique de Charles I. changea pour un tems la forme du gouvernement d'Angleterre; mais ne dérangea rien du plan de la Nation: le génie de Cromwel fournit à la haine de celle-ci des armes puiffantes; & la République fe fent encor des coups qu'elles lui porterent. Ce fut le Protecteur, qui, pour ruiner par les fondemens le commerce des Provinces Unies, qui devenoit de jour en jour plus floriffant, (a) fit paffer cet acte fameux du 9. Octobre 1651. Il défend à tous les vaiffeaux étrangers de porter en Angleterre des marchandifes ou des denrées (b) qui ne feroient pas des productions du pays d'où partent ces vaiffeaux: cette défenfe qui n'a jamais été revoquée, fut le chef d'œuvre de l'injufte politique du Protecteur. Il fe flattoit par-là de forcer la Hollande à implorer le fecours de l'Angle-

____

(a) Aitzema, tom. 3. fol. 667.
(b) Larrey, Hift. d'Angleterre, tom. 4.

gleterre & à se reunir à elle sous une seule forme de gouvernement : tel fut toujours l'objet de son ambition : tel étoit le moyen qu'il avoit imaginé pour rendre les Anglois maîtres du commerce de l'Univers.

Pour exécuter ce plan, il falloit joindre à la voie qu'il venoit de prendre pour énerver à l'avenir le commerce de la République, des vexations actuelles qui pussent anéantir les richesses qu'elle s'étoit déja procurées : l'Angleterre renouvella ses prétentions sur la Souveraineté des mers. Elle exigea de nouveaux droits pour le poisson que l'on pêchoit dans les endroits dont il lui avoit plû de s'arroger l'empire. Enfin elle prétexta des torts imaginaires qu'elle avoit reçus dans les Indes, de la Compagnie Hollandoise. De ce moment il fut permis aux Anglois de se procurer à eux-mêmes une satisfaction arbitraire. La mer fut infestée par des Pirates. Tous les Vaisseaux marchands Hollandois (a) qui furent pris, furent confisqués en Angleterre : le commerce des Provinces-Unies fut troublé, interrompu, détruit, & les Anglois s'enrichirent des dépouilles de leurs voisins.

Les Etats voyant la République sur le point de sa ruine, envoyerent à Londres une ambassade solemnelle. Ils offrirent de reparer sur le champ tous les torts que l'on pourroit reprocher à la Compagnie Hollandoise, & qui seroient vérifiés :

(a) Résol. des Et. de Holl. du 10. Juin 1652.

fiés: mais ces offres si raisonnables, qui eussent déconcerté les projets de l'Angleterre, ne furent point écoutées. Il s'agissoit d'anéantir le commerce de la Hollande: dès-là toute conciliation devoit être rejettée. La guerre ne fut point déclarée par l'Angleterre: cette formalité en usage chez tous les peuples policés lui a toujours paru superflue; mais vingt bâtimens Hollandois qui revenoient des Barbades, furent attaqués, pris, emmenés dans les Ports de la Grande Bretagne & confisqués. La Hollande confia (*a*) le peu de Vaisseaux de guerre qu'elle avoit alors, à la prudence de l'Amiral Tromp. Celui-ci fut attaqué à la hauteur des Dunes par l'Amiral Blacsi, qui commandoit une Escadre Angloise de 18. Vaisseaux, & obligé de livrer un combat sanglant, qui devint le signal d'une guerre cruelle qui dura deux ans: elle couta bien du sang & des trésors à la Hollande. Mais quels efforts ne fait-on pas lorsque l'on combat pour la liberté?

Cromwel désespera du succès de ses vûes, & craignit que la Nation Angloise ne se lassât d'une guerre dont les dépenses étoient énormes & le profit encor éloigné. Lorsqu'en 1654. Beverning fut envoié en Angleterre, il trouva les esprits plus disposés à la paix. Il représenta fortement dans l'audience qu'il eut de Cromwel, que le

voi-

_____

(*a*) Resol. des Et. de Holl. des 29. Fevrier & 1. Mars 1652.

voisinage, l'intérêt commun de la liberté des deux Nations, & plus encor la conformité de Religion devoit porter les deux Républiques à mettre bas les armes; mais il insista inutilement pour le rétablissement du commerce, sur l'ancien pied. Le traité fut conclu à Westminster le 3. Avril, & après bien des difficultés; mais les défenses d'apporter en Angleterre des Marchandises étrangères sur des Vaisseaux Hollandois subsistèrent toujours. Tant il est vrai que la Grande Bretagne, soit dans ses Traités soit dans ses hostilités, n'a jamais eu d'autre projet que d'accroître son commerce au préjudice de toutes les Nations.

Les rétablissement de la Famille Royale en Angleterre fit concevoir quelques esperances auxEtats Généraux. Et en effet Charles II. prêt à repasser dans son Royaume, s'étoit rendu en personne à l'Assemblée des Etats Généraux & à celle des Etats de Hollande: il leur avoit témoigné la plus vive reconnoissance des marques d'intérêt & de zèle qu'il en avoit reçues pendant ses disgraces. Il leur avoit donné des assurances pathétiques de la constante amitié & de son affection pour la prospérité de la République.

On s'attendoit donc que le commerce seroit retabli, que la Hollande rentreroit dans ses droits, & que le commerce libre aux Anglois dans les Ports de la Hollande ne seroit plus fermé aux Hollandois dans les Ports de l'Angleterre. Mais Char-

Charles II. ne fut pas plûtôt sur le thrône de ses peres, qu'il adopta toutes les prétentions de ses sujets: l'usage d'un Elément commun à tous les hommes fût de nouveau (*a*) contesté aux Hollandois; & cette conduite hâta la conclusion du Traité d'alliance, que la République fit avec la France le 27. Avril 1662. Cette Couronne s'engagea par le IV. article à *maintenir de tout son pouvoir la liberté tant de la navigation que du commerce & de la pêche*; & promit *qu'au cas que quelqu'un voulût y donner atteinte ou en troubler la possession, elle secourreroit l'Etat d'un corps de 12000. hommes entretenus à ses propres fraix*, suivant l'explication donnée le même jour au V. article.

Assurées d'un Allié si puissant, les Provinces-Unies n'en furent pas moins disposées à faire de leur côté tout ce qui dépendoit d'elles pour se procurer la paix avec l'Angleterre. Peut-être doit-on reprocher à la République, de n'avoir pas alors profité de l'alliance avec la France pour le rétablissement du commerce; mais les intrigues de l'Angleterre l'emportérent sur le zéle des Citoyens, & le 14. Septembre de la même année 1662. les Etats Généraux conclurent un Traité de confédération & d'amitié avec S. M. B. Le XII. article porte que les deux *Puissances contractantes ne permettront à aucuns Armateurs étrangers de séjourner dans leurs Ports ni d'y ven-*

(*a*) Lett. d'Estrad. du 5. Avril 1662.

vendre les prises faites sur l'une ou sur l'autre Nation: qu'elles ne leur *permettront pas non plus de s'y venir radouber lorsqu'ils auront été endommagés par quelque accident, ni d'y troquer les Vaisseaux ou les effets qu'ils auront enlevés.*

On verra, par la suite de cette histoire, comment l'Angleterre exécuta ce Traité.

[XIII]

MEMOIRES
POUR SERVIR 'A
L'HISTOIRE
DE NOTRE TEMS,
PAR-RAPPORT 'A LA GUERRE
ANGLO-GALLICANE.

[XIII.]

SUITE DE L'HISTOIRE DES SERVICES
RENDUS PAR L'ANGLETERRE 'A LA
HOLLANDE.

PAR les deux Traités de 27. Avril & 14.
Septembre 1662, la Hollande se vit
en Paix avec la France & l'Angleterre.
Elle avoit besoin de repos pour rétablir son commerce épuisé; mais l'activité & l'industrie de ses
peuples pouvoient en peu de tems réparer ses
pertes.

Les Anglois en étoient eux-mêmes trop bien
persuadés, pour laisser subsister long-tems un
calme contraire à leurs vûes.   A peine la Republique put-elle en jouir pendant deux ans.
Ils n'étoient pas encore écoulés lorsque le Roi
d'Angleterre oublia les magnifiques protestations
qu'il avoit faites à la Haye, & allégua, comme
un nouveau sujet de querelle, quelque leger dommage qu'il prétendit que les Anglois avoient
N souf-

fouffert de la part de quelques Commerçants Hollandois.

L'ufage de l'Angleterre eft depuis long - tems de ne déclarer la guerre que lorfqu'elle a entre fes mains les dépouilles de la Nation qu'il lui plaît de choifir pour ennemie.   La Hollande avoit offert de réparer le prétendu dommage dès qu'il auroit été vérifié.   Ces offres étoient devenues la matiére d'une négociation : mais pendant ce tems-là la Cour de Londres envoyoit Robert Holmes avec une Flotte au Cap-Verd (a), & cet Amiral s'emparoit du Fort Saint-André; de là il paffa à la Côte de Guinée, où il fe faifit de plufieurs places qui appartenoient aux Hollandois.

Ces violences commifes en pleine paix attirérent l'attention de la France, elle offrit fa médiation conformément au Traité de 1663. Les Etats Généraux réitérerent les offres qu'ils avoient faites de donner à l'Anglererre toute la fatisfaction qu'elle pouvoit defirer.   Tout cela fut rejetté, & les Anglois maîtres d'une partie des places que la Hollande poffédoit en Afrique, lui déclarerent (b) enfin la guerre, toujours fous le beau prétexte de l'Empire dés Mers, qu'aucune Nation, prétendit-on ne pouvoit difputer à la Grande Bretagne.

Perfonne n'ignoroit à Londres le véritable motif du Gouvernement.   Un Anglois qui fe trouva à la Haye lorfqu'on y apprit la nouvelle

du

(a) Brandt, Vie de Amiral Ruyter.
(b) Ibid.

du premier combat naval, y dit hautement en préfence d'une compagnie (*a*) nombreufe, qu'avant qu'il fût deux ans aucun vaiffeau n'oferoit fortir des ports de Hollande; & il ne diffimula point que le feul but que fe propofoit fa Nation, étoit la ruine totale de la Navigation des Provinces-Unies.

Pour arriver plus promptement & plus furement à cette fin fi louable, tout moyen paroiffoit légitime aux Amiraux Anglois. L'un d'eux ofa attaquer, contre le droit des Gens & contre toutes les loix de l'hofpitalité, les vaiffeaux de la Hollande (*b*) dans un port de Norwege. La Flotte marchande qui revenoit des Indes Orientales, avoit mouillé dans celui de Berg; les Anglois vinrent l'y chercher. Il eft vrai que le fuccès ne répondit point à leurs efpérances. Obligés de quitter la Baye en defordre & affez maltraités, ils n'emporterent que la honte & les remords d'une tentative infoutenable & malheureufe.

Une autre entreprife du Gouvernement Anglois ne réuffit pas mieux. Ce fut celle d'entrer dans l'Efcaut, de fe rendre maîtres de fes bords, & d'y établir le commerce de la Grande Bretagne. Enfin, par une fuite du zéle que la Cour de Londres a toujours affecté pour le maintien de la Religion Proteftante, elle s'adreffa elle-même à l'Evéque de Münfter (*c*) & l'engagea, à force d'argent & de promeffes, à prendre les

N 2

ar-

(*a*) Ibid.
(*b*) Gauthier Schoute, liv, III.
(*c*) Le fameux Bernard von Galen. Aitzema, Tom. V.

armes contre la République & à infester ses frontiéres. L'Allemagne fut inondée des mémoires
artificieux, que ce Prélat faisoit distribuer à la
Diéte de Ratisbonne, pour obliger les Princes Catholiques du Corps Germanique à se joindre à
lui sous le spécieux prétexte de combattre les Hé-
rétiques & d'étendre la Religion Catholique. La
France se mocqua du zéle guerrier de cet Evê-
que (a). L'Electeur de Cologne & le Duc de
Neubourg lui signifiérent, que s'il s'obstinoit à
chercher querelle à ses voisins, ils se joindroient
eux-mêmes à l'Electeur de Brandebourg & atta-
queroient avec lui quiconque, par un zéle mal-
entendu, voudroit employer la violence & l'injustice pour étendre la Religion. Ainsi l'on vit
deux Princes Catholiques offrir de se liguer avec
un Prince Protestant, pour défendre la République, tandis qu'une Couronne Protestante cherchoit à animer contre elle les Souverains Catholiques.

Ce n'est pas le seul événement singulier que
présente l'histoire de cette guerre. En voici
un encore plus étrange. Les Anglois résolus
de continuer la guerre jusqu'à ce que le commerce de la Hollande fût entiérement ruiné,
crurent, que le moyen le plus sûr pour le détruire dans la Méditerranée, étoit de faire la Paix
& même un Traité d'alliance avec les Algériens.
Ils permirent donc à ces Corsaires de se retirer
dans les Ports d'Irlande, d'y conduire les prises
qu'ils avoient faites, & d'y venir prendre des

pro-

(a) Ibid.

provisions & des vivres. On vit deux grands vaisseaux, l'un Anglois, l'autre Algérien, attaquer de concert à la hauteur du Cap S. Vincent, un Navire Zélandois commandé par Pierre Willemz, tuer une partie de l'Equipage ; & après avoir pris le Bâtiment, partager la proye entr'eux. Partage abominable, dans lequel les Anglois prirent pour eux le vaisseau & la carguaison, & livrérent aux Algériens leurs Freres Protestans, qui furent menés en Afrique & vendus comme des Esclaves !

Le Ciel irrité de ces excès prit sans doute lui-même la deffense des Provinces-Unies. L'union des Anglois avec les Barbares d'Alger, n'empêcha pas l'expédition de Chattam ; & l'avantage que la Hollande y remporta, découragea l'Angleterre & hâta la conclusion de la Paix de Breda conclue en 1667.

Par ce Traité la Grande Bretagne rendit à la République tout ce qui lui avoit été enlevé en Afrique ; mais les Etats Généraux furent obligez de lui abandonner la Nouvelle Belgique, & de se contenter de la cession qu'on leur fit de la Riviére de Surinam. L'Angleterre ne s'en vit pas moins forcée de renoncer aux honneurs du Pavillon, & à plusieurs autres prétentions qu'elle s'étoit arrogées sur les Mers. Mais la défense de transporter dans ses ports des marchandises étrangéres sur des vaisseaux Hollandois subsista toujours. Tant il est vrai, que rien n'a jamais pu faire perdre de vûe à la Grande Bretagne le véritable & l'unique objet qu'elle s'est proposé dans toutes les guerres. N 3 La

La confiance fut ainsi rétablie entre les deux Puissances Maritimes: mais la Hollande s'y livra trop, & fut bientôt la victime de sa Bonne foi. Un an après le Traité de Breda, le Chevalier Guillaume Temple vint à la Haye en qualité d'Ambassadeur de la Cour de Londres (a). Il trouva le moyen d'effrayer les Etats Généraux sur les progrès rapides des armes Françoises dans les Pays-Bas Espagnols: il leur promit au nom de ses Maîtres des secours perpétuels: le 23. Avril 1668. fut signée une première Convention entre l'Angleterre & la Hollande, & le 25. Avril suivant fut conclu, entre ces deux Puissances & la Suéde, le fameux Traité de la triple alliance. Toutes les trois s'y promirent une défense réciproque; & cette précaution étoit d'autant plus nécessaire, que la République avoit tout à craindre du ressentiment de la France.

On sçait quels en furent en 1672. les funestes effets, & quelle assistance la Hollande tira pour lors de l'Angleterre. C'étoit à l'instigation de celle-ci, qu'elle s'étoit embarquée dans ce malheureux Traité. Cependant, non seulement le Ministére Anglois ne lui fournit aucun secours contre les armes victorieuses de Louis XIV, il saisit même cette occasion pour travailler efficacement à la ruine des Provinces-Unies. Elles attendirent envain des secours de la Suéde. Le Lord Coventry y négocia avec tant de bonne foi, qu'il détacha cette Couronne des intérêts de la République, pendant que le Roi d'Angleterre con-

(a) Aitzema, Tome VI.

concertoit secretement avec le Roi de France &
l'Electeur de Cologne sa destruction totale.

L'Ambassadeur Anglois n'en faisoit pas moins
à la Haye, les protestations les plus vives de l'a-
mitié constante & du Souverain & de la Nation.
On put apprécier au juste ces assurances de zéle,
lorsque l'on apprit en Hollande que le Roi d'Angleterre avoit donné des ordres secrets au Chevalier Holmes qui commandoit une Flotte de
38. vaisseaux, de se saisir indistinctement de
tous les bâtimens Hollandois; ces ordres avoient
été fidélement exécutés : 72. vaisseaux marchands
qui revenoient de Smyrne & qui étoient escortés
par cinq vaisseaux de guerre de la République,
furent brusquement attaqués (*a*) par la Flotte
Angloise à la hauteur de l'Isle de Wight : les
Hollandois se défendirent avec tant de résolution,
qu'ils ne perdirent qu'un vaisseau de guerre &
trois bâtimens marchands.

Les Anglois alors déclarerent ouvertement la
guerre (*b*) & employérent contre la République les sommes mêmes qu'ils avoient reçues
d'elle pour sa défense. Celle-ci vit ses vaisseaux
devenir la proye de ses anciens alliez, tandis que la
France s'emparoit de toutes ses Provinces. Celles
de Gueldres, d'Over-Yssel & d'Utrecht, le Pays de
Drenthe, & une grande partie de celui de Gro-
ningue, devinrent bientôt la proye du Vain-
queur. La Hollande même fut entamée ; &

N 4

dès

(*a*) Larrey, Hist. d'Angl. Tome IV.
(*b*) Revol. des Et. de Holl. du 7. Avril 1672.

dès le mois de Juin 1672. les Drapeaux François furent arborés sur les murs d'Oudewater &
de Woerden.

Alors le Roi d'Angleterre crut que la République touchoit à son dernier moment, & ne songea plus qu'à partager ses dépouilles. · Il envoya
en France le Duc de Monmouth, son Fils naturel, qui étoit pour lors à Zeist.　Ce nouveau
Négotiateur, après avoir félicité Louis XIV.
sur ses succès, le pria de vouloir bien s'emparer
des Isles de la Zéelande, & de remettre cette
Province à l'Angleterre, en attendant que l'on
achevât la conquête : à ce prix les Anglois con-
sentoient que la France ajoutât à ses Etats le reste des Provinces de la République.　Preuve
frapante du zéle que cette Couronne a toujours
eu pour les peuples qui font comme elle pro-
fession de la Religion Protestante.

Pendant ce tems-là on faisoit envisager à la
Nation Angloise la ruine de la Hollande comme
l'unique moyen de doubler le commerce de la
Grande Bretagne.　*Il faut enfin détruire cette
Carthage trop enviée*, disoit le Lord Chancelier
dans un discours pathétique adressé aux deux
Chambres du Parlement.

Elle ne fut point cependant anéantie cette rivale si redoutée : bientôt une médiation, sur laquelle elle n'avoit point compté, inspira quelque terreur aux Dominateurs des Mers.　La
Reine d'Espagne, Tutrice de son Fils & Regen-
ce du Royaume, l'Empereur & le Duc de Lor-
raine, tous trois Catholiques, mais plus sensibles

bles que les Anglois aux malheurs d'une République Proteftante, firent affurer le Roi d'Angleterre, que s'il ne ceffoit fes hoftilités contre
la Hollande, ils alloient lui déclarer la guerre.
La Nation craignit alors pour fon commerce de
la Méditerranée, & l'Ambaffadeur d'Efpagne
parla fi haut dans cette occafion importante,
que muni des pouvoirs de la République, il
conclut en deux fois vingt-quatre heures, un
Traité de Paix qui fut figné à Londres le 19.
Février 1674. Les Etats Généraux non feulement n'eurent aucun dédommagement des pertes immenfes qu'ils avoient effuiées; mais furent forcés même de s'obliger à payer à l'Angleterre deux millions de Florins, pour une guerre
qu'elle leur avoit fi injuftement déclarée. Cette
fomme fut exigée avec la derniére rigueur dans
un tems où la République, forcée de fe défendre
contre les efforts de la France, manquoit tellement d'argent, que l'on avoit été obligé d'envoyer à la Monoye toute la vaiffelle & les bijoux
des particuliers.

La Guerre continua jufqu'au Traité de Nimé-
gue; & les Anglois fe trouvérent fi bien de
faire le commerce fans la concurrence de la
Hollande, que lorfque celle-ci fut fur le point
de figner cette Paix fi néceffaire, le Miniftére
Anglois, par une perfidie effroyable, ôfa bien lui
propofer de continuer la guerre avec la France,
& de conclure pour cela une nouvelle alliance
avec la Cour de Londres. On peut juger par

N 5

tout

tout ce qui vient d'être dit, des malheurs qui eussent été les suites de ce Traité.

Suite de l'Histoire des services rendus par l'Angleterre à la Hollande.

Sept ans après la paix de Nimegue, & en 1685, Jacques II. monta sur le Trône de son frere. Il adopta les maximes de ses prédécesseurs, & prit les mêmes mesures pour faire tomber le commerce des Provinces-Unies.

Par le douziéme Article du Traité du 14. Septembre 1662, & par le vingt-uniéme de celui de Breda, que le Traité de Nimegue avoit renouvellé & confirmé, il avoit été stipulé, que ni l'une ni l'autre des Puissances contractantes ne permettroit à aucun Armateur étranger de vendre ou d'échanger dans ses Ports les prises faites sur l'autre, ni d'y radouber ses vaisseaux. Telle fut cependant la permission que Jacques II. donna en 1687. (a), aux Corsaires d'Alger, qui commencérent à attaquer les vaisseaux de la République. Ces Pirates venoient en foule mouiller à l'Isle de Wight & dans tous les Ports d'Angleterre, où ils vendoient publiquement les dépouilles de la Hollande.

Cette liberté facilita aux Algériens les moyens de croiser tantôt devant le Texel avec trois vaisseaux, & tantôt autour des bancs qui bordent la Flandre avec trois autres. Ils prirent grand nombre de vaisseaux Hollandois, & enlevérent mé-

(a) Merc. Holland. 1687. pag. 101.

même fur celui du Capitaine Jean Willems-zoon, qui alloit réguliérement de Roterdam à Londres avec une paffe-port du Rôi d'Angleterre, foixante-dix ou quatre-vingts paffagers, dont quelques-uns étoient des Bourgeois d'Amfterdam, ou des réfugiés François. Les Etats Généraux portérent à la Cour de Londres des plaintes inutiles. On fut fourd à leurs remontrances : les Ports de la Grande Bretagne furent toujours ouverts à ces ennemis du genre humain, & Dickvelt, Ambaffadeur extraordinaire de Hollande, envoyé pour cet objet en Angleterre, revint de Londres fans avoir rien obtenu.

La République fut donc obligée de doubler à grands fraix, le grand nombre des navires deftinés aux convois, & la pêche du harang fut retenue dans les Ports jufqu'au 18. Juillet.

Toutes ces infractions faites aux Traités, tant d'hoftilités contre les flottes Hollandoifes, tant d'efforts enfin faits dans tous les tems pour anéantir le commerce des Etats Généraux, n'empêchérent point ceux-ci de témoigner leur zéle à l'Angleterre, & de lui donner même des fecours, dès qu'ils crurent qu'elle en avoit befoin. Auffitôt qu'ils apprirent que Jacques II. étoit accufé de travailler four-dement à opprimer la Religion dominante dans fes Etats, ils prirent hautement le parti des Anglois Proteftans, & fans faire attention qu'ils dégarniffoient leurs Provinces, fur

lef-

quelles la France , amie de Jacques II , pourroit fort bien vanger ce Prince ; ils envoyé-
rent le Prince d'Orange en Angleterre , & lui
fournirent toutes les troupes qui lui étoient nécessaires pour cette mémorable expédition.

Jacques II. fut détrôné ; le Stathouder de
la République fut couronné Roi d'Angleterre
& regardé comme le libérateur de la Religion Protestante (*). Qui n'eût cru, que, depuis
cette

* GUILLAUME III. *Prince d'Orange Stadbouder
des Provinces-Unies , étoit Petit-fils de CHARLES I.
Roi d'Angleterre , & Beau-fils de JACQUES II. , dont
il épousa le 15. Novembre 1677. la Fille, la Princesse MA-
RIE , âgée de 15. ans. Ce Prince , ayant l'ambition de
monter sur le Trone de la Grande-Bretagne , se ménagea ,
bientôt après la Paix de Nimegue , un Parti dans ce Royaume , pour détrôner CHARLES II. Mais ne voyant pas
jour pour-lors à parvenir à ses fins , il se servit du Duc de
Montmouth , pour du moins être appellé comme Regent ,
avec une autorité à peu près pareille à celle que Cromwel
avoit eue. Il s'efforça en même tems d'engager une Guerre
entre la France & la Republique dont il étoit Stadhouder ,
afin d'avoir assez de Troupes à ses ordres , pour exécuter ses
desseins sur l'Angleterre. Mais encore cette fois il man-
qua son coup. Il étoit comme on sait , le plus grand Politique & le Prince le plus remuant de son tems : il remua si
bien , qu'enfin il fit détrôner son Beau - pere & se fit mettre
à sa place. La douceur, ou, si l'on veut la foiblesse du caractére de JAQUES II. lui rendit cette Revolution d'autant plus
facile , que la Religion de ce Prince, qui étoit Catholique,
servit de motif apparent pour l'exclure lui & sa Postérité
masculine du Trône de la Grande-Bretagne.*
*Les mesures que GUILLAUME III. , & après sa mort
sa belle Sœur , la Reine ANNE , avoient prises contre le
Roi détrôné , y placerent le Duc d'Hanovre , quoique selon*

cette révolution, les Anglois auroient la plus
parfaite reconnoiſſance pour un Etat qui leur
avoit donné un Roi ſi conforme à leur caractère,

ſon l'ordre naturel il fût preſque le plus éloigné de tous ceux
qui avoient Droit d'y prétendre. Il étoit Arrière-petit-fils
de JAQUES I. Roi d'Angleterre, & d'Ecoſſe: dont la
Fille, ELISABETH d'Angleterre fut mariée le 14. Février 1613. à FREDERIC V. Electeur Palatin, couronné Roi de Boheme à Prague le 22. Janvier 1622. SO-
PHIE, la plus jeune entre les 7 Enfans qui ſortirent de ce
Mariage, épouſa le 17. Octobre 1658. ERNEST de Bruns-
wich, Duc d'Hanover, créé IXme. Electeur; d'où na-
quit le 28. Mai 1666 GEORGE, depuis Electeur d'Hanover, & appellé par GUILLAUME III. à ſucceder à la
Couronne de la Grande-Bretagne, après la mort de la Rei-
ne ANNE en 1714.: nonobſtant le Droit de Succeſſion di-
recte qu'avoit non-ſeulement JAQUES III. Fils de JA-
QUES II., mais encore le Droit de CHARLES Roi de
Sardaigne, qui deſcendoit de la Princeſſe HENRIETTE,
Fille de JAQUES I. Roi d'Angleterre, & Mère d'AN-
NE, Epouſe de VICTOR AMEDEE II. de Savoye,
Père du Roi CHARLES ſuſdit.

Ce changement de l'ordre des Succeſſions établi par tout
l'Univers, & conſtamment obſervé juſqu'alors en Angleterre, a paru abſolument néceſſaire, pour juſtifier le Dé-
trônement de la Ligne Héréditaire Maſculine. Car,
comme les Reproches perſonnels contre JAQUES II. ne pouvoient autoriſer l'excluſion de ſa Poſtérité Maſculine, ſon
Fils JAQUES III. (de la perſonne duquel on pouvoit ſe
rendre maître, comme on l'avoit fait à l'égard de RICHARD
II.) avoit Droit d'y prétendre; & le tort fait à ce Suc-
ceſſeur auroit été manifeſte, ſi les Loix établies n'euſſent été
renverſées, & remplacées par des Loix toutes nouvelles,
comme on fit. Pour ſoûtenir ce nouvel Ordre de Succeſſion,
on en renouvella la Loi à chaque Parlement, à toute occaſion, & pour ainſi dire à propos & hors de propos; tellement, que les Partis oppoſés furent forcés de paroître af-
fectionnés au nouveau Gouvernement.

re, & si ami de leur Religion ? Qui n'eût pensé que le Monarque auroit assez de crédit sur ses nouveaux Sujets pour les porter à accorder aux Hollandois, leurs défenseurs, la même liberté de commerce dans les Ports d'Angleterre, dont les Anglois jouissoient eux-mêmes dans tous ceux de la Hollande ?

Cependant les choses restérent toujours sur le même pied. Guillaume plus aimé & plus maître dans la République, dont il étoit le chef, que dans les Royaumes dont il étoit le Monarque, ne put jamais vaincre cette basse jalousie, qui dans le cœur de tous ses sujets faisoit des vœux pour l'anéantissement de la Hollande.

L'Angleterre, il est vrai, déclara la guerre à la France, qui avoit embrassé le parti de Jacques II, & attaqué la République. Les Anglois joignirent même en 1693. leurs forces navales commandées par le Lord Torrington, à la flotte des Etats: mais dès qu'il fut question de livrer le combat, l'Amiral Anglois abandonna lâchement les Hollandois; & simple spectateur d'une bataille qui eût dû le couvrir de honte, il abandonna la victoire (a) aux François, & ne laissa aux Hollandois que la gloire de leur bravoure & la douleur de leurs pertes.

Cet Amiral avoit-il des ordres secrets de livrer ainsi la Hollande à ses ennemis ? Bien

des

______

(a) Rapin Thoiras, tom. XI, pag. 200.

des gens en doutèrent, lorsqu'ils virent la Reine d'Angleterre le faire arrêter. Mais ils ne sçurent plus qu'en penser, lorsque, quelque tems après, Torrington fut mis en liberté sans avoir été ni puni ni même condamné. Ce ne seroit pas la première fois que les Rois d'Angleterre auroient dit être obligés de céder à la mauvaise volonté du peuple, & entraînés par le torrent de sa fureur.

Treize Régimens Hollandois, qui étoient pour lors en Irlande à la solde de l'Angleterre, servoient cette Couronne avec bien plus de fidélité & de succès. Ils achetèrent de leur sang la victoire qui fut remportée auprès de la Boyne, qu'ils passèrent à la nage. Ils eurent beaucoup de part au combat *d'Agrim*, où l'on défit les Catholiques qui tenoient encore le parti de Jacques II : ils aidèrent à chasser entièrement ce Prince & à soumettre toute l'Irlande.

Quelle fut la reconnoissance des Anglois pour ces troupes courageuses dont ils avoient éprouvé la fidélité, & dont ils avoient employé les forces avec tant d'avantage ? A peine le Traité de Riswick fut-il signé, qu'ils les renvoyèrent sans les payer. Non-seulement les Régimens Hollandois perdirent ce qui leur étoit dû alors : mais les plus riches Négocians de la Hollande se virent encore frustrés de l'espérance de recouvrer une somme de 112666 l. sterling un schelling qu'ils avoient avancés, & pour l'habillement

&

& pour le payement des troupes. à la folde de l'Angleterre. . La Chambre des Communes a fouvent reconnu la légitimité de cette dette ; mais jufqu'ici elle n'a point été payée, & plufieurs honnêtes familles en Hollande ont été ruinées pour avoir contribué à conferver en Angleterre la Religion Proteftante.

A peine Guillaume III. eut été mis en poffeffion des trois Royaumes de la Grande-Bretagne, par le fecours & la valeur des troupes de la République, que le Miniftére Anglois l'obligea malgré lui, à ce que difent fes amis, de fe prêter à un projet qui avoit pour but de ruiner peu à peu le commerce des Provinces-Unies.

Le Roi d'Angleterre étoit demeuré Amiral-Général de la République. En cette qualité, c'étoit à lui à ordonner & à regler l'équippement des vaiffeaux de guerre qui devoient fervir d'efcorte aux bâtimens marchands de Hollande, dans un tems où la guerre contre la France continuoit encore. Ces équipemens fe firent donc alors avec tant de lenteur, que les flottes marchandes de la République ne pouvoient mettre à la voile qu'un mois ou deux après le départ des vaiffeaux Anglois. Ceux-ci arrivoient donc toujours les premiers aux lieux de leur deftination, faifoient feuls les gains les plus confidérables ; & les bâtimens Hollandois qui venoient enfuite, ne trouvoient à vendre leurs cargaifons qu'en fe contentant d'un profit très-mince, & fouvent même en y perdant.   [XIV]

MEMOIRES
POUR SERVIR 'A
L'HISTOIRE
DE NOTRE TEMS,
PAR-RAPPORT A LA GUERRE
ANGLO - GALLICANE

[XIV.]
SUITE DE L'HISTOIRE DES SERVICES RENDUS PAR L'ANGLETERRE A LA HOLLANDE.

LOrsqu'il fut question de conclure le Traité de Ryswyck, on songea bien-plûtôt aux intérêts du Roi d'Angleterre, qu'à celui du commerce d'un État dont il eût dû être le plus zélé protecteur. Les Négociateurs dévoués à ce Prince, n'eurent pas-plûtôt appris que Louis XIV. étoit disposé à reconnoître Guillaume III. comme Roi de la Grande Bretagne, qu'ils se hâterent de signer (a) le Traité entre la France & la République. Tout cela se fit avec tant de précipitation, que l'on ne se donna pas même le tems de regler entre ces deux Puissances le Tarif, qui eût dû être un des

fruits

(a) Le 20. Septembre 1697.

O

fruits du Traité. Ce ne fut qu'après deux ans de négociations qu'on le régla à Paris, mais à des conditions moins avantageuses que l'on ne les eût obtenues au moment même du Traité. Les Anglois, plus prudens pour eux-mêmes que pour la Republique, se gardérent bien à Utrecht d'écouter la proposition des Plénipotentiaires François, qui parloient de renvoyer le réglement du Tarif après la conclûsion de la Paix. Ils sentoient bien, que tout ce que l'on remet à décider après la signature du Traité, doit être censé abandonné sans retour.

Le Duc d'Anjou, petit-fils de Louis XIV. ayant été appellé au Thrône d'Espagne, les Puissances qui n'avoient vû qu'avec un œil jaloux la prospérité du Monarque François, s'armérent pour s'opposer à cette augmentation de pouvoir. La haine que les Anglois ont toujours eue contre la France, se joignit aux motifs d'intérêt qui étoient allégués par les autres Couronnes. Les Provinces-Unies s'unirent alors à l'Angleterre; les deux Puissances déclarérent la guerre à la France en 1702, & il faut avouer que la Hollande agit alors directement contre l'unique avantage qu'elle devoit avoir en vûe, celui de son Commerce.

En

En effet Louis XIV. étoit indigné depuis long-tems, de ce que l'Angleterre avoit fait par rapport au Commerce de France le même reglement qu'elle avoit autrefois publié contre celui de Hollande. Il trouvoit aussi injuste qu'étrange, que les Anglois faisant un commerce libre dans tous les ports de France, ne voulussent pas souffrir que les François transportassent leurs denrées en Angleterre sur leurs propres vaisseaux. Ce Prince avoit donc usé de la loi du Talion, & par une Ordonnance du 6. Septembre 1701, il avoit fait défense aux Anglois de porter en France leurs marchandises sur d'autres vaisseaux que sur des bâtimens François.

Rien n'étoit plus conforme au droit naturel, que cette espéce de represailles. Elle porta au commerce Britannique en France un coup aussi ruineux, que celui que le Gouvernement Anglois avoit porté au commerce des Hollandois en Angleterre.

La Cour de Londres ôsa mettre cette interdiction au nombre des griefs qui la déterminérent à déclarer la guerre à la France. Effet singulier de la prévention la plus injuste! Les Anglois, en assujettissant à une pareille loi le commerce que les autres Nations venoient faire chez eux, dans le tems même de la paix la plus profonde, croyoient user de leur droit, & regardoient ce reglement comme un Acte de prudence incapable de causer la moindre rupture. Ils avoient même été plus loin, puisqu'en

1678,

1678, ils avoient interdit totalement le commerce de la France, comme préjudiciable à leur Nation. Mais lorſque cette Puiſſance uſe contre eux des mêmes armes qu'ils ont employées; lorſqu'elle fait aux Anglois les mêmes défenſes, que le Gouvernement Britannique avoit fait aux François, alors la Cour de Londres crie à l'injuſtice & à la vexation. Elle déclare qu'elle va prendre les armes pour ſe vanger de cet outrage.

La France, comme on le voit, ſoutenoit alors la Cauſe de la Hollande & des autres Nations commerçantes. Si donc les Etats Généraux ſe fuſſent joints à elle, ſi plus ſenſibles à leur véritable intérêt qu'aux querelles de leurs Voiſins, ils ſe fuſſent détachés d'un Allié de mauvaiſe foi, qui ne cherchoit qu'à les opprimer, ſans doute la République de Hollande iroit aujourd'hui de pair avec la Grande-Bretagne, & ſeroit auſſi indépendante dans ſon Commerce, qu'elle doit l'être par la conſtitution de ſon Gouvernement.

Mais ſi l'Angleterre cherchoit alors à partager avec la Hollande les dangers de la guerre; vouloit-elle auſſi partager avec cette République les avantages de ſon Commerce ? On en peut juger par les moyens qu'elle employa pour s'approprier à elle ſeule celui de Portugal, & pour ruiner celui que la République faiſoit dans ce Royaume.

Il y avoit alors des Traités de ſubſides entre le Portugal & les Provinces-Unies, en vertu

def.

Portugal pour onze millions de marchandises de plus qu'ils n'en tirent (*a*). Les Hollandois au contraire y vendent à peine une piéce de drap contre quarante que les Anglois y débitent (*b*): aussi depuis le commencement du siécle, on a vû déperir en Hollande la plûpart des fabriques de draps.

Il résulte de-là, que si ce Traité de 1703. a été funeste à la République des Provinces-Unies, il ne le doit pas être moins à la longue au Portugal. D'un côté, les manufactures qui y avoient été établies n'ont fait que languir. D'un autre côté ce Royaume payant chaque année onze à douze millions de retour, doit s'épuiser peu à peu. On sait qu'un Etat n'est riche que lorsqu'il fournit plus de productions aux Etrangers, qu'il ne reçoit des leurs.

Il ne suffisoit pas aux Anglois d'avoir enlevé aux Hollandois le Commerce du Portugal; ils voulurent encor leur interdire à perpétuité celui qu'ils faisoient avec la France, à l'aide des passeports qui ne leur étoient pas refusés. L'Angleterre avoit donné l'exemple de cette interruption totale, & c'étoit sans doute ce motif qui suggeroit au Parlement les instances qu'il faisoit après de la Reine Anne, pour qu'elle obligeât la Hollande à le suivre. La Nation Angloise ne pouvoit souffrir que celle-ci fît directe-

(*a*) King, commerce de la Grande Bretagne. Tom. 1, Part. 1. pag. 8.

(*b*) *Ibid.* Tom. 2. Part. 1. pag. 21.

rectement ou indirectement un commerce auquel elle avoit elle-même renoncé : elle comptoit que les Hollandois ne tirant plus aucuns vins de la France, viendroient forcément acheter en Angleterre ceux de Portugal.

Les Etats Généraux eurent en 1703. assez de condescendance pour déférer aux sollicitations de la Reine. L'interdiction de toute espece de commerce avec la France fut prononcée, mais pour une année seulement : & l'expérience de ce peu de tems leur apprit aux dépens des peuples, le véritable objet que l'Angleterre s'étoit proposée. Les marchands virent venir leur ruine & crièrent. En 1704, quelques instances que fit encore le Parlement, les Etats Généraux (a) refusèrent nettement de réiterer ces deffenses, & informèrent la Reine d'Angleterre des raisons qui ne leur permettoient pas d'acquiescer à ce qu'elle denfandoit d'eux (b). Ces raisons irritèrent les Anglois, uniquement parce qu'elles étoient sans réplique. Pour toute réponse ils se mirent à piller & à confisquer les vaisseaux de la République, malgré les passeports qui leur étoient représentés. C'est ainsi que, dans le tems même que l'Angleterre avoit le plus de motifs de conserver l'amitié des Etats Généraux, elle ne perdoit point de vûe son plan destructeur du commerce de ses voisins.

Les

(a) Resol. des Etats Gén. du 6. Juin 1704.
(b) Resol. des Etats Gen. du 29. Janvier 1705.

Les Algeriens, qui ne lui faisoient aucun ombrage, recevoient d'elle au contraire des marques d'attention & des preuves de fidélité, d'autant plus offençantes pour la République, qu'elles paroissoient n'être destinées qu'à remercier ces Corsaires de tout le mal qu'ils faisoient à celle-ci.

Ils avoient pris dans la Méditerranée plusieurs Vaisseaux Hollandois, dont ils avoient même mis les Matelots à la chaîne. Les Etats Généraux envoyèrent en 1704. le Vice-Amiral Kalenbourg pour donner la chasse à ces Pirates; le Vice-Amiral Wassenaer le suivit de près. La Reine Anne fit partir aussi l'Amiral Rooke avec une flotte, destinée à agir de-concert avec celle des Provinces-Unies, mais contre l'Espagne seulement, & qui ne chercha qu'à traverser les opérations des Hollandois, lorsquelles n'avoient pour but que l'intérêt de la République.

Le Vice-Amiral Wassenaer eut le bonheur de prendre un Vaisseau Algerien, dont il ne se rendit maître qu'après un combat vif & opiniâtre. Il le conduisit à la flotte combinée que Rooke commandoit en chef. Alors celui-ci fait refléxion, que la Reine sa maîtresse est en paix avec la Régence d'Alger; & malgré les protestations des Hollandois, qui se récrient que ce sont eux & non les Anglois qui ont pris le Vaisseau (a), il met le Corsaire en liberté, renvoye

(a) Resol. des Etats Gén. du 1. Sept. 1704.

voye fon bâtiment, & lui donne même un Vaiffeau Anglois pour l'efcorter jufqu'à ce qu'il foit hors d'infulte.

Voilà les Alliés fidéles, pour qui la République de Hollande employoit fes flottes à la Conquête de Gibraltar!

Le commerce des Hollandois, prefque anéanti en Angleterre, fubfiftoit encore en Ecoffe. Les peuples de cette partie de l'Isle, gouvernés par leurs loix nationales, n'avoient point encore déféré aux loix d'Angleterre, relatives au commerce. Ils apportoient en Hollande leurs denrées avant qu'elles fuffent fabriquées, & les Hollandois en échange faifoient paffer en Ecoffe & fur leurs propres vaiffeaux toutes fortes de marchandifes étrangères.

En mil fept cent fept fe fit l'union des deux Royaumes d'Angleterre & d'Ecoffe. On fit entendre aux Ecoffois, qu'en fe foumettant aux loix d'Angleterre, ils auroient la liberté de commerce dans les Colonies Angloifes. Ils adoptèrent ces reglemens, au nombre defquels étoit celui de Crômwel, qui deffendoit de transporter en Angleterre des marchandifes étrangères fur des vaiffeaux de la République. Ce changement fit perdre à celle-ci plus de 15. millions 250. mille florins par an, qui forment

O 5

le

le préfent retour en argent des denrées toutes fabri-quées, que les Ecoffois apportent en Hollande fur celles que les Hollandois leur fourniffent. Indé-pendamment de cette fomme fi confidérable, les Anglois ont, de plus, l'avantage d'entretenir une foule d'ouvriers, qui autrefois travailloi-ent dans les villes de Hollande, dont les manu-factures ont beaucoup perdu depuis que cette branche du commerce a été retranchée.

Toutes ces atteintes données au commerce de la République, ne cauférent aucune altération dans les vûes qu'elle s'étoit propofées en fignant avec la Grande Bretagne & fes alliés le Traité de la grande alliance contre la France. Fidéles à leurs engagemens & facrifiant peut-être avec trop de défintereffement & de hauteur le com-merce de la République, à l'animofité que les alliés avoient conçue contre la France, les Né-gociateurs de la République rejettèrent à la Haye & à Gertruidemberg toutes les propofitions que leur faifoient les Miniftres de France, & laiffe-rent mal-adroitement échaper une occafion qu'ils ne retrouvèrent plus. Les Etats Généraux euf-fent pû dans ce moment avoir tout l'honneur d'une paix devenue néceffaire, en dicter eux-mêmes les conditions, & fe procurer par elle le rétabliffement de tous leurs droits. Aveuglés par le Duc de Malbouroug, ils n'envifagèrent que l'intérêt de l'Angleterre, que celle-ci cou-vroit fous le beau nom de Caufe commune.

Ce

Ce moment qu'il falloit saisir étant une fois passé, l'Angleterre n'avoit garde de le laisser renaître. L'infidélité la plus noire fut le prix du zéle avec lequel la République l'avoit servie. Le Lord Rabby, depuis Comte de Straffort, Ambassadeur de la Grande Bretagne auprès des Etats Généraux, les assuroit par l'ordre de sa Maîtresse au commencement de 1711, *qu'elle vouloit toujours agir de concert avec eux, soit pour conclure la paix* (a), *soit pour continuer la guerre.* Presque aussi-tôt, cependant, le Ministère de Londres entama une négociation secréte avec la France, & la continua pendant plus de cinq mois sans en faire part à la République; oubliant sans doute l'art. VIII. de la grande alliance, qui portoit, que *quand la guerre seroit commencée, aucune des parties contractantes ne pourroit traiter de la paix avec l'ennemi, sinon du consentement & de l'aveu de tous les autres alliés.*

Les Plénipotentiaires François, qui étoient autorisés expressément à traiter sur tous les intérêts de tous les Alliés, eurent eux-mêmes lieu d'être surpris, que les Ministres d'Angleterre rejettassent cette clause, .& ne voulussent traiter que des intérêts de la Grande Bretagne. Alors il ne parut pas suffisant d'abandonner la Hollande: on voulut se justifier en la décriant: on publia, dans des Ecrits qui furent répandus par tout, que la Grande Bretagne avoit été trompée, que les Provinces-Unies n'avoient pas fourni leur contin-

(a) Rapport du Comité secret 1715. pag 3. & 6.

tingent des fraix de la guerre , & que dans le Traité de Barriere du 29. Octobre 1709. on avoit négligé l'intérêt du commerce Britannique. Les Etats Généraux réfutèrent, avec toute la dignité & la force qui leur convenoient, ces plaintes insensées (a): d'un côté ils firent voir, qu'il n'y avoit jamais eu rien de stipulé pour le contingent de chacun des alliés: d'un autre côté ils prouvèrent, par des calculs sans réplique, que toute proportion gardée, ils avoient fourni plus que l'Angleterre.

Malgré tous ces mauvais procédés du Ministere Britannique, leurs H. P. ne refuserent point les passe-ports qui leur étoient demandés pour les Plénipotentiaires François; & ils furent expédiés avant même que les Etats Généraux eussent eu une notification régulière des articles qui devoient servir de base à une négotiation aussi intéressante pour eux. Les Plénipotentiaires de la République sachant, que ceux d'Angleterre vouloient rejetter sur la Hollande tout ce que leur défection pouvoit avoir d'odieux, déclarèrent, dès l'ouverture du congrès d'Utrecht, que leurs Maîtres étoient toujours dans la resolution de remplir fidélement leurs engagemens envers leurs alliés; & que pour prévenir toute brouillerie , ils ne traiteroient que par écrit avec les Ministres de France. Sur cette proposition si régulière, le Vicomte de Saint Jean, Secretaire

(a) Résolution des Etats Généraux du 1, Avril 1712. fol. 381.

taire d'Etat d'Angleterre, s'écria *que c'étoit la dernière grimace d'une faction expirante*: phrase qui peignoit sans doute la reconnoissance du Ministère Brittannique pour une Nation qui jusques-là s'étoit sacrifiée pour l'intérêt de la grande alliance.

Les Anglois, qui avoient refusé de concourir à la prise de Bouchain, avant que les passe-ports des Ministres François fussent expediés, convinrent peu après d'une trêve avec la France: elle fut signée avec l'Espagne le 29. Août 1712, & alors le commerce qui continuoit d'être interdit aux Hollandois, recommença entre l'Angleterre, la France & l'Espagne. Milord Bollingbrock voyoit avec une satisfaction secrète l'embarras des Ministres de la République, & se mocquoit de la fidélité que celle-ci conservoit à la Cause commune *. Le Duc d'Ormond avoit refusé d'agir contre la France, & la bataille de Denain que les Alliés perdirent, fut le fruit de la retraite des Anglois, qui déja en possession de Dunkerque, étoient sûrs des avantages qu'ils dévoient retirer de la paix, & s'embarrassoient fort peu du sort des autres Puissances.

Enfin le Traité fut conclu à Utrecht, & ne fut avantageux qu'aux Anglois seuls, qui acquirent Gibraltar & Port-Mahon en Europe, Terre-Neuve & tant d'autres possessions en Amérique.

---

* Dès que le Parti des Anglois & de ses adhérans triomphe, la bonne foi Allemande, ainsi que celle qui est narrée ci, devient un sujet de dérision.

que. Les Catalans, qu'ils avoient tant de fois soulevés contre leur Souverain, furent abandonnés à sa vengeance. Quant aux Hollandois, loin de travailler à leur procurer aucun des avantages qu'ils eussent pû acquerir quelques années auparavant, on chercha au - contraire à diminuer leurs suretés, & à appauvrir leur commerce.

En effet, par le Traité de Barriere conclu & signé en 1709. avec l'Angleterre, il avoit été reglé, que les troupes de la République seroient mises en garnison à Nieuport, à Furnes, à Yprés, à Menin, dans la ville & citadelle de l'Isle, à Condé, à Valenciennes & dans les autres Places que l'on pourroit conquerir sur la France ; à Maubeuge, à Charleroy, à Namur, à Liege & à Hall, aux Forts de la Perle & de la Knoque, de St. Philippe, de Damn, de Gand, & à Terremonde.

Par le même Traité, le Fort de St. Donas avoit été cedé en toute propriété à la République, & celui de Rhodenhuise devoit être démoli. On étoit convenu de plus, que l'Escaut, les canaux du Saas de Gand, & toutes les autres embouchures des environs, seroient fermées ; que les bâtimens & marchandises continueroient à payer les mêmes droits d'entrée & de sortie qu'ils avoient coutume de payer sur l'Escaut, & que les sujets de la République auroient pour leur commerce, tant dans les Pays-Bas Autrichiens qu'en Espagne, les mêmes avantages que ceux de la Grande - Bretagne. Lorsque l'on fut prêt de

con-

conclure à Utrecht, la jalousie du Ministère Anglois se réveilla. Il trouva ces avantages trop considérables, & exigea avant toutes choses, que les Etats Généraux concluffent un nouveau Traité de Barriere bien moins favorable à la Hollande, & beaucoup plus utile aux Anglois. Par ce Traité la République ne devoit avoir droit de garnifon qu'à Furnes & Ypres, à Menin, & Namur, au Château de Gand, aux Forts de la Knocque, de Saint Philippe, & de la Perle, fous la condition expreffe, que dans toutes ces places il ne feroit commis aucune fraude au préjudice des Anglois, par rapport au transport des munitions de guerre; & que l'on conviendroit d'un nouveau Tarif, foit entre la Grande-Bretagne & la République, foit avec les Commiffaires de Sa Majefté Impériale.

Mais ces nouvelles conditions, auxquelles l'Etat fut forcé de foufcrire, ne furent pas mieux exécutées que les premières ne l'avoient été.

A Peine la Hollande eut par le Traité d'Utrecht recouvré la liberté de fon commerce dans la Méditerranée, que la guerre d'Alger vint y mettre des obstacles, contre lesquels le Traité de 1712. avoit paru raffurer la République.

Les Anglois, qui avoient fufcité fous-main cette nouvelle guerre, parurent quelque tems n'y prendre aucune part : mais comme les forces navales des Etats Généraux étoient en état de ré-
pri-

primer en peu de tems les brigandages d'Alger, le Ministère de Londres fut enfin forcé de dévoiler ses mauvais desseins, & la protection qu'il accordoit aux pirates de la Méditerranée.

Les Etats Généraux se plaignirent au Roi d'Angleterre, de ce que les deux Corsaires les Trois Fusils & le Soleil Levant avoient été si bien reçus dans la Baye de Cadix, & on leur promit qu'il seroit défendu aux Commandans de Gibraltar & de Port-Mahon de recevoir dans leurs ports aucun Algérien armé. Alors les Algériens prirent le parti de faire conduire les prises qu'ils avoient faites sur les Hollandois, par quelques Turcs qu'ils mettoient sur leurs vaisseaux. Avec cette précaution, ils étoient reçus à bras ouverts, & vendoient publiquement dans les ports Anglois les marchandises enlevées aux Commerçans Hollandois (a). Ce fut ce qui arriva à un Corsaire Algérien, qui avoit pris le 17. Janvier 1724. à la hauteur du Cap S. Vincent un vaisseau de la République venant de Faro, & qui vint tranquillement se défaire de sa prise à Gibraltar. Dieck, Consul Hollandois, protesta inutilement : le Commandant Anglois ne répondit à ses représentations que par les menaces les plus brutales.

(a) Resol. des Etats Gén. du 24. Mars & du 5. Juillet 1724.

[X v.]

MEMOIRES
POUR SERVIR 'A
L'HISTOIRE
DE NOTRE TEMS,
PAR-RAPPORT 'A LA GUERRE
ANGLO-GALLICANE.

[xv.]

SUITE DE L'HISTOIRE DES SERVICES
RENDUS PAR L'ANGLETERRE 'A LA
HOLLANDE.

Nviron un mois après, un autre Algérien de 24. canons & de 260. hommes d'équipage, & qui montoit une Pinque Hollandoise du port de 200. tonneaux, prise par les Corsaires auprès du Détroit, entra dans le Port de Plimouth. Il allégua le mauvais tems & le défaut de vivres ; mais son but étoit de se trouver plus à portée de croiser sur les vaisseaux de la République. Si les Anglois eussent été fidéles aux Traités, ce Corsaire eût été arrêté sur le champ. Mais ce n'étoit pas ainsi que l'Angleterre agissoit avec les ennemis de la Hollande. l'Algérien fut reçu & bien traité ; on lui fournit tout ce qu'il demandoit. Le Lord Townshend, Sécrétaire d'Etat, lui fit seulement ordonner de s'en retourner par le même chemin

qu'il

qu'il avoit pris, dès qu'il feroit en état de remettre en mer. Ce n'étoit pas affez, car il pouvoit être attaqué fur la route par les vaiffeaux de la République, qui étoient alors à Falmouth: l'Amirauté d'Angleterre lui donna donc une efcorte qui le conduifit en fûreté jufqu'à 40. ou 50. lieues par de-là la Manche. Eût-on fait quelque chofe de plus pour la fûreté d'un Ami & d'un Allié ?

En 1725, une Flutte Hollandoife nommée la Demoifelle Francine, & commandée par Paul Pieterfz, fut prife à la hauteur du Cap Finifterre par deux Algériens. On y mit fur le champ 14. Turcs, que l'on chargea de conduire la prife à Gibraltar. Un vent de Sud-Eft s'oppofa à ce voyage, & le bâtiment vint échouer fur la côte d'Efpagne, hors du territoire & du Gouvernement de Gibraltar.

Un Officier Anglois s'apperçut du danger, vola au fecours des Turcs, & les envoya à Gibraltar. Pour tromper enfuite les Efpagnols, il arbora pavillon Anglois fur la Flute Hollandoife, la remit à flot & la fauva. Etoit-ce pour la rendre à fes véritables Maîtres ? Dès qu'elle fut arrivée à Gibraltar, le Conful Hollandois la réclama; mais tout ce que le Commandant Anglois voulut faire pour lui, fut de lui promettre que l'on engageroit les Turcs à la lui vendre ainfi que fa cargaifon, moyennant un prix raifonnable. Cette étrange propofition fut rejettée, & le Conful fit des proteftations authen-

... contre toute raison. Les Espagnols [...] réclamèrent cette prise, parce qu'el-le avoit été [...] du territoire d'Espagne contre toutes [loix]. Les Espagnols ne furent pas plus favorablement écoutés que les Hollandois: mais ce qui fut respecté par le Commandant de Gibraltar, [...] la décision du Dey d'Alger, qui déclara peu de tems après de bonne prise, ce vaisseau qui étoit demeuré à Gibraltar. Il étoit cependant stipulé dans la convention du 22. Octobre 1689, fait sur les reprises entre la Grande-Bretagne & les Etats Généraux, qu'u-ne prise ne seroit jamais regardée comme acqui-se à la Nation qui l'auroit faite, que lorsqu'elle auroit été conduite dans un lieu appartenant à cette Nation. Cette convention renouvellée par les Traités postérieurs, donnoient aux Anglois au moins, le droit de prononcer sur la prise ré-clamée par la Hollande & par l'Espagne.

Le jugement du Dey d'Alger (a) fut regardé comme plus juste que la disposition des Traités. La Flute Hollandoise fut vendue: un marchand Anglois nommé Logie l'acheta, & la régence [de] Gibraltar ne fit aucune difficulté de la lui livrer. Les Etats Généraux firent présenter dif-férens mémoires à Londres. On répondit à leurs plaintes que le bâtiment Hollandois avoit été abandonné par les Turcs avant que les An-glois le secourussent. Etrange réponse, & dont il étoit bien singulier que l'on pût conclure que

 ces

(a) Resol. des Etats Généraux du 4. Juillet 1726.

ces mêmes Turcs qui l'avoient abandonné eussent droit de le vendre.

Peu de tems après, ce même Corsaire, qui
l'année précédente avoit été si bien traité à Plimouth, y vint mouiller une seconde fois avec
un autre vaisseau de trente pièces de canon. Les
Etats Généraux firent prier S. M. B. par M. Hop
leur Envoyé, d'observer que cet Algérien étoit un
Corsaire qui devoit être arrêté & même puni.
Ils lui représentèrent qu'il étoit chargé d'Esclaves
Chrétiens, qu'il étoit juste de mettre en liberté; & ajoutèrent, que quand même le gouvernement Anglois ne le regarderoit que comme un
ennemi de la République, la Cour de Londres
ne pouvoit se dispenser de donner aux Hollandois l'assistance promise par les Traités.   Rien
n'étoit mieux fondé que ces représentations;
mais elles furent sans effet.   On laissa le Corsaire sortir du port de Plimouth aussi tranquillement qu'il en étoit sorti une première fois.   Il
partit aussi pénétré de reconnoissance que l'Envoyé de Hollande devoit l'être d'indignation.

A peu-près dans le même-tems, le Vice-
Amiral de Sommelsdyck & le Capitaine Witten-
horst donnèrent la chasse à un vaisseau d'Alger
nommé la Rose Jeanne.   Celui-ci pour se dé-
rober au danger, prit la route de Gibraltar.
Quoique le Vice-Amiral fût assez près de lui
pour lui lâcher de tems en tems quelques coups
de canon, le Corsaire eut enfin le bonheur d'arriver sous la forteresse des Anglois, & se mit si

près

près du nouveau Mole, qu'il échoua, Le Hollandois cessa de tirer pour ne point s'écarter du procédé dicté par le Droit des gens. Mais dans le moment même, la *Durley Galey*, fregate Angloise commandée par le Capitaine Perwis, envoya aux Algeriens des ancres & des cables (*a*), aida à remettre leur navire à flot, & leur prêta même des matelots Anglois pour rejoindre les cordages que le canon avoit coupés. Le Vice-Amiral Hollandois, qui voyoit cette officieuse manœuvre, fit prier le Lieutenant du Gouverneur, de ne point recevoir ce Corsaire au préjudice des Traités, qui lioient l'Angleterre & la Hollande. Quelle fut la réponse de l'Anglois? il allegua la neutralité. N'étoit-ce pas convenir ouvertement, que l'on regardoit comme sans effet les stipulations les plus solemnelles, & que l'on ne se croyoit plus liés par les conventions, dès que leur inexécution pouvoir nuire au commerce de la République?

* * *

Pendant tout le tems que dura la guerre d'Alger contre la Hollande, les Anglois continuerent à protéger les Corsaires, contre une République alliée: ils ne manquèrent aucune occasion de les exciter sous main à détruire la marine des Etats Généraux. En 1726. le *Tholen*, vaisseau de guerre Hollandois, croisant sur les Algeriens, leur reprit un bâtiment qu'ils avoient

P 3

en-

(*a*) Resol. des Etats Généraux du 31. Mai 1726.

enlevé peu de tems auparavant: le Capitaine y mit le Lieutenant *Bruyn* (*a*) avec trente Matelots, pour conduire sa prise en Zélande. Une tempête survint & obligea cet Officier de relâcher à *Cows*, port de l'isle de Wight. Le vaisseau y fut arrêté par un Officier de S. M. Britannique. La République fit alors de vives instances pour le faire relâcher. M. *Hop* les réitera plusieurs fois; mais il ne fut point écouté (*b*). Peu de tems après, des navires marchands Hollandois demandèrent, que des vaisseaux de guerre Britanniques qui partoient pour l'Asie, voulussent bien les prendre sous leur escorte. Cette prière étoit d'autant plus raisonnable, que les vaisseaux de guerre de la République rendoient très-souvent le même service aux marchands Anglois, & d'autant mieux fondée qu'il s'agissoit de protéger des Alliés contre les courses des Algeriens: mais ce fut précisément cette dernière raison, qui engagea le ministère Anglois à refuser cette justice, qui lui fut demandée avec les plus instantes sollicitations. Enfin il seroit impossible de rapporter ici en détail, toutes les différentes preuves de mauvaise volonté, par lesquelles la Cour de Londres manifesta ses vues. Mais celle que l'on ne doit point oublier, est cette lettre fameuse, qu'un certain *Algar* Capitaine du port de Gibraltar, écrivit au Dei d'Alger, presqu'aussi-tôt que la paix fut faite entre ce

Prince

(*a*) Resol. des Et. Gen. du 1. Décemb. 1726. fol. 868.
(*b*) Resol. des Et. Gen. du 14. Décemb. 1706.

Prince & la Hollande. Cette lettre, qui fut interceptée, avoit pour but de réveiller la haine des Algeriens contre la Hollande, & de les animer à reprendre les armes contre la République.

Quel motif faisoit alors agir l'Angleterre contre des Traités aussi solemnels que ceux qui la lioient aux Etats-Généraux? On peut s'en convaincre par la conduite qu'elle tint, lorsqu'en 1717. elle se brouilla avec la Suéde. Cette anecdote est assez intéressante pour être rapportée ici.

Il y avoit déja trois ans, que la Hollande étoit en guerre avec les Algeriens, lorsque la Cour Britannique découvrit que le Comte de *Gillemborg*, Envoyé de Suéde à Londres, entretenoit des correspondances avec le parti du Prétendant. Une autre Cour que celle de la Grande Bretagne en eût porté ses plaintes au Roi de Suéde, & auroit demandé le rappel du Ministre Suédois: mais les Anglois font plus expéditifs. Le Comte de *Gillemborg* fut arrêté la nuit du 10. au 11. Février 1717, & mis en prison, nonobstant le caractère dont il étoit revêtu. Presque aussi-tôt après, le Parlement d'Angleterre fait publier une proclamation (*a*) qui défendoit qu'après le 31. Mars de la même année, on fit sortir aucunes marchandises d'Angleterre, d'Ecosse & d'Irlande pour les transporter en Suéde : on défendit en même-tems l'entrée de toutes les productions de la Suéde dans les ports de la Grande-Bretagne: tout commerce cessa entre ces deux Etats.

P 4

Les

(*a*) Avis du Parlement du 10. Mars 1717.

Les Anglois alors firent des refléxions ferieu-
fes, fur l'injuftice qu'il y auroit de permettre à la
Hollande de faire avec la Suéde un commerce,
qui ne pouvoit que devenir plus confidérable par
l'interruption de celui de la Grande-Bretagne:
la République étoit tranquille, elle n'avoit eu
aucuns démêlés avec le Roi de Suéde; quel prétexte pouvoit-on imaginer pour obliger les États-
Généraux de rompre avec une Puiffance de qui
ils n'avoient aucun fujet de fe plaindre? Mais
l'Angleterre fe paffe de prétextes lorfqu'elle n'en
fçait pas trouver.

On a vû plus haut combien peu elle ména-
geoit alors la Hollande, combien même elle
affectoit de la trahir & de l'abandonner en toute
occafion: cependant elle ôfa charger *William-
Leathes* fon Réfident à la Haye (*a*), d'exiger des
Etats-Généraux, qu'ils interdiffent à leurs fujets
tout commerce avec la Suéde jufqu'à nouvel
ordre.

Leurs H. H. P. P. offrirent au Roi d'Angleterre (*b*) deux regimens Ecoffois, dont il pouvoit difpofer en cas de befoin pour le maintien
de la fucceffion dans la ligne Proteftante. Ils
s'engagèrent à le fecourir, même de la manière
reglée par les Traités, & fuivant le befoin que ce
Prince auroit de l'affiftance de la République;
mais comme les Traités n'exigeoient point, que
les Etats Généraux fiffent ceffer ou repriffent leur

com-

(a) Refol. des Etats Génér. du 10. Mars 1717.
(b) Refol. des Etats Génér. du 10. Mai 1717.

commerce suivant les ordres de l'Angleterre, la République s'excusa poliment, & se dispensa d'acquiescer à l'interdiction qui étoit proposée. On ne pouvoit plus en effet ignorer le véritable motif de cette demande; il trahissoit cette rivalité, qui rend les Anglois ennemis perpétuels d'un Etat dont ils ne devroient être que les émules : & d'ailleurs on n'avoit point encore oublié le tort énorme, qu'avoit fait en 1703. à la Hollande, la complaisance qu'elle avoit eue de rompre tout commerce avec la France.

Mais ce que l'Angleterre ne put obtenir des Etats-Généraux en 1717, ses armateurs firent tous leurs efforts pour se le procurer à force ouverte.

Tous les Vaisseaux Hollandois qui alloient en Suéde, ou en revenoient, furent indifferemment pris par les Anglois, de quelques marchandises dont ils se trouvassent chargés. Comme ceci n'est point une déclamation, mais une histoire; il est bon de citer des faits: en voici.

Dès le commencement de cette querelle, *la Concorde*, vaisseau de Rotterdam, (a) Capitaine *Guillaume-Jacobsz Krock*, chargé de vin & d'eau-de-vie, fut pris en sortant de la Meuse, par un Armateur Suédois; il fut presque aussitôt repris par un Anglois: mais fut-il rendu aux Hollandois? Les Traités le vouloient, puisqu'il n'avoit touché aucun port de Suéde. Mais l'avidité, ou plutôt l'envie de se vanger du refus

P 5

dont

____

(a) Resol. des Etats Gén. du 22. Avril 1717.

dont il a été parlé plus haut, l'emporta sur les Traités; le Vaisseau Hollandois fut déclaré de bonne prise, & vendu au profit de l'Armateur qui s'en étoit rendu maître.

Un autre Vaisseau de guerre Anglois s'empara du Navire *les deux-sœurs* (a) allant d'Amsterdam à Gottembourg. Le Capitaine de celui-ci étoit muni de bons passeports: sa cargaison n'étoit que de seigles, de froment & d'orge préparés pour la bierre. On n'y trouva aucuns des effets, qui pendant la guerre sont regardés comme de contrebande: cependant on prit au Capitaine son (b) Journal; on mit à terre près de Copenhague, les Mariniers Hollandois, que l'on remplaça par des Anglois, & l'on conduisit le Vaisseau à Edimbourg pour le vendre; après que l'Amirauté, dont on étoit bien sûr, l'auroit déclaré de bonne prise. Il seroit trop long de rappeller ici toutes les autres vexations que la Marine Hollandoise essuya pendant cette brouillerie de l'Angleterre & de la Suéde.

Le véritable motif qui aigrissoit les Anglois contre la Hollande, est bien peint dans une requête, que les Marchands de la Grande Bretagne présentèrent au Parlement en 1718. (c) Ils alléguent, que depuis l'interdiction du Commerce avec la Suéde, ils sont obligés de tirer de Hollande toutes les marchandises qu'ils faisoient venir

nir

(a) Autre du 7. Décembre 1717.
(b) Resol. des Et. Gén. du 28. Fevrier 1718.
(c) Avis du Parlement du 10. Mars 1718.

[illegible] de ce Royaume, qu'elles leur cou[illegible] (l'on n'avoit pas [illegible] [illegible] Hollandois les alloient eux-mêmes [illegible] en Suede), que les Negocians [illegible] enrichissent pendant qu'eux-mêmes [illegible] d'une ruine prochaine. En[illegible] au Parlement de vouloir bien [illegible] commercer avec la Suede, & permettre à tous les Marchands Anglois d'y vendre & [illegible] comme auparavant. Ainsi la maxime constante de la Grande-Bretagne a toujours été, d'attaquer & de détruire tout commerce qui pouvoit faire ombrage au sien.

Le nouveau Traité de Barriere, que la Hollande fut obligée de souscrire avant la conclusion du Traité d'Utrecht, ne fut pas même exécuté par les Anglois, qui avoient forcé la République à en accepter les conditions. Contre la teneur formelle de cette convention, les troupes Angloises resterent en garnison au château de Gand (a) jusqu'à ce que l'on eût signé à Anvers le Traité de Barriere avec l'Empereur, qui ne fut conclu que le 15 Novembre 1715. Alors elles quitterent ce poste, non aux Hollandois, comme on en étoit convenu, mais aux troupes Impériales; & en effet ce nouveau Traité de Barriere priva les Etats Généraux du droit d'avoir garnison dans le château de Gand, à Charleroi, à Damme, aux Forts de la Perle & de St. Philippe; mais la Grande-Bretagne n'oublia pas d'y

(a) Avis du Parlement du 10 Juin 1715.

d'y stipuler comme dans le précédent pour l'a-vantage de son commerce, que l'on régleroit un nouveau tarif.

Après la paix d'Utrecht, les Etats Généraux voulant soulager leurs sujets qui gémissoient de-puit tant d'années sous le fardeau de la guerre, congédièrent 75000. hommes des 127000. qu'ils avoient à leur solde.   Quelques années après ils firent encore une nouvelle reforme dans laquelle furent compris les trois Regimens An-glois de Wood, de Douglas & d'Hamilton. Pendant que l'on travailloit à liquider en Hol-lande ce qui étoit dû à ces Régiments ; ils s'a-dressèrent à la Chambre des Communes de la Grande-Bretagne, pour obtenir leur payement.

C'étoit certainement aux Etats Généraux & aux personnes chargées de l'administration des finan-ces de la République, qu'il appartenoit de dé-cider des prétentions que les troupes Angloises pouvoient avoir, & regler ce qui leur étoit dû, à proportion du tems qu'elles avoient été au servi-ce des Provinces-Unies.   Cependant (a) les Etats Généraux eurent la complaisance d'envoyer à Londres en 1721. la liquidation dressée par le Conseil d'Etat. La Chambre des Communes n'y eut aucun égard ; & ne cherchant qu'à vexer la République, elle dressa un compte, qui excédoit de 235289. florins la somme à laquelle montoi-ent ce qui étoit dû à ces trois Regimens.

Mal-

____

(a) Résolution des Etats Généraux du 29. Avril 1721. fol. 295.

Malgré cette différence énorme, le Gouvernement Anglois leur adjugea tout ce qu'ils avoient demandé. On ne fit attention ni au compte que la Republique avoit envoyé, ni aux éclaircissemens qu'elle fit remettre à la Chambre des Communes: les Regimens réformés furent payés au-delà de ce qui leur étoit dû &, cela sur l'argent qui revenoit encore à la Hollande pour les avances qu'elle avoit faites dans la dernière guerre. Il n'est pas inutile de remarquer ici, que la liquidation de ces avances avoit aussi été reglée par l'Angleterre, qui dans l'une & l'autre occasion voulut être seule son propre juge.

Pendant que la Hollande étoit ainsi occupée à satisfaire à ses engagemens & à liquider ce qu'elle devoit aux troupes Angloises, le Gouvernement Britannique refusoit à la Hollande les sommes qui lui étoient dûes pour les avances qu'elle lui avoit faites.

Lorsque l'Electeur de Hanovre fut monté sur le trône d'Angleterre, il fit payer aux troupes étrangères les arrérages qu'on leur avoit d'abord refusés, sous prétexte que fidèles à la grande alliance, elles avoient refusé de suivre le Duc d'Ormond, & étoient demeurées unies à l'Armée des Alliés. Les Etats Généraux profitèrent de cette occasion, pour demander aussi le payement de ce qui leur étoit dû. Leurs créances formoient un total de 2096858. florins, tant pour les fournitures que la Republique avoit faites, que pour la paye qu'elle avoit avancée. Sur cette somme la Hollande offroit de rabattre 96250. florins, que

la

la Grande-Bretagne avoit prêtées aux troupes de
la Republique, pour leur transport en Espagne.
Mais il n'a pas été possible aux Etats Généraux
d'obtenir encore, l'entier payement d'une dette si
légitime, & reconnue par le Parlement de la
Grande Bretagne.

Le Traité d'Utrecht entre l'Espagne & la Hollande, ayant été signé après bien des difficultés,
les Négocians de la République se flattoient de
recommencer leur commerce dans la Méditerranée & avec l'Espagne.   Il y avoit déja deux ans
que les Anglois le faisoient à leur préjudice, &
il étoit tems que les Hollandois réparassent leurs
pertes.

Alors les Algériens violèrent le Traité de paix
qu'ils avoient fait en 1712. avec la Republique,
& recommencérent leurs brigandages, dans le
moment même que les Hollandois étoient prêts
de rentrer dans la Méditerrannée.   On sçut bientôt quelle Puissance les avoit portés à cette in-
fraction: c'étoit celle, qui, toujours rivale du
commerce de la Hollande ne redoutoit rien tant
que de le voir renaître. On put juger de la droiture du Ministère Anglois, lorsque ne se mettant plus en peine de voiler les intrigues par lesquelles il avoit excité ces Corsaires à la rupture,
il prit le parti de favoriser ouvertement leurs
pirateries.

Dans les six premières années de cette guerre,
qui commença en 1714, les Algeriens condui-
sirent dans leurs ports plus de 40. navires Hollandois richement chargés; & firent esclaves
plus

plus de 900. matelots. Tout cela se faisoit-il de concert avec la Grande-Bretagne? On peut en juger par les anecdotes suivantes.

En 1717. deux Corsaires bien armés sortirent des ports d'Afrique. L'un nommé les Trois Fusils, étoit monté de 44. piéces de canons, & portoit 500. hommes d'équipage; l'autre appellé le Soleil-Levant, avoit 40. canons & 400. hommes d'équipage. Les deux vaisseaux séjournèrent dans la Baye de Gibraltar depuis le 9. Février jusqu'au 28, ayant avec eux un vaisseau Hollandois nommé l'Isaac Galley, qu'ils avoient pris dans le moment qu'il venoit de décharger ses marchandises à Cadix, & dont tout l'équipage avoit gagné terre.

Les Corsaires Algériens non-seulement furent reçus dans la Baye, mais parfaitement bien traités par les Anglois, malgré les dispositions précises du Traité de 1667.

Les Etats Généraux en firent au Roi d'Angleterre des plaintes réiterées. Ce Monarque promit d'envoyer aux Commandans de Gibraltar & de Port-Mahon les ordres les plus formels de ne plus laisser entrer dans leurs ports aucun Algérien armé. Sa Majesté Britannique pouvoit-elle refuser ces défenses? Elle savoit que tous les anciens Traités d'alliance & d'amitié avec la Hollande venoient d'être renouvellés à l'occasion de son avénement au trône.

Cependant voici comme on exécuta & ces Traités & la promesse du Monarque Anglois. Les Algériens avoient pris le 17. Janvier 1724, à la hauteur du Cap S. Vincent un vaisseau Hollandois venant de Faro, chargé de figues & d'autres marchandises.   Ils l'avoient fait mener à Gibraltar sous la conduite de quelques Turcs. Ce prétexte suffit aux Anglois : & de ce que ce n'étoient point des Algériens qui conduisoient cette prise, ils conclurent qu'elle pouvoit être vendue à Gibraltar.   Aussi le fut-elle du consentement du Gouverneur, & malgré la protestation de Dieck, Consul Hollandois que l'on laissa crier d'abord, & que l'on maltraita ensuite.   Cet exemple d'infidélité servit de signal, & fut suivi d'une foule d'autres injustices encore plus impardonnables.

En voilà bien assez pour prouver par l'exemple des Hollandois, où en seroit l'Europe, si l'Angleterre pouvoit étendre son Despotisme aussi loin qu'elle se l'est proposé, & qu'il est de toute nécessité de la resserrer dans des bornes assez étroites, pour lui ôter l'envie & le pouvoir de faire le Tiran sur Mer & sur Terre.

LE TEST,

OU

CRITIQUE

DU

NOUVEAU MINISTERE

BRITANNIQUE,

OUVRAGE

TRADUIT DE L'ANGLOIS.

A LA HAYE,

De l'Imprimerie de H. SCHEURLEER, F. Z.
& se trouve à *Berlin,* chez *Etienne de
Bourdeaux,* & à *Francfort,* chez
les *Frères van Duren.*
M.D.CC.LVII.

AVERTISSEMENT PRÉLIMINAIRE.

LE *Teſt* eſt attribué à Monſieur Fox, ci-devant premier Secretaire d'Etat de la Grande-Bretagne, qui s'eſt fait la Reputation d'être verſé dans les affaires. Il eſt devenu, par le changement arrivé dans le Miniſtère, l'Antagoniſte déclaré de Mr. Pitt, & un cenſeur ſevere de ſa conduite. Voilà l'origine du preſent ouvrage, intitulé le *Teſt*, qui eſt une Critique du nouveau Miniſtère. Comme nous ne doutons point que le Public ne faſſe un accueil favorable à un ouvrage ſi intéreſſant, nous en donnerons la ſuite à meſure qu'elle paroîtra en Angleterre.

Un des amis de Mr. Pitt, ayant pris ſa défenſe dans un ouvrage intitulé

 The

The Con-Teſt, nous en donnerons auſſi
la Traduction, afin de mettre le Public
en état de juger.

LE

LE TEST.

Ambition, like a mad tempestuous sea,
Swell'd him above the bounds of wise dissem-
    bling,
And ended all our hopes of future freedom.
Justice and Liberty! Farewell for ever. (*)

LE Titre qu'on trouve à la tête de cet ouvrage, ne préviendra pas, sans doute, les Anglois, en faveur de l'Auteur. Le Public, qui s'est livré depuis quelque tems à une combinaison ridicule d'idées, persuadé qu'étant anonyme, il a été fait sous les auspices de ce Patriote dont le nom vivra à jamais dans l'Histoire, & qu'on pourroit comparer ce titre à la montagne, qui, après avoir été longtems dans les peines de l'enfantement, accoucha enfin d'une souris; le Public, dis-je, régardera tous les jours où le *Test* paroîtra, comme des jours malheureux, & lui fera un fort mauvais accueil.

On avoit de grandes espérances lorsque ce malheureux citoyen entra dans le Ministère; mais le masque est tombé: semblables à ces insectes qui naissent de la rosée du matin, & qui périssent

(*) Voyez le Duc de Buckingham dans son *Jules César.*

A 3

riſſent au coucher du Soleil, les belles qualités qu'on admiroit dans ce Miniſtre lorſqu'il
prit le timon des affaires, ſont enfin eva-
nouies.

J'ai cependant encore quelqu'eſpérance de
me juſtifier auprès de ceux qui me liront,
quoique ce fameux Politique ait fait jouer tous
les reſſorts poſſibles pour décrier les pièces où
l'on prenoit ma defenſe. Mes eſpérances ſont
fondées, ſur ce que les Auteurs qui ſe ſont aſ-
ſociés pour publier cet ouvrage, ne l'ont point
fait par l'envie d'écrire, mais s'y ſont déter-
minés dans la vuë d'ouvrir les yeux au Public. Ils n'ont eu d'autre deſſein que de marcher ſur les traces des Steels, des Addiſons,
des Ducs d'Argille & de tous ces illuſtres &
zelés Patriotes qui embraſſerent le parti des
Wighs, & de ceux qui s'oppoſerent de toutes
leurs forces à une faction qui ſe forma la dernière année du Regne de la Reine Elizabeth :
triſte époque, où des Hommes d'une capacité
reconnuë, mais dangereuſe à la Patrie, uſur-
perent une autorité, dont ils auroient du être
les defenſeurs, & dont malheureuſement ils
abuſerent.

Le but qu'on ſe propoſe dans les feuilles
préſentes, eſt donc de prévenir, s'il eſt
poſſible, de ſemblables malheurs, & d'exciter
l'attention ſur les intérêts du Roi & ceux de

le

la Nation. Cet ouvrage a été entrepris sans prévenir le Public, & même sans s'y être pré-paré, parceque la Crise préfente ne fouffroit point de retard, & que tout bon citoyen eft obligé de dire fincérement, & fans detour, fon fentiment. Nous ne nous propofons point ici de jetter l'allarme dans les efprits : non braves Anglois ! notre deffein n'eft point tel; vous êtes déjà affez fenfibles à vos calamités. Nous ne prenons point la plume pour expo-fer à vos yeux, le deshonneur dont la Na-tion s'eft couverte : cette demarche feroit inu-tile; à-peine fe trouveroit-il un feul Homme parmi vous, qui ne fente vivement le poids des malheurs de fa Patrie. Il n'eft pas nécef-faire non plus, de faire naître une fermentation dans les efprits; car elle n'eft, peut-être, déjà que trop grande parmi vous.

Nous ne voulons donc que prefcrire des juftes bornes à votre zèle, & vous enfeigner les moyens de rendre utile à la Patrie, cet efprit qui vous anime. Il feroit à fouhaiter, pour parvenir à cette heureufe fin, que tous les Hommes, de quelque rang & de quelque qualité qu'ils foient, y concurruffent. Les Politiques, & nos Miniftres fur-tout, devroient fe fouve-nir qu'ils donneront, dans ces malheureufes cir-conftances, les preuves les moins équivoques de leurs paffions, des vuës qu'ils fe propofent, & des principes de leur Politique. On fe for-

A 4

mera une jufte idée de leur caractère, par la conduite qu'ils tiendront dans ces tems fâcheux. Si on découvre dans leurs action des marques d'une ambition demefurée, ils fe couvriront d'un deshonneur ineffaçable. Si, au contraire, ils donnent des preuves d'honneur & de probité pendant le cours de leur Adminiftration, ils recevront ce tribut le loüange, qu'un peuple reconnoiffant ne manque jamais de payer aux actions qui ont leur principe dans la droiture, dans la moderation, & dans un vrai zèle pour l'honneur du Roi & pour l'Intérêt de la Patrie.

Mais peut-on dire avec verité, que nos compatriotes aient eu, dans le cas prefent, cette loüable précaution? On les a vus fe difputer, il y a peu de jours, les depouilles d'une Nation prête à fuccomber fous le poids de fes malheurs. Et, pendant tout-ce tems-là, il ne s'eft pas trouvé un feul Miniftre qui ait pris connoiffance des affaires publiques. Nos ennemis n'en ont pas agi ainfi; ils ont fait jouer les refforts de la Politique la plus rafinée, & ont dreffé le plan des conquêtes qu'ils méditent. L'intérêt de la Nation eft entièrement oublié: une Faction s'eft formée, & a affiegé le trône, foulant aux pieds les fentimens de refpect & de vénération fi legitimement dûs à un Roi, que fon grand age feul devroit faire refpecter.

Si

Si quelqu'un s'est attiré, par ſes manières populaires, l'affection du Public, juſqu'au point
d'occaſionner cette confuſion, & que pour
réuſſir plus ſûrement dans ſes projets ambitieux, il ſe ſoit couvert du nom précieux de
patriotiſme, & ſe ſoit paré du pretexte ſpecieux
d'honneur & de probité, ne ſouffrons pas
qu'il profite de nos malheurs dans un tems ſi
critique, pour fortifier ſon parti au depens du
Public; ne le laiſſons point emporter par la
force d'une imagination dangereuſe à l'Etat;
ne permettons pas qu'il entreticnne des animoſités perſonnelles & des averſions indignes d'un
honnete homme. Qu'il conſidere, que l'affection populaire eſt toûjours fondée ſur les
paſſions d'un peuple, dont l'inconſtance eſt ſem-
blable à celle de cet élement qui environne
notre Iſle. Qu'il faſſe attention, qu'il n'eſt plus
tems de diſputer; que le feu fait des progrès
rapides, & qu'il n'y a que le plus prompt ſecours qui puiſſe nous garantir d'un embraſe-
ment général; qu'il doit en un mot conferer
avec des perſonnes qui ont du bon ſens & de
la capacité, ſur les moyens d'arrêter la violence des flammes, à-moins que, comme Swift,
dans le Voyage de Guliver, il trouve en lui
les moyens de le faire ſeul. Comme cette ſup-
poſition paroît abſurde, l'on doit eſpérer qu'il
ne fera point le Don Quixote dans une occaſion ſi importante, qu'il ne ſe battra point

A 5

contra

contre l'air, & qu'il ne fera point effraié par des objets imaginaires, dans un tems où des realités demandent toute fon attention. On a tout lieu de croire, qu'il ne fera point dire un jour, qu'il a mis une couronne d'épines fur la tête refpectable d'un Roi, dont le grand age ne diminue point l'activité pour l'intérêt public, lui qui s'eft élevé dans quelques occafions avec tant de force, & d'une manière fi pathetique, contre ceux qui *fémoient des épines fur l'O-reiller du Souverain.*

Si fon enthoufiafme ne lui permet pas de faire ces reflections, qui certainement feront une vive impreffion fur tous les cœurs qui ont encore quelque degré de fenfibilité, toute la Nobleffe ne doit-elle pas fe réunir aujourd'hui, faire tous fes efforts pour conferver les loix fondamentales de l'Etat, foutenir les droits & les privileges de la Nation, prévénir un pouvoir arbitraire? Doit-on confier toute l'autorité à un feul Homme, quelque merite qu'il ait, & quel que foit fa naiffance. Car, pour dire librement & fans détour ce que je penfe fur cette matière, il n'y a point d'Homme qui puiffe decider, fans un efprit prophétique, fi un Cornete de Cavalerie, qui dans l'efpace de vingt ans s'eft élevé, par fon propre merite, au grade de Général, en fera les fonctions avec honneur. Par la même raifon, peut-on décider, je dis plus, peut-on même fe flatter, que

celui

celui qui s'eſt chargé ſeul du poids des affaires publiques, viendra about de ſes fins, & remplira dignement les devoirs & les fonctions de ſon Miniſtère? Je ſais que le peuple, en général, lui rend juſtice ſur ſon déſintéreſſement; mais cette belle qualité doit-elle nous faire conjecturer qu'il eſt exempt des autres paſſions? Cette inflexibilité qu'on lui connoit, n'a-t'elle point pour principe un déſir dereglé de puiſſance & d'autorité, ou une ambition ſans bornes, ou enfin quelque autre paſſion turbulente & dangereuſe?

Une trop grande autorité, ou pour mieux dire, le Deſpotiſme, fera bientôt naitre de la jalouſie dans l'eſprit des Anglois; & cela doit néceſſairement arriver lorſqu'un ſujet veut détruire les Loix fondamentales de l'Etat, & empieter ſur les Droits & les Privilèges de la Nation. Qu'un, deux, ou trois particuliers s'emparent ſeuls des renes du Gouvernement, c'eſt alors un vrai eſclavage; & nous gemirions ſous la plus honteuſe Tyrannie, ſi nous ſouffrions qu'un tel Déſpotiſme s'introduiſît dans notre Iſle. Notre fameux *Ciceron Anglois* peut-il ſe flatter de nous reduire à ce triſte état pendant ſon Miniſtère? Peut-il ſuppoſer qu'on n'ouvrira pas les yeux, s'il veut s'élever à un tel degré d'autorité, & qu'on ne fera pas un examen rigoureux de toutes ſes actions?

On se rappellera les liaisons qu'il s'est faites autrefois dans les tavernes , & le Présent que la Duchesse de Malborough lui fit pour le recompenser de son enthousiasme. On aura toujours présent à l'esprit la conduite qu'il a tenue, dans deux occasions, au sujet des Troupes Hanoveriennes: on l'a vu dans une session du Parlement, s'opposer à ceux qui vouloient faire venir ces Troupes en Angleterre, & il a proposé lui-même un Bill l'année suivante pour les y faire venir. Tout le monde se resouvient de son air embarrassé dans cette occasion ; & sa basse complaisance pour les ordres de deux Ministres unis par les liens les plus étroits de la Nature , ternira à jamais ce patriotisme qu'il vante tant ; d'autant plus que tout le monde sait qu'on a jetté sous leur Ministère les fondemens de notre ruine , qui a commencée depuis 1749 jusqu'en 1755. On demandera , & avec raison, où étoit notre Orateur Britannique lorsqu'on proposa le Bill touchant les mariages, & auquel s'opposerent les plus habiles politiques qui étoient alors dans le Royaume? Où étoit, dira-t-on, le Defenseur de nos loix & de nos privileges, lorsqu'il apprit, comme certainement il le sut d'un de ses proches parens, qui avoit pour-lors séance dans le conseil du Commerce, qu'on demandoit à voir les Mémoires qu'on avoit reçus de nos Colonies

...ies en Amérique, & qu'un certain Duc, qui demeuroit proche de *Lincoln's inn Fields*, les avoit souftraits à la connoissance du Public? pourquoi ne s'est-il pas élevé contre ce trait de perfidie? il se seroit montré dans cette occasion un vrai Patriote, & auroit fait voir qu'il avoit veritablement à-cœur les intérêts de sa Patrie: il s'est demis, à-la-vérité, de ses emplois, douze ou quinze Mois après qu'il eut jetté, de concert avec les autres Ministres, les premiers fondemens des malheurs qui nous accablent; mais cette demiffion ne peut justifier son peu de zéle à soutenir les intérêts de la nation, pendant qu'il fut dans le Ministère & qu'il toucha les appointemens attachés à la place qu'il occupoit. Le refus qu'il fit de récevoir les gratifications qu'un Prince (*a*), à qui l'Angleterre payoit des subfides, voulut lui faire, est-à-la vérité une action louable & une preuve d'un grand desintéreffement; mais, enfin, quel avantage son Roi & sa Patrie ont-ils retiré de cette delicateffe de sentimens qu'on vante tant?

J'ai représenté toutes ces chofes sous le point de vuë le plus avantageux, parceque j'eftime infiniment les grands talents de cet illuftre Patriote. Je souhaite qu'il reponde à l'idée avan-

ta-

____

(*a*) Le Roi de Sardaigne.

tageuſe qu'on a de lui, & qu'il ſoutienne cette
reputation qu'il s'eſt faite, & même qu'il y
ajoute un nouveau luſtre. Il reuſſira certainement, s'il eſt juſte, équitable, impartial, mo-
deré; s'il dreſſe le plan d'une bonne Adminiſtration; s'il fait jouer les reſſorts ſecrets de
cette ſaine politique qu'il poſſede au ſuprême
degré, ſi l'on en croit ſes partiſans; ſi en un
mot, toutes ſes demarches ſont dirigées par la
juſtice, par l'équité & par la ſageſſe: car toute action qui n'a pas ces vertus pour baſe,
n'eſt que phreneſie & confuſion. S'il veut éviter les reproches qu'on lui fait, & ſe mettre à
couvert des ſoupçons que ſon ambition a fait
naître, il faut qu'il écoute les vœux de la Nation ; elle le prie d'oublier toute animoſité
perſonnelle. Cette même Nation, qui s'eſt élevée avec tant de force contre le dernier Miniſtere, dans lequel elle ne trouvoit aucun talent, le ſupplie de conſulter les membres du
Parlement qui ſe ſont diſtingués par leurs talens politiques, & de profiter de leurs lumières,
pour prévénir plus efficacement les malheurs
dont la Patrie eſt menacée. Si notre Demoſthe-
ne trouve quelqu'un en état de partager avec
lui le peſant fardeau dont il s'eſt chargé, &
de remplir avec honneur, un département,
cette Nation qui l'a élevé au plus haut perio-
de de grandeur, lui demande en grace, de ne
point

ni point priver son Roi & sa patrie des bons
services qu'un habile homme pourroit lui rendre dans la fâcheuse crise où elle se trouve.
C'est le moyen le plus sûr pour remettre tout
dans l'ordre, retablir notre credit, ranimener la
constitution devenu languissante, assurer notre
Commerce, proteger les possessions de la Grande-Bretagne, tirer quelque utilité de la plûpart de nos vaisseaux qui deperissent dans les
ports, repandre la terreur parmi nos ennemis,
& rétablir l'honneur de la Nation Britannique.

Je finirai cette feuille par une remarque:
savoir, qu'on aura une haine immortelle pour
le nom de ceux qui pendant la dernière guerre avec la France & l'Espagne, lorsque la Re-
bellion leva l'étendard dans le cœur de l'Angleterre, assiégèrent en 1746. le trone comme
des Janissaires, insulterent aux malheurs d'un
Roi respectable à tous égards, & profiterent
de ces malheureuses circonstances pour se rendre Maitres absolus, & commander avec empire. Si quelqu'un vouloit imiter aujourd'hui
la conduite de ces traitres & de ces perfides,
& faire un abus indigne de l'affection du peuple qu'il auroit su gagner, il doit se souvenir
que son nom sera en horreur tant que l'Angleterre subsistera. C'est une vérité incontes-
table, que toutes les fois que la Patrie est menacée.

nacée de quelque danger, ou qu'il s'élève une
fedition, tout bon Citoyen doit faire tous fes
efforts pour rétablir la paix: voila fon premier devoir. Il faut s'appliquer enfuite à re-
former les abus qui fe font gliffés dans le Miniftère & qui ont été la fource des malheurs de
la Nation.

II. TEST

Nature has made man's breaſt no Windores,
To publish what he does within doors;
Nor what dark ſecrets there inhabit,
Unleſs his own rash folly blab it.

Hudibras.

IL étoit abſolument néceſſaire de faire un changement dans le Miniſtère & dans les meſures priſes pour la défenſe de l'Etat, lorſqu'on a vu la Grande-Bretagne deshonnorée, ſes poſſeſſions les plus conſiderables envahies par l'ennemi; le ſabre de la France, inſatiable du ſang Americain, a porté la déſolation dans nos plus riches Colonies, dont-elle a fait la Conquête, & nous étions enfin devenus le jouet & la riſée de toutes les Cours de l'Europe. Nous avons eu la conſolation de voir que notre Très Gracieux Souverain a ecouté dans ces malheureuſes circonſtances, la voix de la Nation, dont il fait la regle de ſon Gouvernement, & qu'il s'eſt rendu à ſes vœux. Ce changement a fait naître de douces eſperances : chacun s'eſt flatté que les choſes changeroient de face ſous le nouveau Miniſtère, que la paix & l'union ſuc-

B

ce-

cederoient aux troubles & aux diſſenſions qui
ont agité la Patrie depuis quelque tems, que
les préjugés, le reſſentiment, les animoſités
perſonnelles, & les vuës d'intérêt, ces appa-
nages inſeparables de la Faction & de l'eſprit
de parti, diſparoîtroient ; que les nouveaux
Miniſtres en un mot, confereroient avec les
plus habiles politiques de la Grande-Bretagne,
ſur les moyens de rendre à la Nation, cette
ſplendeur & cet état de ſanté, comme dit le
Lord Clarendon, dont elle a joui autrefois.

Tout le monde convient qu'il s'étoit formé une Faction contre l'ancien Miniſtère,
& que la Nation, gagnée, ſeduite, ne lui
trouvoit aucune capacité. Il étoit naturel de
penſer, que ceux qui prenoient la place des
Miniſtres diſgraciés, alloient donner dès le
commencement de leur Adminiſtration, des
preuves eclattantes de ces grands talens, de
cette experience conſommée, de cette parfaite
connoiſſance des affaires qu'on leur ſuppoſoit.
On ne s'attendoit pas qu'un ſeul homme, de
concert avec ſes parens & ſes amis, s'empa-
reroit des reines du Gouvernement: on eſpe-
roit, au contraire, que les plus habiles politiques & les vrais amis de la Patrie, partage-
roient l'autorité avec lui, & que tous les eſ-
prits ſe reuniroient pour la Cauſe commune.
On n'avoit aucun ſoupçon, (He pouvoit-
on

on en former quelqu'un) qu'on se disputeroit les dépouilles d'un peuple malheureux & prêt à succomber sous le poids de sa disgrace : jamais on ne se seroit imaginé, que ceux qui sont en place, fussent assez temeraires pour environner le trône (je le respecte) comme des Janissaires, & profiter de nos malheurs & de l'affection & de la confiance du peuple qu'ils se sont acquises par leurs manières populaires, à dessein d'envahir toute l'autorité & d'établir le Déspotisme.

Dominatio paucorum (c'est à-dire, la tirannie d'un petit-nombre) commençoit à se faire sentir : on s'en est apperçu; la Faction a été découverte, mais on n'a pu venir à bout de la détruire. C'est pourquoi l'Auteur du *Test* est autorisé à s'écrier après un ancien Romain, *Qui sunt hi qui rem publicam occupavere?* Qui sont ces hommes ambitieux qui se sont élevés au-dessus de leur Souverain & qui se sont rendus Maîtres de la Patrie? Le peuple, zélé pour l'intérêt de la Nation, & toujours prêt à ouvrir sa bourse pour fortifier la partie animée du Gouvernement, est en droit de reclamer le service de ceux qui ont de l'expérience & une capacité reconnue. C'est même le seul moyen qui nous reste pour relever la dignité de notre Conseil, pour faire échouer nos ennemis dans leurs projets ambi-

tieux,

tieux, & pour rétablir l'honneur de la Nation.

Comme nous avons tout lieu de craindre,
dans les malheureuses circonstances où nous
nous trouvons, la destruction entière de la
Patrie, on ne doit point être surpris, si, à
l'exemple de *Tacite*, nous suivons les Ministres dans toutes leurs demarches, & si nous
tâchons de connoître le vrai motif de leurs
actions. Notre dessein, en commençant ces
feuilles, a été de découvrir le principe qui
les fait agir, de démeler les passions qui les
remuent & d'approfondir tout le mystère de
leur conduite. Nous les prévénons que nous
ne quitterons point la plume, tant que leur
conduite sera suspecte, & qu'il paroîtra nécessaire de mettre le public en état d'appre-
cier leur mérite. Notre examen sera libre &
impartial, & nous jugerons de leur vrai Caractère par leurs actions. Si des hommes
pleins d'ambition laissent entrevoir quelques
noirs projets, nous ne craindrons point de les
publier, & de nous opposer à leurs entreprises. Jamais nous ne serons la dupe de l'affabilité & des manières populaires de qui que
ce soit: nous avertirons nos Compatriotes de
se tenir en garde contre les apparences trompeuses d'un Patriotisme affecté.

Nos Pilotes, chargés de la conduite du
Vais-

Vaiſſeau, ne doivent donc pas trop ſe fier
ſur les bouffées de vent, qui ſemblent remplir leurs voiles. Le vent peut changer tout
à coup, & les faire échouer avant qu'ils arrivent au port. Car, comme dit le Chevalier Richard Steel dans la *criſe*, (*pamphlet
qu'on peut certainement citer aujourd'hui,*)
*lorſqu'il y a une fermentation parmi le peu-
ple, & qu'une Faction, formée pour le bien
général, s'eſt fortifiée, les Chefs qui ont un
mérite réel, peuvent ſe flatter de ſe ſoutenir
dans leurs poſtes. Mais un Bâtiment, élevé
ſur un fondement auſſi fragile que l'eſt la*
FAVEUR DE LA MULTITUDE, *tom-
bera & ſera detruit de fond en comble, parceque ſes fondemens ne ſont pas ſolides.*

Plus nous reflechiſſons ſur le caractère de
notre *fameux Orateur*, plus nous ſommes perſuadés qu'il n'agira pas de concert avec cet
homme ſi connu par l'étenduë de ſon génie &
par ſa grande capacité, que ſes ennemis même regardent comme le ſeul Membre de l'ancien Miniſtère, qui eût un mérite réel, & qui
n'ait contribué en rien aux malheurs qui accablent la Nation. Non, notre nouveau *Dé-
moſthène* ne partagera point l'autorité avec
cet homme célébre, parcequ'il craint que le
Public ne lui attribue une partie de l'honneur
d'une bonne Adminiſtration. Il ne ſe trompe pas:

sa bonne Constitution & santé le mettant en état de travailler avec une ardeur infatigable aux affaires de l'Etat, il auroit au-moins l'avantage de passer pour le plus actif & le plus vigilant de tous les Membres du Ministère. Notre *Ciceron Britannique*, peut-il nourrir une si basse jalousie? Le Patriotisme peut-il admettre de tels principes?

L'Amirauté a passé pour être la principale cause de nos désastres & de nos malheurs. Dans ce cas, ne devoit-on pas s'attendre à voir, à la tête de la Marine, un homme d'expérience & d'une capacité reconnue? Auroit-on pu se persuader qu'on n'auroit fait attention qu'à la naissance pour remplir un poste d'où depend la sureté du Commerce & l'honneur de la Grande-Bretagne? Un des premiers Pairs du Royaume, qui n'a jamais été dans le Ministère & qui n'a aucune connoissance de la Navigation, devoit-il présider dans le Conseil de l'Amirauté? N'est-il pas naturel de demander la raison d'un tel avancement? Je crains bien qu'on n'en puisse alleguer aucune, à-moins qu'on ne dise qu'il est uni par les liens du sang, à notre GRAND HOMME. Mais que devient alors ce Patriotisme tant vanté? Ne cede-t-il pas dans cette occasion à l'amitié particulière?

Pour justifier un si beau choix, on dira peut-

peut-être, qu'un certain Amiral qu'on a fait venir de la Méditerranée, aidera notre My-lord de ses Conseils. Mais ne pourroit-on pas demander, si un homme qui a été absent pendant sept ans, & qui étoit suspendu dans le tems qu'il fut choisi pour cet emploi, est capable d'être le Sur-Intendant de l'honneur du Pavillon Anglois? Ne peut-on pas faire un crime à cet Illustre SAGE, d'avoir élevé à ce grand poste, un parent, un ami qui n'a aucune des qualités requises pour en remplir dignement les fonctions? Ce fameux MINISTRE peut-il donner une préférence si marquée à sa famille sur tous ses Compatriotes, sans se rendre coupable de partialité?

Nous avons déjà vu plaider dans une Cour de justice, un des principaux Seigneurs de la Grande-Bretagne: nous avons été temoins de son ignorance & de son incapacité. Une telle conduite nous surprend & doit nous faire dire avec Salluste: considérez, Messieurs, s'il est de votre intérêt qu'on confie les principaux Emplois à des hommes distingués par leur naissance & par le rang qu'ils tiennent dans l'Etat, mais qui n'ont aucune connoissance des affaires, qui hésiteront à tout moment à cause de leur ignorance & de leur incapacité, qui toujours incertains, irresolus, seront à la fin obligés de

pren-

prendre un homme du commun, qui leur en-
feigne les Loix & les coutumes de leur office
& qui les inftruife de leurs devoirs. *Quæfo,
reputate cum animis veftris, num id mutari
melius fit, fi quem ex illo globo nobilitatis
ad hoc, aut aliud tale negotium mittatis, ho-
minem veteris profapiæ, multarum imagi-
num & nullius ftipendii, fcilicet, ut in re
tantâ ignarus omnium trepidet, feftinet, fu-
mat aliquem ex populo monitorem officii
fui.*

Si on publie à fon de trompette, par tout
le Royaume, qu'il ne peut abfolument refulter
aucun bien de la conjonction avec quelques
Membres de l'ancien Miniftère, certainement
notre ORATEUR n'agira jamais de-concert a-
vec l'Auteur de la Lettre au Magiftrat de la
Comté de *Kent*, contre lequel on a porté
plufieurs accufations. Cependant, comme il
n'igore pas que le Lord, interreffé dans cette
affaire, citeroit pour fa juftification, le droit
que le Roi a de donner un *noli profequi*. Il
devroit fonder fon reffentiment & fa haine
fur des fondemens plus folides. Mais l'Antipathie que le zélé Patriote a pour les Delin-
quans, eft fi grande, qu'ils ne pourront jamais
vivre en bonne union; il eft même à craindre, que cette inimitié ne produife une fermentation extraordinaire dans l'efprit du peuple.

On

On nons reprochera peut-être cette Liberté, cette franchiſe avec laquelle nous diſons notre ſentiment. Mais ces reproches ſeroient malfondés: on ſait qu'il eſt permis à
chaque Membre d'un Etat libre, de reprendre & de critiquer la conduite & le caractère de ceux qui ont l'autorité en main : on
ne perd jamais la liberté de la preſſe , comme dit Mr. Gordon dans ſon Diſcours ſur
Tacite.

Comme notre Orateur de la Chambre des
Communes fait actuellement ſon entrée triomphante dans ſa Patrie (c'eſt du moins ſous ce
point de vuë que nous le conſiderons) nous
le prions de ſe ſouvenir, au millieu de ſon
triomphe, de la fragilité des grandeurs humaines, & de marcher avec beaucoup de précaution dans le chemin gliſſant où il eſt. Si
du haut de ſon 'élevation, il daigne jetter un
regard vers le lieu d'où il a été tiré, il verra
que plus on eſt élevé, plus la chute eſt dangereuſe, & qu'il eſt bien plus facile de deſcendre que de monter. Il doit profiter de cette
leçon, & faire attention que la tempérance &
la moderation peuvent ſeules le maintenir dans
ſon poſte.

Qu'il ne ſe laiſſe donc point entraîner par
ſon enthouſiaſme. Qu'il renonce à ſes projets ridicules, fruits ordinaires d'une imagi-

nation echauffée. S'il veut fuivre le confeil
que nous lui donnons, il fera voir que le
bien général eft le feul objet de toutes fes
demarches, qu'il n'agit point par une ambition demefurée, & qu'il ne cherche ni l'aggrandiffement ni l'élévation de fes parens &
de fes amis.

Nous fommes perfuadés qu'il ne donnera
point lieu de former de tels foupçons fur fon
compte. Son Adminiftration fera fondée fur
l'honneur & la probité; fes mefures feront
juftes & honnêtes & les fuffrages libres dans
les affemblées du Parlement, & il nous donnera fans doute, les preuves les moins équivoques de la droiture & de la fincerité de fes
intentions. Il va nous faire voir qu'il eft
prêt de facrifier les intérêts de fa famille au
bien public; ce qui nous fait efpérer qu'a-
près qu'on aura prefenté les Addreffes à Sa
Majefté, (lefquelles feront, fans doute, una-
nimes,) notre ORATEUR, de concert avec
fes amis, demandera lui même la revocation
de l'Acte des Affifes, de Buckingham,
lequel eft contraire aux Droits & les privilèges des juges: car il leur eft défendu,
par cet Acte, de tenir les Affifes dans la Ville qu'ils jugent à propos. Leurs remontrances ont été inutiles; les plaintes de toute la
Province n'ont fait aucune impreffion, &
c'eft

c'eſt en-vain que les plus habiles Juriſconſultes ont répréſenté qu'on tranſgreſſoit les principaux Articles contenus dans la GRANDE CHARTE: on n'a eu aucun egard à toutes ces plaintes quelque bien fondées qu'elles fuſſent. On vouloit rendre une famille Maitreſſe des ſuffrages d'un Bourg: &, par conſequent, cet Acte a eu toute ſa force. Or je demande ſi cette conduite eſt celle d'un bon Patriote? Les ſuffrages ne doivent-ils pas être libres, & les Bourgs independans?

Pour juſtifier les reproches que nous lui avons faits, & contre leſquels on s'eſt tant recrié, il faut remonter à la triſte époque du commencement de nos malheurs. Il eſt vrai qu'il n'ont jamais été ſi ſenſibles que dans la dernière Campagne; mais nous pouvons dire, ſans crainte de nous tromper, (& nous l'avons même déjà dit) que les fondemens de notre ruine ont été jettés depuis l'année 1748 juſqu'en 1755. Qu'il examine la conduite de ces deux Miniſtres, unis par les liens les plus étroits du ſang, & qu'il jette, en même tems, un coup d'œil ſur celle qu'il a tenue lui-même pendant cet eſpace de tems, il aura à ſe reprocher une baſſe complaiſance pour ces deux frères, & le ſilence qu'il a honteuſement gardé dans un tems où il auroit du faire parade de ſon éloquence. Quoiqu'il

tageufe qu'on a de lui, & qu'il foutienne cette
reputation qu'il s'eft faite, & même qu'il y
ajoute un nouveau luftre. Il reuffira certainement, s'il eft jufte, équitable, impartial, mo-
deré; s'il dreffe le plan d'une bonne Adminiftration; s'il fait jouer les refforts fecrets de
cette faine politique qu'il poffede au fuprême
degré, fi l'on en croit fes partifans; fi en un
mot, toutes fes demarches font dirigées par la
juftice, par l'équité & par la fageffe: car toute action qui n'a pas ces vertus pour bafe,
n'eft que phrenefie & confufion. S'il veut éviter les reproches qu'on lui fait, & fe mettre à
couvert des foupçons que fon ambition a fait
naître, il faut qu'il écoute les vœux de la Nation; elle le prie d'oublier toute animofité
perfonnelle. Cette même Nation, qui s'eft élevée avec tant de force contre le dernier Miniftere, dans lequel elle ne trouvoit aucun talent, le fupplie de confulter les membres du
Parlement qui fe font diftingués par leurs talens politiques, & de profiter de leurs lumières,
pour prévénir plus efficacement les malheurs
dont la Patrie eft menacée. Si notre Demofthe-
ne trouve quelqu'un en état de partager avec
lui le pefant fardeau dont il s'eft chargé, &
de remplir avec honneur, un département,
cette Nation qui l'a élevé au plus haut perio-
de de grandeur, lui demande en grace, de ne
point

au point priver son Roi & sa patrie des bons
services qu'un habile homme pourroit lui rendre dans la fâcheuse crise où elle se trouve.
C'est le moyen le plus sûr pour remettre tout
dans l'ordre, retablir notre credit, ranimener la
constitution devenu languissante, assurer notre
Commerce, proteger les possessions de la Grande-Bretagne, tirer quelque utilité de la plûpart de nos vaisseaux qui deperissent dans les
ports, repandre la terreur parmi nos ennemis,
& rétablir l'honneur de la Nation Britannique.

Je finirai cette feuille par une remarque:
savoir, qu'on aura une haine immortelle pour
le nom de ceux qui pendant la dernière guerre avec la France & l'Espagne, lorsque la Re-
bellion leva l'étendard dans le cœur de l'Angleterre, assiégerent en 1746. le trone comme
des Janissaires, insulterent aux malheurs d'un
Roi respectable à tous égards, & profiterent
de ces malheureuses circonstances pour se rendre Maitres absolus, & commander avec empire. Si quelqu'un vouloit imiter aujourd'hui
la conduite de ces traitres & de ces perfides,
& faire un abus indigne de l'affection du peuple qu'il auroit su gagner, il doit se souvenir
que son nom sera en horreur tant que l'Angleterre subsistera. C'est une vérité incontes-
table, que toutes les fois que la Patrie est me-

nacée.

nacée de quelque danger, ou qu'il s'éleve une
fedition, tout bon Citoyen doit faire tous fes
efforts pour rétablir la paix: voila fon premier devoir. Il faut s'appliquer enfuite à re-
former les abus qui fe font gliffés dans le Miniftère & qui ont été la fource des malheurs de
la Nation.

II. TEST

LE TEST. II.

Nature has made man's breaſt no Windores,
To publish what he does within doors;
Nor what dark ſecrets there inhabit,
Unleſs his own rash folly blab it.

Hudibras.

IL étoit abſolument néceſſaire de faire un changement dans le Miniſtère & dans les meſures priſes pour la défenſe de l'Etat, lorſqu'on a vu la Grande-Bretagne deshonnorée, ſes poſſeſſions les plus conſiderables envahies par l'ennemi ; le ſabre de la France, inſatiable du ſang Americain, a porté la déſolation dans nos plus riches Colonies, dont-elle a fait la Conquête, & nous étions enfin devenus le jouet & la riſée de toutes les Cours de l'Europe. Nous avons eu la conſolation de voir que notre Très Gracieux Souverain a ecouté dans ces malheureuſes circonſtances, la voix de la Nation, dont il fait la regle de ſon Gouvernement, & qu'il s'eſt rendu à ſes vœux. Ce changement a fait naître de douces eſperances : chacun s'eſt flatté que les choſes changeroient de face ſous le nouveau Miniſtère, que la paix & l'union ſuc-

B

ce-

cederoient aux troubles & aux diſſenſions qui
ont agité la Patrie depuis quelque tems, que
les préjugés, le reſſentiment, les animoſités
perſonnelles, & les vuës d'intérêt, ces appa-
nages inſeparables de la Faction & de l'eſprit
de parti, diſparoîtroient ; que les nouveaux
Miniſtres en un mot, confereroient avec les
plus habiles politiques de la Grande-Bretagne,
ſur les moyens de rendre à la Nation, cette
ſplendeur & cet état de ſanté, comme dit le
Lord Clarendon, dont elle a joui autrefois.

Tout le monde convient qu'il s'étoit formé une Faction contre l'ancien Miniſtère,
& que la Nation, gagnée, ſeduite, ne lui
trouvoit aucune capacité. Il étoit naturel de
penſer, que ceux qui prenoient la place des
Miniſtres diſgraciés, alloient donner dès le
commencement de leur Adminiſtration, des
preuves eclattantes de ces grands talens, de
cette experience conſommée, de cette parfaite
connoiſſance des affaires qu'on leur ſuppoſoit.
On ne s'attendoit pas qu'un ſeul homme, de
concert avec ſes parens & ſes amis, s'empa-
reroit des reines du Gouvernement : on eſpe-
roit, au contraire, que les plus habiles politiques & les vrais amis de la Patrie, partage-
roient l'autorité avec lui, & que tous les eſ-
prits ſe reuniroient pour la Cauſe commune.
On n'avoit aucun ſoupçon, (He pouvoit-

on

on en former quelqu'un) qu'on se disputeroit les dépouilles d'un peuple malheureux & prêt à succomber sous le poids de sa disgrace: jamais on ne se seroit imaginé, que ceux qui sont en place, fussent assez temeraires pour environner le trône (je le respecte) comme des Janissaires, & profiter de nos malheurs & de l'affection & de la confiance du peuple qu'ils se sont acquises par leurs manières populaires, à dessein d'envahir toute l'autorité & d'établir le Déspotisme.

Dominatio paucorum (c'est à-dire, la tirannie d'un petit-nombre) commençoit à se faire sentir: on s'en est apperçu; la Faction a été découverte, mais on n'a pu venir à bout de la détruire. C'est pourquoi l'Auteur du *Test* est autorisé à s'écrier après un ancien Romain, *Qui sunt hi qui rem publicam occupavere?* Qui sont ces hommes ambitieux qui se sont élevés au-dessus de leur Souverain & qui se sont rendus Maîtres de la Patrie? Le peuple, zélé pour l'intérêt de la Nation, & toujours prêt à ouvrir sa bourse pour fortifier la partie animée du Gouvernement, est en droit de reclamer le service de ceux qui ont de l'experience & une capacité reconnue. C'est même le seul moyen qui nous reste pour relever la dignité de notre Conseil, pour faire échouer nos ennemis dans leurs projets ambi-

tieux,

tieux, & pour rétablir l'honneur de la Nation.

Comme nous avons tout lieu de craindre,
dans les malheureufes circonftances où nous
nous trouvons, la deftruction entière de la
Patrie, on ne doit point être furpris, fi, à
l'exemple de *Tacite*, nous fuivons les Miniftres dans toutes leurs demarches, & fi nous
tâchons de connoître le vrai motif de leurs
actions. Notre deffein, en commençant ces
feuilles, a été de découvrir le principe qui
les fait agir, de démeler les paffions qui les
remuent & d'approfondir tout le myftère de
leur conduite. Nous les prévénons que nous
ne quitterons point la plume, tant que leur
conduite fera fufpecte, & qu'il paroîtra néceffaire de mettre le public en état d'appre-
cier leur mérite. Notre examen fera libre &
impartial, & nous jugerons de leur vrai Caractère par leurs actions. Si des hommes
pleins d'ambition laiffent entrevoir quelques
noirs projets, nous ne craindrons point de les
publier, & de nous oppofer à leurs entreprifes. Jamais nous ne ferons la dupe de l'affabi-
bilité & des manières populaires de qui que
ce foit: nous avertirons nos Compatriotes de
fe tenir en garde contre les apparences trom-
peufes d'un Patriotifme affecté.

Nos Pilotes, chargés de la conduite du
Vaif-

Vaisseau, ne doivent donc pas trop se fier sur les bouffées de vent, qui semblent remplir leurs voiles. Le vent peut changer tout à coup, & les faire échouer avant qu'ils arrivent au port. Car, comme dit le Chevalier Richard Steel dans la *crise*, (*pamphlet qu'on peut certainement citer aujourd'hui,*) *lorsqu'il y a une fermentation parmi le peuple, & qu'une Faction, formée pour le bien général, s'est fortifiée, les Chefs qui ont un mérite réel, peuvent se flatter de se soutenir dans leurs postes. Mais un Bâtiment, élevé sur un fondement aussi fragile que l'est la* F A V E U R D E L A M U L T I T U D E, *tombera & sera detruit de fond en comble, parceque ses fondemens ne sont pas solides.*

Plus nous reflechissons sur le caractère de notre *fameux Orateur*, plus nous sommes persuadés qu'il n'agira pas de concert avec cet homme si connu par l'étenduë de son génie & par sa grande capacité, que ses ennemis même regardent comme le seul Membre de l'ancien Ministère, qui eût un mérite réel, & qui n'ait contribué en rien aux malheurs qui accablent la Nation. Non, notre nouveau *Démosthène* ne partagera point l'autorité avec cet homme célébre; parcequ'il craint que le Public ne lui attribue une partie de l'honneur d'une bonne Administration. Il ne se trompe pas:

fa bonne Conftitution & fanté le mettant en état de travailler avec une ardeur infatigable aux affaires de l'Etat, il auroit au-moins l'avantage de paffer pour le plus actif & le plus vigilant de tous les Membres du Miniftère. Nôtre *Ciceron Britannique*, peut-il nourrir une fi baffe jaloufie ? Le Patriotifme peut-il admettre de tels principes ?

L'Amirauté a paffé pour être la principale caufe de nos défaftres & de nos melheurs. Dans ce cas, ne devoit-on pas s'attendre à voir, à la tête de la Marine, un homme d'expérience & d'une capacité reconnue ? Auroit-on pu fe perfuader qu'on n'auroit fait attention qu'à la naiffance pour remplir un pofte d'où depend la fureté du Commerce & l'honneur de la Grande-Bretagne ? Un des premiers Pairs du Royaume, qui n'a jamais été dans le Miniftère & qui n'a aucune connoiffance de la Navigation, devoit-il préfider dans le Confeil de l'Amirauté ? N'eft-il pas naturel de demander la raifon d'un tel avancement ? Je crains bien qu'on n'en puiffe alleguer aucune, à-moins qu'on ne dife qu'il eft uni par les liens du fang, à nôtre GRAND HOMME. Mais que devient alors ce Patriotifme tant vanté ? Ne cede-t-il pas dans cette occafion à l'amitié particulière ?

Pour juftifier un fi beau choix, on dira peut-

peut-être, qu'un certain Amiral qu'on a fait venir de la Méditerranée, aidera notre My-lord de ses Conseils. Mais ne pourroit-on pas demander, si un homme qui a été absent pendant sept ans, & qui étoit suspendu dans le tems qu'il fut choisi pour cet emploi, est capable d'être le Sur-Intendant de l'honneur du Pavillon Anglois? Ne peut-on pas faire un crime à cet Illustre SAGE, d'avoir élevé à ce grand poste, un parent, un ami qui n'a aucune des qualités requises pour en remplir dignement les fonctions? Ce fameux MINISTRE peut-il donner une préférence si marquée à sa famille sur tous ses Compatriotes, sans se rendre coupable de partialité?

Nous avons déjà vu plaider dans une Cour de justice, un des principaux Seigneurs de la Grande-Bretagne: nous avons été temoins de son ignorance & de son incapacité. Une telle conduite nous surprend & doit nous faire dire avec Salluste: considérez, Messieurs, s'il est de votre intérêt qu'on confie les principaux Emplois à des hommes distingués par leur naissance & par le rang qu'ils tiennent dans l'Etat, mais qui n'ont aucune connoissance des affaires, qui hésiteront à tout moment à cause de leur ignorance & de leur incapacité, qui toujours incertains, irresolus, seront à la fin obligés de

B 4

pren-

prendre un homme du commun, qui leur en-
feigne les Loix & les coutumes de leur office
& qui les inftruife de leurs devoirs. *Quæfo,
reputate cum animis veftris, num id mutari
melius fit, fi quem ex illo globo nobilitatis
ad hoc, aut aliud tale negotium mittatis, ho-
minem veteris profapiæ, multarum imagi-
num & nullius ftipendii, fcilicet, ut in re
tantâ ignarus omnium trepidet, feftinet, fu-
mat aliquem ex populo monitorem officii
fui.*

Si on publie à fon de trompette, par tout
le Royaume, qu'il ne peut abfolument refulter
aucun bien de la conjonction avec quelques
Membres de l'ancien Miniftère, certainement
notre ORATEUR n'agira jamais de-concert a-
vec l'Auteur de la Lettre au Magiftrat de la
Comté de *Kent*, contre lequel on a porté
plufieurs accufations. Cependant, comme il
n'igore pas que le Lord, interreffé dans cette
affaire, citeroit pour fa juftification, le droit
que le Roi a de donner un *noli profequi*. Il
devroit fonder fon reffentiment & fa haine
fur des fondemens plus folides. Mais l'Antipathie que le zélé Patriote a pour les Delin-
quans, eft fi grande, qu'ils ne pourront jamais
vivre en bonne union; il eft même à craindre, que cette inimitié ne produife une fermentation extraordinaire dans l'efprit du peuple.

On

On nons reprochera peut-être cette Liberté, cette franchiſe avec laquelle nous diſons notre ſentiment. Mais ces reproches ſeroient malfondés: on ſait qu'il eſt permis à chaque Membre d'un Etat libre, de reprendre & de critiquer la conduite & le caractère de ceux qui ont l'autorité en main : on ne perd jamais la liberté de la preſſe, comme dit Mr. Gordon dans ſon Diſcours ſur *Tacite*.

Comme notre Orateur de la Chambre des Communes fait actuellement ſon entrée triomphante dans ſa Patrie (c'eſt du moins ſous ce point de vuë que nous le conſiderons) nous le prions de ſe ſouvenir, au millieu de ſon triomphe, de la fragilité des grandeurs humaines, & de marcher avec beaucoup de précaution dans le chemin gliſſant où il eſt. Si du haut de ſon élevation, il daigne jetter un regard vers le lieu d'où il a été tiré, il verra que plus on eſt élevé, plus la chute eſt dangereuſe, & qu'il eſt bien plus facile de deſcendre que de monter. Il doit profiter de cette leçon, & faire attention que la tempérance & la moderation peuvent ſeules le maintenir dans ſon poſte.

Qu'il ne ſe laiſſe donc point entraîner par ſon enthouſiaſme. Qu'il renonce à ſes projets ridicules, fruits ordinaires d'une imagi-

nation

nation echauffée. S'il veut fuivre le confeil
que nous lui donnons, il fera voir que le
bien général eft le feul objet de toutes fes
demarches, qu'il n'agit point par une ambition demefurée, & qu'il ne cherche ni l'aggrandiffement ni l'élévation de fes parens &
de fes amis.

Nous fommes perfuadés qu'il ne donnera
point lieu de former de tels foupçons fur fon
compte. Son Adminiftration fera fondée fur
l'honneur & la probité; fes mefures feront
juftes & honnêtes & les fuffrages libres dans
les affemblées du Parlement, & il nous donnera fans doute, les preuves les moins équivoques de la droiture & de la fincerité de fes
intentions. Il va nous faire voir qu'il eft
prêt de facrifier les intérêts de fa famille au
bien public; ce qui nous fait efpérer qu'a-
près qu'on aura prefenté les Addreffes à Sa
Majefté, (lefquelles feront, fans doute, una-
nimes,) notre ORATEUR, de concert avec
fes amis, demandera lui même la revocation
de l'Acte des Affiffes, de Buckingham,
lequel eft contraire aux Droits & les privilèges des juges: car il leur eft défendu,
par cet Acte, de tenir les Affifes dans la Ville qu'ils jugent à propos. Leurs remontrances ont été inutiles; les plaintes de toute la
Province n'ont fait aucune impreffion, &
c'eft

c'eſt en-vain que les plus habiles Juriſconſultes ont réprésenté qu'on tranſgreſſoit les principaux Articles contenus dans la GRANDE CHARTE: on n'a eu aucun egard à toutes ces plaintes quelque bien fondées qu'elles fuſſent. On vouloit rendre une famille Maitreſſe des ſuffrages d'un Bourg: &, par conſequent, cet Acte a eu toute ſa force. Or je demande ſi cette conduite eſt celle d'un bon Patriote? Les ſuffrages ne doivent-ils pas être libres, & les Bourgs independans?

Pour juſtifier les reproches que nous lui avons faits, & contre leſquels on s'eſt tant recrié, il faut remonter à la triſte époque du commencement de nos malheurs. Il eſt vrai qu'il n'ont jamais été ſi ſenſibles que dans la dernière Campagne; mais nous pouvons dire, ſans crainte de nous tromper, (& nous l'avons même déjà dit) que les fondemens de notre ruine ont été jettés depuis l'année 1748 juſqu'en 1755. Qu'il examine la conduite de ces deux Miniſtres, unis par les liens les plus étroits du ſang, & qu'il jette, en même tems, un coup d'œil ſur celle qu'il a tenue lui-même pendant cet eſpace de tems, il aura à ſe reprocher une baſſe complaiſance pour ces deux frères, & le ſilence qu'il a honteuſement gardé dans un tems où il auroit du faire parade de ſon éloquence. Quoi-

qu'il

qu'il n'ait jamais fait fervir fes talens en faveur du crime & pour juftifier un homme
coupable, il eft cependant de fon devoir de
monter dans la Tribune pendant qu'il eft en
faveur, & de demander humblement pardon
au public.

> ——— *Tho Cato's voice was ne'er em-*
> *ploy'd*
> *To clear the guilty, and to varnish cri-*
> *mes ;*
> *In his own favour he may mount the rof-*
> *trum,*
> *And ftrive to gain his pardon from the*
> *people.*

Si notre ORATEUR tenoit cette conduite,
il nous prouveroit que fes vuës font juftes &
defintéreffées, & la Patrie en fentiroit les
bons effets dans les fiècles futurs. Mais
nous ne pouvons, pour le prefent, affez de-
plorer le fort de notre Augufte Prince, le
vrai Père de la Patrie : les playes, que les
inftructions données aux Répréfentans des
Corporations refpectives, & les Addreffes en-
voiées de toutes parts, ont faites dans le
cœur de Sa Majefté, font d'autant plus profondes, que la plûpart de ces Addreffes n'auroient jamais paru, fans des Lettres fignées
par ce Patriot, dont on ne peut affez admirer
le zêle, fi l'on en croit fes partifans, & qui,

par

par ses basses plaisanteries , a amusé la populace. Le Patriotisme peut-il avoir de tels
principes ?

La Faction a prevalu ; notre Gracieux Souverain a été obligé de ceder au torrent, &
notre feule resource est de souhaiter qu'il en
resulte de bons effets.   Comme nous n'o-
sons nous le promettre , nous exhortons le
digne Membre du dernier Ministère, dont
nous avons déjà parlé, de veiller continuellement à la sûreté publique, sans faire attention à tout ce qu'on a fait & dit contre lui.
Si les mesures, & les projets du syftême Pa-
triotique paroissent mal combinés, il est obligé de s'opposer aux entreprises de ces zélés
Patriotes & de répréfenter les fautes qu'ils
font ; si, au contraire, leurs demarches font
guidées par la sageffe, nous le prions d'agir
de concert avec eux, & de feconder leurs
bonnes intentions, quoiqu'il ne foit plus en
place, & qu'il ne touche aucuns appointemens.

Nous le répétons, la bonne ou la mauvaife Administration du nouveau Ministère, doit
être la regle de la conduite de ce fameux
Politique. Il ne peut s'acquitter de son devoir envers son Roi & fa Patrie, à-moins
qu'il ne leur donne à tous les deux, tous les
fecours qui dépendent de lui. Dans les circonstances présentes, ils ont befoin l'un & l'autre,

tre, de ses lumières & de celles de ceux qui ont de la capacité & une grande connoissance des affaires.

Nous terminerons cette feuille par une remarque que Mr. Gordon fait dans son Discours sur *Tacite* : elle convient parfaitement à notre sujet. *Ceux, dit-il, qui ambitionnent les places & qui veulent s'élever aux premières dignités, ont toujours les yeux ouverts, sur les défauts qu'ils remarquent dans l'Administration ; ils demandent une reforme, jusqu'à ce qu'ils aient occasion d'en faire une. Mais ont-ils obtenu le poste auquel ils aspiroient, la reforme est inutile & même dangereuse. Ils sont les ennemis declarés de l'oppression, jusqu'à ce qu'ils soient dans une situation à pouvoir opprimer. Comme ils ne peuvent plus, au bout d'un certain tems, se deguiser leurs propres fautes, ils sont portés d'inclination à pardonner aux autres. Telle est la tournure de l'esprit humain ; tel est le cours ordinaire des choses. On demande toujours de grandes reformes, on les promet, mais on ne les fait jamais. Cette façon de penser & d'agir n'est pas nouvelle, & ne sera jamais ancienne.*

LE TEST III,

LE TEST III.

We know the arts we us'd before
In peace and war, and something more;
And by th' unfortunate events,
Can mend our next experiments;
For when we're taken into trust,
How easy are the wisest Choust? (*).

DAns ces tems heureux où la Liberté regnoit avec empire dans Athénes & dans Rome, & qu'elle tenoit dans une juste balance les puissances intérieures de ces deux grandes Republiques, l'Eloquence étoit la Protectrice & la Conservatrice de l'Etat. Attentive à tout ce qui se passoit, soit au-dedans, soit au dehors, elle s'opposoit courageusement aux entreprises d'un parti qui vouloit empieter sur les Droits de l'autre, &, au moindre mouvement que l'ennemi faisoit, elle répandoit l'allarme, & prevenoit le danger dont l'Etat étoit menacé.

Elle

(*) Hudibras.

C

Elle étendoit ſes ſoins juſqu'aux moindres objets, & detournoit tous les coups qu'on vouloit porter à la Republique.

Cet éloge eſt fondé ſur l'hiſtoire. En effet, ſi Philippe rompoit les Traités les plus ſolemnels, & qu'il formât, comme fait aujourd'hui certaine Puiſſance, les projets d'une Monarchie univerſelle, un Demoſthènes voloit au Senat, & repreſentoit, avec cette force & cette energie qui ont rendu ſon nom immortel, les malheurs prêts à fondre ſur Athènes.

Que dirai-je de la République Romaine? Si Rome eſſuïa des revers de fortune dans la guerre contre Mithridate; ſi, par la mauvaiſe conduite de ſes Généraux, ſes Armées furent defaites, ſon Pavillon inſulté dans la Méditerranée, ſes finances epuiſées, le nom Romain deshonoré, un Ciceron monta dans la tribune, deploya toute la force de l'Eloquence & d'une douce perſuaſion, raſſura l'eſprit chancelant du peuple, le guida dans le choix d'un Général, & fit envoier ſur le champ un Pompée, pour humilier l'orgueil d'un Monarque abſolu, & pour venger l'honneur de ſa Patrie.

Tel étoit autrefois l'office & l'emploi honorable de l'Eloquence dans Athénes & à Rome.

Rome. Mais je ne me souviens pas d'avoir jamais lu, dans l'Histoire de ces deux fameuses Républiques, qu'elle ait occupé des postes lucratifs pendant plusieurs années sous une mauvaise Administration, & qu'elle ait gardé un honteux silence pendant tout ce tems-là. Les Annales d'Athènes & de Rome ne nous fournissent aucune époque où l'Eloquence se soit degradée, jusqu'au point de se rendre complice de la *Tirannie Asiatique*, & de jouer un personnage MUET, pendant qu'on portoit le coup le plus funeste à l'honneur d'un Roi que son grand âge seul rendoit respectable, & à la prosperité de la Nation.

Qu'il me soit permis de faire encore une réflexion. J'ai beau parcourir les Annales de tous les siècles, je ne trouve dans aucune histoire, soit particulière, soit générale, que l'Eloquence, après avoir gardé un long & honteux silence, soit enfin sortie de sa lethargie, pour se fraier le chemin aux emplois & aux dignités, & pour elever aux premiers postes, ses frères, ses cousins, tous ses parens & ses amis. Je ne crois pas, qu'on ait jamais vu Demosthènes se prêter aux vuës d'un Ministère corrompu; qu'il ait cherché a elever sa fortune & celle de sa famille & de ses amis, sur les debris de sa Patrie ; qu'il ait

pro-

profité des malheurs de fa Nation pour établir le Défpotifme dans un Etat libre.

Examinons la conduite de l'Orateur Romain   S'eft-il jamais prévalu des malheurs
de Rome pour fe faire Dictateur, pour procurer les emplois & les charges publiques,
à fes frères, à fes coufins, à fes parens & à
fes amis? Le Confultat contentoit l'ambition
de ce célébre Orateur: on ne l'a jamais vu
former des brigues & des partis pour faire
nommer fon frère au département de la Marine. Jamais Ciceron n'a fait des demarches
pour élever fes parens, & fes amis, les uns
à la dignité de *Préteur*, les autres à celle de
Cenfeur, de *Tribun du peuple*, de *Procon-
ful* &c. On lui a bien entendu dire: *Je
m'apperçois, Meffieurs, que, dans les malheureufes circonflances où vous vous trouvez,
vous avez tous les yeux tournés fur moi.*
Video, Patres confcripti, in me omnium
veftrum ora, atque oculos effe converfos.
Mais il n'a jamais ajouté: *Quelque fâcheu-
fes que foient ces circonflances, je ne ren-
drai aucun fervice à la Republique, à-moins
qu'on ne me nomme Dictateur; j'aime mieux
la laiffer périr.* Si le Père de la Patrie a
fait un tel ufage de fon éloquence & de fon
aflabilité populaire, combien a-t-il depri-
mé

mé & avili la dignité de son Caractère?

Je souhaiterois que ce qui vient de se passer dans cette Isle infortunée, ne m'eut pas
fait faire ces réflexions. Plut à Dieu que les
circonstances présentes ne me missent pas
dans le cas, de retirer mes regards de dessus
ces zélés Patriotes que les Grecs & les Romains regardoient comme les Protecteurs de
l'Etat, pour les jetter sur un ORATEUR
moderne, dont la réputation est ternie par ses
attachemens personnels. Ce fameux personnage est plutót le Fondateur d'une famille,
que le Protecteur de l'Etat. Je sais qu'on
entend crier de tous côtés: *Un vrai Patriote est aujourd'hui à la tête des affaires — C'est le Ministre du Peuple; jamais le
Peuple n'avoit eu de Ministre dans le Conseil &c &c.*

Tels sont les discours que le peuple tient
aujourd'hui. Mais, si l'on n'y prend garde,
les choses vont changer de face. Un homme
qui a su gagner par ses manières familières,
l'affection du peuple, va se rendre déspoti-
que dans un Etat, qui a toujours été gouverné par le Roi, par la Chambre des Pairs &
par celle des Communes.

On trouve un passage dans l'*Examiner* de
Swift, où cet Auteur se plaint de l'orgueil &

de l'arrogance des Wighs sous le regne de la Reine Anne. Voici les discours qu'ils tenoient à cette Princesse: *Madame, je ne peux vous rendre les services dont je suis capable, tant qu'un tel sera en place* — *Madame, je vous prie de me permettre de vous remettre ma commission, si Mr..... continue d'être Secrétaire d'Etat* — *Je ne peux vous assurer que la Ville fasse des avances, à-moins que Mylord...... ne soit Président du Conseil* — *Je ne peux accepter les Sceaux, à-moins que Mr..... n'ait cet autre Emploi &c.*

Tel étoit, dit le Doyen, le langage d'une partie des sujets de la Reine Anne. Mais les Toris n'ont-ils pas pris aujourd'hui la place des Wighs? Ne marchent-ils pas sur leurs traces? Ecoutons les discours que le Chef du parti tient. *A moins que mon beau-frère n'ait cette place-ci, mon frère celle-là, mon autre frère cette autre place, & que mon Cousin-germain n'ait ce departement-ci, mon autre cousin ce departement là, mon parent ce poste ci, & mon ami ce poste là, je menacerai toujours de quitter le timon des affaires, & je m'opposerai de toutes mes forces aux mesures & aux projets du Roi.*

Voilà le stile du Ministère d'aujourd'hui.

Le

Le Chef a un si grand attachement pour ses parens & ses amis, que je m'attends à voir au premier jour dans toutes les Gazettes, que la MERE OSBORNE a obtenu un emploi considerable & très lucratif. Enfin, quand je fais attention aux discours que les amis de notre GRAND HOMME tiennent sur son compte, & que je réflechis sur sa conduite, je regarde cette époque-ci comme une seconde Revolution. Je suis même determiné à donner un plan de souscription pour l'Histoire de GUILLAUME QUATRE. Comme ce Grand-Homme est généreux & désintéressé, j'espere qu'il encouragera une si noble entreprise. Si tous ses parens & ses amis qui sont en place aujourd'hui, souscrivent, je retirerai un profit considerable de mon ouvrage.

Mon projet n'est encore qu'enfanté : j'en suspendrai l'execution jusqu'à ce que j'aie amassé assez de materiaux pour composer l'histoire d'un regne si remarquable. Je ne la publierai qu'après qu'une riche Douairiere m'aura donné un legs dans son Testament. Si je reçois dix mille Livres Sterling, par exemple, cette Histoire intéressante paroîtra avec toute la pompe & la magnificence possible.

Pendant que je m'occupois de ce grand

projet , il me vint une autre chofe dans la penfée. Comme tous les Ecrivains politiques ont chacun leur rêve, je me fuis déterminé à avoir auffi le mien. Pour executer plus facilement ce beau plan, je me mis de bonne heure au lit la nuit dernière ; &, plein de la Lecture de tous les pamphletiers de notre fiècle, & comptant fur l'influence miftique du Dieu du Sommeil , je fis le rêve fuivant.

Je voyois le grand Confeil de la Nation affemblé pour une affaire de conféquence. Notre fameux ORATEUR ouvrit la fcêne par une harangue qui dura trois heures. Il infifta beaucoup fur la néceffité de fuivre les méfures & les projets du Peuple , de rendre les Parlements triennaux , de rompre tous les Traités faits avec les Puiffances de l'Allemagne , de n'avoir plus de communication avec le Continent , de faire paffer le Bill d'une Milice Nationale &c. &c.

Une chofe me furprit beaucoup ; c'eft que ce zelé PATRIOTE n'ait point parlé de la néceffité de rechercher la caufe de nos malheurs, & de punir les Délinquans. Je ne fais quelles peuvent être les raifons qui l'ont rendu fi compatiffant ; le motif de fa CLEMENCE m'eft inconnu. Quand notre CICERON BRITANNIQUE eut deploié tout fon art & toutes fes fleurs d'Eloquence , on proceda à l'examen

men de l'affaire, & il fut ordonné:

1°. Qu'on porteroit un Bill pour confirmer l'Acte des Assises de Buckingham, & pour lui donner plus de force qu'il n'avoit eu ci-devant. On lut ensuite une requête signée par trois cent personnes, dont plusieurs étoient Membres du Conseil, & dans laquelle ils demandoient la permission de changer leurs noms, & de prendre à l'avenir ceux de certaines familles, afin d'être mieux qualifiés pour les Emplois Civils & Militaires.

2°. Qu'on presenteroit un Bill conforme à la teneur de la pétition, & que le frère de notre ORATEUR & son cousin le dresseroient eux-mêmes.

3°. Qu'on porteroit deux Bills, l'un pour limiter les prérogatives du Roi, & pour empêcher Sa Majesté d'avoir ni bonne ni mauvaise opinion de qui que ce soit; l'autre pour arrêter toute recherche de la cause de nos malheurs, & pour faire declarer que Chateauneuf, Acapulco, l'Auteur de la Lettre au Magistrat de la Comté de *Kent*, & celui de la Lettre inintelligible, écrite à Gibraltar, ont servi fidellement leur Patrie, pourvu qu'ils n'aient pas l'audace de s'opposer au Parti dominant, *to the present* JUNTO.

Ces délibérations faites, il fut arrêté:

1°. Qu'on feroit recevoir par tout le Royaume, la Doctrine de l'intérêt *accidentel & immédiat* d'une Nation, afin de justifier la conduite de ces Patriotes qui passent la plus grande partie du tems dans l'incertitude & l'irrésolution.

2°. Qu'on feroit passer les subsides extraordinaires ou extravagants, comme porte le Texte, qu'on doit payer au Roi de P — e, pour un intérêt *accidentel & immédiat*.

3°. Que notre ORATEUR, ses parens, & ses amis seroient réconnus les seuls capables de gouverner cette Nation.

4°. Qu'on fera passer pour désintéressés, les parens & les amis de notre ORATEUR, quoique leurs charges & leurs emplois leur rapportent au moins trente - mille Livres Sterling par an.

5°. Que le Bill pour la Milice Nationale passeroit sous la même forme & la même teneur qu'il fut dressé l'an passé, quelque changement qu'on ait voulu y faire.

6°. Qu'un Soldat H. . . ne doit pas être puni selon les Loix d'Angleterre.

7°. Que Olivier Cromwel étoit autorisé à se faire declarer Protecteur des trois Royaumes. Cette dernière résolution fit un si grand effet

effet fur moi, que je me reveillai fur le champ. Ayant repris mes fens, je fus char-mé de voir que tout ceci n'étoit qu'un rêve. Je fis réflexion que notre GRAND ORA-TEUR, ayant des principes de Patriotifme, & n'étant parvenu au pofte eminent où il eft aujourd'hui, que par la faveur de la multi-tude, eft obligé de fe conformer aux vuës de la Nation. Ces réflexions me font efperer que fon Adminiftration fera bien différente du Parlement imaginaire que je viens de decrire; que l'Acte de Buckingham fera revoqué; qu'on n'empietera point fur les prérogatives de la Couronne; qu'on rompra les Traités faits avec les Princes d'Allemagne; qu'on n'aura point recours à *l'intérèt accidentel & immédiat* pour excufer fon inconftance & fes incertitudes; qu'on fera une recherche exacte de la caufe de nos malheurs & du des-honneur de la nation; que les places & les emplois ne feront point confinés dans une feule famille, mais qu'on les conferera fans partialité, à ceux qui feront reconnus pour bons politiques.

Si l'on fuit ces principes, comme nous l'efperons, nous verrons cette chaleur natu-relle ranimer les Membres languiffans de la Conftitution Britannique; l'orgueil de l'Enne-

mi

mi ſera humilié, ſon Conſeil ſera deconcerté, parce que le Bon-ſens & la Capacité domineront dans le notre ; Le Pavillon Britannique triom-phera de nouveau ſur les mers, dont l'empire eſt devolu à la Grande-Bretagne. Cette heu-reuſe révolution ne peut manquer d'arriver ſous les auſpices d'une Amirauté, dont tous les Membres ont, à notre grande ſatisfaction, une expérience conſommée & une capacité réelle.

LE TEST IV.

LE CON-TEST,

OU

APOLOGIE

DU

NOUVEAU MINISTERE

DE LA

GRANDE-BRETAGNE.

Ouvrage traduit de l'Anglois.

À LA HAYE.

De l'Imprimerie de H. Scheurleer, F. Z.
& se trouve à *Berlin*, chez *E. de Bour-*
deaux, & à *Francfort*, chez les
Frères van Duren.

M. D. CC. LVII.

AVERTISSEMENT

L E *Con-Teſt* eſt attribué au Docteur George Hay, ami intime de Mr. Guillaume Pitt. Ce ſavant Docteur eſt Membre du Parlement, un des Lords de l'Amirauté, & Avocat-Général du Roi de la Grande-Bretagne. Son éloquence & ſa grande Science du Droit Civil & de celui de la Nature & des Gens, ſont accompagnées de la connoiſſance de pluſieurs langues. Comme cet homme célébre a donné des preuves d'une grande probité & d'un amour ardent pour la Patrie, il a acquis la confiance & l'eſtime de la Nation, & l'affection particuliere de Mr. Pitt, qui eſt preſentement à la téte des affaires.

Mr. Pitt penſa dès ſa plus tendre jeu-

A 2

neſſe,

neffe, à fe mettre en état de fervir fa Patrie. On vante béaucoup fon definté-reffement. Ayant été nommé *Pay-Mafter général*, il fit faire exactement & fans aucune diminution, tous les payemens pour le Service de la Nation. Le Roi de Sardaigne ayant reçu au tems mar-qué, les fubfides que l'Angleterre lui payoit, fut furpris de cette exactitude. Il s'informa de la caufe de ce change-ment, & l'ayant apprife, il fit offrir à Mr. Pitt un prefent de deux mille livres fterlings. Ce Miniftre, dont les fenti-mens étoient differens de ceux de fes prédéceffeurs, refufa ce prefent, & fit dire à Sa Majefté par le Miniftre de Sardaigne, qu'étant bien payé de fes honnoraires, il n'avoit fait que fon de-voir à l'égard du Roi. Ce Prince, en-chanté d'une telle générofité, lui fit offrir un magnifique couvert d'argent, qu'il refufa conftamment, & ne voulut

accep-

accepter que le portrait de Sa Majefté.

Ce grand defintéreffement, joint à un amour invariable pour l'Intérêt de la Patrie, & à une fcience confommée des affaires publiques, ont fait jetter les yeux fur lui pour remplir le pofte que Mr. Fox occupoit, pofte auquel les vœux de la Nation l'ont appellé. Il n'a accepté cette charge, qu'après que les anciens Miniftres ont eu donné leur demiffion, & que le Miniftere a été rempli de perfonnes du goût de la Nation.

Ce Miniftre a donné des preuves nouvelles de fon defintéreffement, dès qu'il a eu accepté la place qu'on lui offroit. Des trois mille livres fterlings annexées au pofte qu'il occupe, il n'en a accepté que mille, & a laiffé les deux autres pour le fervice fecret de la Nation: les autres Miniftres ont fuivi fon exem-

A 3   ple.

ple. Les Anglois, charmés de telles dispositions, se flattent de voir leurs affaires bientôt rétablies. Le tems nous apprendra si leurs espérances sont bien fondées ou non.

LE

LE CON-TEST.

Civitas in qua multæ infidiæ, multa falla-
cia, multa in omni genere vitia verfan-
tur. Multorum arrogantia, multorum
contumacia, multorum malevolentia, mul-
torum odium ac moleftia perferenda eft.
Video effe magni confilii atque artis,
in tot hominum cujufquemodi vitiis, tan-
tifque verfantem vitare offenfionem, vi-
tare fabulam, vitare infidias.

Ciceron à fon Frere Tullius.

IL en eft d'un Corps politique comme d'un
corps naturel: lorfque les principes du premier font corrompus, ils produifent des effets auffi funeftes dans ce corps, que font
des parties cangrenées dans le corps naturel, à
moins qu'on n'en arrête les progrès en y ap-
portant des remedes efficaces. Sur ce principe on ne peut fe flatter d'une parfaite gueri-
fon, fi l'on n'a foin d'arracher la racine du
mal. Car fi l'on ne faifoit que quelques re-
tranchemens, il refteroit un fond de corruption
qui gâteroit une feconde fois le corps entier.

A 4

Les

Les mauvais effets d'une Adminiſtration mal-combinée, paſſent d'un mauvais Miniſtre à ſes Succeſſeurs, de la même manière que des enfans ſe reſſentent malheureuſement de la mauvaiſe conſtitution de leur Père & Mère. Ceux qui ont le malheur de naître de parens mal-ſains, doivent tâcher de corriger par leurs ſoins, leur patience, leur prudence, & par une conduite reglée, les mauvaiſes diſpoſitions du corps qu'ils ont apportées en naiſſant. Des nouveaux Miniſtres, qui trouvent le corps politique gâté & corrompu, ne doivent rien oublier pour remedier à ſa mauvaiſe conſtitution : Veilles, peines, travaux, ſoins, tout en un mot, doit être mis en uſage pour lui procurer une gueriſon parfaite.

Si l'état des premiers eſt triſte & fâcheux, celui des derniers l'eſt encore davantage. En effet, il ne tient qu'aux enfans dont nous venons de parler, de fortifier leur foible temperamment : une vie reglée ſuffit. Mais les Miniſtres les mieux intentionnés, ne ſont pas toujours les Maîtres d'apporter les remedes qu'ils croient propres à rétablir le corps politique dans un état de force & de ſanté. Des perſonnes jalouſes & ambitieuſes les traverſent ſouvent dans leurs projets les mieux concertés.

Tout Miniſtre dont les intentions ne ſont
pas

pas droites, a autour de lui une troupe d'efcla-
ves, qui, par une baffe complaifance, font
un éloge pompeux d'un fyftéme mal conçu,
qui les maintient dans leur pofte au dépens de
la Patrie. Si un Miniftre s'attire une difgrace
par fa mauvaife conduite, il faut abfolument
que fes créatures fubiffent le même fort ; car
fi on laiffoit de tels fujets en place, lorfque
leur protecteur eft dechu de fon autorité, ils
feroient jouër les refforts les plus cachés pour
rendre fufpecte la conduite du nouveau Miniftre, & le faire échouer dans fes projets. Son
zéle vif & ardent pour l'intérêt public paffe-
roit pour une ambition demefurée, comme
dit l'Auteur du Teft (*a*). On mepriferoit fon
noble defintéreffement, au lieu de lui payer ce
tribut de louange qu'il merite, & on demanderoit de *quelle utilité peut être pour le Roi*
& pour la Patrie, cette Delicateffe de fen-
timens qu'on vante tant (b). S'il renonce à
fes anciennes connoiffances, & qu'il fe forme
une autre Societé, on le taxera d'inconftance,
& on le regardera comme un faux ami.

Tels font les difcours que les creatures d'un
Mi-

(*a*) Pag. 8.
(*b*) Voyez le *Teft*. pag. 13.

A 5

Miniftre difgracié, tiennent fur le compte de fon fucceffeur. Mais que l'honnete homme fufpende fon jugement; qu'il confulte la raifon, elle lui dira qu'un Miniftre, dont la conduite eft fondée fur des fentimens d'honneur & de probité, fe trouve dans la néceffité abfolue d'abandonner ceux qu'il avoit pris fous fa protection, lorfqu'ils s'écartent du plan général, & qu'ils ne veulent pas concourir au bien publi, qu'un bon Miniftre ne perd jamais de vuë. Revêtu d'un caractère public, il ne doit plus avoir d'attachemens perfonnels : pour être de fes amis il faut agir de concert avec lui, & prendre tous les moyens néceffaires pour rendre l'Etat heureux & floriffant.

Mais comme ces moyens dépendent des circonftances dans lefquelles on fe trouve, ils varient fouvent. On peut s'oppofer à une chofe dans un tems, & en demander foi-même l'exécution dans un autre. La nature du fyftême politique, ne peut admettre des Loix conftantes & invariables.

On diftingue deux fortes d'intérêts dans tous les Etats; l'un eft *réel & permanent*, & l'autre *cafuel & immédiat*. Si un puiffant Etat negligeoit fon intérêt réel & permanent, pour s'attacher uniquement à l'intérêt cafuel & immediat, une conduite fi peu fenfée forceroit tout bon citoien à s'élever contre le Miniftere,

&

& à l'obliger de s'ecarter quelque-fois de ces regles de politique, que l'experience auroit pu prefcrire, pour un tems, comme les plus eſſentielles pour le bien-public.

Les méfures que l'on prend dans certaines circonftances, pour mettre un païs étranger à couvert de toutes furprifes, contribuent quelquefois à notre propre fureté. Mais fi les affaires changent de face, ces alliances peuvent tourner à notre defavantage. Ainfi, l'on ne peut regarder un changement de principes comme une preuve d'inconftance : au contraire, une telle conduite fait voir, qu'on ne perd point de vuë l'Interêt-public, qu'on ne s'attache point à ces maximes conftantes de politique qui n'exiftent que dans le cerveau de certains petits génies ; en un mot qu'on ne fuit point, aveuglement, le fentiment d'un Parti ou d'une Faction.

On ne doit donc point blàmer la conduite d'un Membre de la Légiflature, qui s'eft oppofé dans un tems à des moyens qu'il a propofés lui-même dans la fuite. Les circonftances ayant changé, ce Membre, qui donne toute fon attention au bien-général, a dû changer auffi de fentiment, fans, cependant, qu'on puiffe l'accufer d'inconftance. Quiconque confiderera fa conduite fous fon vrai point de vuë, la trouvera toujours conftamment la même.

me. On ne pourroit donc pas dire de lui, qu'il feroit voir, dans cette occafion, un air embarraffé, *un embarraffed countenance* comme porte le *Teft* (*c*). On le diroit, au contraire, fi, ne confultant que fes propres intérêts, ou entraîné par l'efprit de Parti, il perfiftoit dans le même fentiment, quoique les circonftances ne fuffent plus les mêmes.

L'impartialité eft un des plus beaux traits auxquels on connoit la vérité: elle eft comme une pierre de touche. C'eft pourquoi on doit fe renfermer dans les bornes d'une jufte moderation, pour repondre à un Auteur; qui fait tous fes efforts pour ternir les plus belles actions & les reprefenter comme des vices; qui peint avec les couleurs les plus noires un noble & généreux defintereffement; qui, par des interrogations malicieufes, cherche à faire naître des foupçons là où on ne doit avoir aucune mefiance; qui voudroit, en un mot, rendre odieux le nom d'un homme d'un merite diftingué, en expofant aux yeux du Public des actions, qu'on ne peut regarder que comme des momens de récreation paffés dans la compagnie de quelques amis.

C'eft dans cette vuë, qu'il demande où étoit l'*Orateur Brittannique* dans plufieurs occafions

(*c*) Pag. 12.

fions où il auroit pû exercer fes talens oratoi-
res ? Mais celui qui fait cette interrogation,
ne fait-il pas, que notre *Ciceron*, qu'il a connu dès fa jeuneffe, a été retenu au lit par une
longue fuite de maladies, & qu'il lui a été impoffible d'appuyer par fon éloquence les fages
confeils, qu'il auroit donnés dans les affemblées
où fa prefence étoit fi néceffaire ?

Les particularités fuivantes demontrent affez, que l'Auteur du *Teft* écrit par un mauvais
motif, & par efprit de Parti ; ce qui le condam-
nera lui-même. „ *Peut-il fuppofer*, dit cet
Ecrivain, *qu'on aura les yeux fermés fur fa
conduite, & qu'on reftera dans l'inaction, fi
l'on s'apperçoit qu'il tende au Defpotifme,
qu'on oubliera fes anciennes liaifons dans les
tavernes* &c. (*d*).

Que fignifient ces belles déclamations ? Quel
but cet Ecrivain fe propofe-t-il ici ? Ses craintes & fes appréhenfions-ont elles le bien Public pour objet ? Le penfer, ce feroit fe former une fauffe idée de fon Caractère : le merite de notre *Cicéron* l'offufque ; perfuadé qu'il
peut embraffer lui feul toutes les parties de la
Politique, il craint que fes partifans foient,
également comme lui, exclus du Miniftère.
C'eft pourquoi il infifte, avec tant de force,

fur

(*d*) Pag. 11.

fur la néceffité de lui donner un fecond. Si
ce timide & fecret ennemi de la vertu, avoit
donné quelques momens à la réflection, il auroit compris, qu'un Miniftre qui a des mauvais principes, eft auffi incapable d'entrer dans
le Miniftère, qu'il l'eft de juftifier fes mauvais principes. Mais telle eft la nature de
l'efprit de Parti & de la jaloufie; ils ne peuvent cacher leur malice & leur malignité.

Il eft donc plus que probable, que toutes ces
artificieufes fuggeftions, font dictées par l'envie & la jaloufie de quelques M... démis de
leur pofte, pour avoir mis la Nation dans la
crife la plus fâcheufe où elle fe foit jamais
trouvée. Furieux de leur difgrace, ils mettent en ufage tous les moyens que la malice
leur fuggere, pour priver leurs Succeffeurs de
l'honneur de denouer le *Nœud Gordien*, qu'ils
n'ont pu denouer eux-mêmes. Mais tenons-
nous en garde contre leurs infinuations artificieufes : ne fouffrons pas, que leur malice pré-
vale, & qu'elle nous plonge dans des nouveaux
malheurs. N'arrêtons point le zèle d'un bon
Patriote & d'un vrai ami de la Patrie, faifant naître fur fa conduite des foupçons, qui
feroient des preuves de la plus noire ingratitude.

Quelle raifon aurions-nous de doute, de fa
probité ? Le bien Public a été de tout tems

le feul objet qu'il s'eft propofé dans toutes fes actions. S'il s'eft chargé du pefant fardeau de l'Adminiftration, ça été par amour de la Patrie. Il a agi par le même motif, lorfqu'il a voulu qu'on fît des recherches fcrupuleufes de la caufe de nos malheurs, & qu'on prît les moyens d'en arrêter le cours. Quelles autres vuës pourroit-il avoir, que celles du bien public, lui qui prefcrit des juftes bornes à fon autorité & à celle de fes Succefleurs, afin de conferver & de garantir les priviléges de la Nation? Peut-on foupçonner un homme, qui tâche de reftraindre une autorité qui tôt ou tard pourroit detruire la liberté & enchainer un jour la Patrie, d'afpirer au Defpotifme?

Ses ennemis lui rendent juftice fur fon desintéreflement, mais ils l'accufent d'être ambitieux. J'en conviens avec eux, & même la Nation s'en felicite, parceque fon *ambition* l'a engagé à accepter un emploi qu'il auroit conftamment refufé s'il avoit eu moins d'*ambition* pour le fervice de fa Patrie. Oui, il a de l'*ambition* ; mais fon *ambition* confifte à fe faire la reputation d'un noble defintéreflement, à réprimer les projets ambitieux de ceux qui voudroient élever leur fortune fur les debris de la Patrie, & introduire le Defpotifme auquel on prétend, fans aucun fondement, que notre zelé Patriote afpire.   Un

Un Sujet, qui tâche de rétablir tout dans l'ordre, & de ménager les droits de la Couronne & les Priviléges de la Nation, mérite certainement notre estime, notre admiration & notre confiance. La plus grande peine qu'on puisse faire à un honnete homme, c'est de lui temoigner, que sa probité est suspecte, & qu'on se méfie de lui; en agir ainsi, dans le cas present, ce seroit donner des preuves de la plus noire ingratitude.

Regardons donc Mr. Pit comme un fidéle sujet de son Roi & un vrai & sincère ami de sa Patrie. J'espere, & je le souhaite de tout le cœur, que la conduite qu'il tiendra, force tous les Patriotes à payer à sa Mémoire ce tribut de loüange qu'Ennius paya à celle de Fabius Maximus, & qu'ils disent comme lui, un seul Homme à retabli nos affaires.

— Unus homo nobis — restituit rem

A V I S.

L'Auteur previent le Public, qu'il écrira aussi-longtems que l'Envie & les Prejugés rendront un *Con-Test* nécessaire.

CON-TEST II.

LE CONTEST II.

Cui Magistratûs Collatio mandata est, is reipublicæ tenetur ad eligendum eum qui dignus est, & ad hoc exigendum respublica jus habet proprium. Quare si ex indigni electione damnum fecerit respublica, ille resarcire tenebitur. Sic etiam civis aliquis non indignus, & si jus proprium ad Officium aliquod non habeat, habet tamen verum jus petendi juxta alios. Grotius du Droit de la Paix & de la Guerre.

LEs mauvaises plaisanteries & les satyres mordantes dont le public est inondé depuis quelque tems, ont tellement corrompu les esprits, que la vérité, présentée sans fard & sans deguisement, paroît aussi insipide, qu'une fade Épître Dédicatoire. Les Ecrivains de nos jours ne connoissent plus ces raisonnemens solides, ces argumens propres à convaincre : ils ont recours à des calomnies affreuses & à ces railleries piquantes qui frappent l'imagination, & qui divertissent les esprits malfaits, qui se plaisent dans le desordre. Qu'ils s'applaudissent de leurs succès ; nous n'en-

B

vions

vions point leur fort. Zelés partifans de la vérité, l'impartialité fera notre feul guide, & nous n'aurons jamais qu'un fouverain mepris pour ceux qui tiendront une conduite oppofée.

Il eft probable que la droiture de nos intentions fera peu d'impreffion fur l'efprit du public en général ; mais nous préférons l'approbation d'un certain nombre, à l'applaudiffement de la multitude. Nous n'entreprendrons point de faire rire au depens de la vertu. Ennemis d'une baffe jaloufie, nous ne deprimerons point le merite, parceque notre intention n'eft pas de répréfenter la fauffeté, fous le voile de la vérité. Notre *Con-Teft* eft fondé fur un amour fincèrè de la Patrie, & nous ne nous écarterons jamais de cette jufte moderation, qui eft la preuve la moins équivoque de la vérité. On dira, peut-être, que nous vantons un mérite qui n'eft qu'imaginaire ; mais, malgré tous ces difcours, il fera toujours vrai de dire, que tout bon Patriote doit reffembler au Portrait que nous avons déjà ébauché. Il n'eft aucun homme qui ne fe donne cette qualité, mais il en eft peu qui la poffède réellement. Venons au fair.

L'Auteur du *Teft*, ce vil fatyrique, commence fa feconde feuille par ces quatre Vers
qu'il

qu'il a empruntés d'un Hudibras, dont tout
le monde connoît la politique.

Nature has made man's breaſt no windores
To publiſh what he does within doors;
Nor what dark ſecrets there inhabit,
Unleſs his own rash folly blab it

C'eſt-à-dire, la Nature ne nous a donné aucuns moyens de connoître ce qui ſe paſſe dans
le cœur de l'homme. Ses noirs deſſeins nous
feront toujours inconnus, à moins qu'il n'ait
l'imprudence de les divulguer.

Cet ingenu & ſpirituel Ecrivain (qui parle
quelquefois comme s'il écrivoit ſeul & d'autres fois comme s'ils étoient pluſieurs) a bien
de la peine à ſoûtenir le beau caractère qu'il a
l'audace de prendre. Quoique la Nature ne
nous ait donné aucuns moyens de lire dans
ſon cœur, nous voyons cependant cequi s'y
paſſe. Sa mauvaiſe foi ſe manifeſte aſſez dans
les paſſages qu'il s'approprie, & dans l'application ridicule qu'il en fait. Ecoutons-le parler lorſqu'il fait alluſion à l'objet de ſon envie.
Si ce perſonnage tant vanté, dit-il, (a) ve-
noit à faire connoître les noirs projets qu'il
me-

(a.) Voiez le *Teſt* pag. 20.

médite, je ne craindrois point de dire devant tout le monde ce que je pense. Ne pourroit-on pas demander à ce vil Ecrivain quels sont ces *noirs projets que ce personnage tant vanté médite?* Peut-il connoître les Secrets qui sont cachés dans son cœur, puisque de son propre aveu la Nature ne nous a donné aucun moyen de connoître ce qui s'y passe? C'est un mistère que nous ne pouvons comprendre.

Toute la conduite de cet Auteur paroît misterieuse: ses expressions sont équivoques, ses pensées obscures & embrouillées; on ne sait, en un mot, ce qu'il veut dire: tous ces mistères denotent la ruse du renard (*b*). Voiez de quelle façon il previent le Public: *Mon parti est pris,* dit-il, (*c*) *je ne serai jamais la dupe de l'affabilité & des manières populaires de qui que ce soit: j'avertirai mes Compatriotes d'être en garde contre les apparences trompeuses de ce Patriotisme affecté.* Un réal Patriotism, comme porte le Texte: *Un réal!* Que cette épithete est dure! Mais n'epiloguons point sur les termes: examinons la chose en elle même.

En

(*b*) L'expression Angloise fait allusion à la ruse du renard, qui cherche à attraper les poules.

(*c*) *Ibid.* pag. 20.

En quoi ce PATRIOTISME eſt-il affecté ?
Quelles preuves cet Auteur en a-t-il ? A-t-on
jamais condamné quelqu'un avant de ſavoir
comment il ſe conduira dans le poſte qu'on
lui a confié ? Une telle conduite denote ſuffiſa-
ment un homme jaloux du mérite des autres &
furieux de ſa diſgrace.

Ces invectives ne ſont pas les ſeuls traits de la
malice de cet Auteur : il donne des nouvelles
marques de ſa rage & de ſon deſéſpoir dans le
paſſage ſuivant. *Il eſt probable, dit-il, (d)
que notre* GRAND ORATEUR *declarera po-
ſitivement, qu'il ne veut pas agir de concert
avec un des Membres du dernier Miniſtère,
le ſeul qui eût un mérite réel, & qui n'ait eu
aucune part aux malheurs qui accablent la
nation. Car il craint qu'il ne partage avec
lui l'honneur d'une bonne Adminiſtration, &
qu'il n'ait au-moins l'avantage de paroître le
plus actif, & ſa forte ſanté le rendent capable d'une application infatigable.*

Malgré l'obſcurité de ce paſſage, occa-
ſionnée par la confuſion des parentheſes qui
ſont dans l'Original, & le mauvais ſtile, il
n'eſt pas difficile de s'appercevoir que notre
fameux politique, qui étoit un Membre de
l'an-

(d) *Ibid.* pag. 21.

B 3

l'ancien Miniſtère, eſt piqué au vif de ce que notre GRAND ORATEUR ne veut pas ſe l'aſſocier & agir de concert avec lui. Son reſſentiment eſt d'autant plus vif, que la forte *conſtitution* de cet habile Politique le rend capable d'une *application infatigable*. Il nous reſte à ſavoir qui eſt cet habile Politique. Nous pouvons le reconnoître à ces trois principales qualités, ſavoir ſon INNOCENCE, ſon GENIE réel, & ſa CONSTITUTION extraordinaire.

Par rapport à ſon INNOCENCE. Il eſt peut-être, dit-on, le ſeul homme qui ſoit innocent des malheurs qui accablent la nation. (Ceci eſt un aveu formel de la mauvaiſe conduite du dernier Miniſtère.) Or comment peut-il ſe faire qu'il ſoit INNOCENT? Ou il étoit complice de la mauvaiſe Adminiſtration, ou il ignoroit ce qui ſe paſſoit. S'il n'avoit aucune connoiſſance des meſures qu'on prenoit, où étoit ſon GENIE? S'il étoit complice, où étoit ſon INNOCENCE? S'il s'eſt toujours prêté à leurs vuës, tant qu'il a été emploié dans le Miniſtère, il s'eſt rendu coupable du même crime. Quiconque eſt complice d'une félonie, doit ſubir les mêmes peines que l'Auteur même de la félonie. Celui à qui nous addreſſons la parole, doit être regardé comme le principal
Au-

Auteur du crime ; mais cela n'empêche pas que les autres ne foient auſſi coupables que lui : parce qu'on ne doit faire aucune diftinction entre les Auteurs & les Complices, lorſqu'il s'agit de fautes de la dernière conſéquence.

Or il n'y a point de crime plus énorme que celui des Miniftres, dont la mauvaiſe Adminiftration entraine la ruine & la deftruction de la Patrie. Si ce fameux MINISTRE s'eft apperçu, que la mauvaiſe conduite des autres Membres du Miniftère auroit des ſuites funeftes pour la Nation, que ne faiſoit-il connoître leurs noirs projets & leurs injuftes procedés ? Que ne ſe retiroit-il du Miniftère, ſi les méchans prévaloient ? Mais, dira-t-on, il n'a pas eu aſſez d'eſprit pour decouvrir leurs intrigues, & appercevoir les défauts de leur Adminiftration. Où étoit donc ce GENIE réel qu'on vante tant ? Comment un homme, qui, dans cette hypotheſe, n'avoit pas le ſens commun, pouvoit-il refter dans un emploi qui demande un homme d'un mérite diftingué ?

On ne peut donc juftifier ſon INNOCENCE qu'aux depens de ſon GENIE. Cette raiſon peut même le difculper. Car un homme qui s'eft chargé d'un emploi ſans avoir les qualités

nécefnéceſſaires pour en remplir les fonctions, ſe rend coupable de toutes les fautes qu'il fait.

Quant à ſa CONSTITUTION, nous la ſuppoſons auſſi forte que celle d'un Battelier. Que peut-on en inferer? La difficulté ne conſiſte pas à trouver des hommes forts & robuſtes; il faut des bonnes têtes pour conduire les affaires. Son ardeur infatigable pour le travail, eſt une bonne qualité; mais elle ne ſuffit pas pour ſe diſtinguer dans le Miniſtère.

Cet Ecrivain paroît craindre que notre CICERON moderne n'aît deſſein d'agir de concert avec l'illuſtre Auteur de la Lettre au Magiſtrat de *Kent*, contre lequel on a porté pluſieurs accuſations, ſi l'on en croit le *Teſt. Comme* dit - il, *(e) il n'ignore pas que l'illuſtre perſonnage, intéreſſé dans cette affaire, allegueroit pour ſa juſtification, le droit que le Roi ſon Maître a d'accorder un Noli proſequi, il faut qu'il fonde ſon reſſentiment ſur quelques raiſons plus ſolides.* Il inſinue auſſi, *que le Patrio-tiſme & le Delit ſont d'une nature ſi oppoſée, qu'ils ne peuvent jamais co - exiſter amicalement.*

N ou

(*e*) Voiez le *Teſt* pag. 24.

Nous ne nous amuferons point à critiquer les expreſſions embrouillées de cet Auteur, & nous n'inſiſterons point ſur l'abſurdité
de ſa métaphore. Nous lui demanderons ſeulement, pourquoi ces deux choſes *ſont d'une
nature ſi oppoſée, qu'elles ne pourroient jamais
co-exiſter amicalement ?* C'eſt le mélange, &
non la co-exiſtence, qui occaſionne la fermentation.

Les expreſſions de cet Auteur, & ſa façon
de raiſonner, ſont des preuves très-certaines
qu'il n'eſt pas Philoſophe. Mais eſt-il meil-
leur Juriſconſulte ? Ses raiſonnemens ne le
prouvent pas. En effet, peut-on accorder
un *Noli proſequi*, avant d'avoir commencé
les procedures ? Le Droit d'accorder ce *Noli
proſequi*, eſt certainement une prérogative de la
Couronne ; mais le Roi ne peut en faire
uſage qu'après que la juſtice a fait ſon devoir.
Comment Sa Majeſté auroit-elle donc pu accorder un *Noli proſequi* dans l'affaire en queſtion, puiſqu'on n'a pas fini la procedure, &
qu'on ne l'a pas même commencée ?

Après avoir tiré de ſon propre fonds toutes
ces propoſitions abſurdes, il s'appuye ſur l'autorité de Mr. Gordon. Il dit, d'après lui,
que *chaque Membre d'un Etat libre a droit
de cenſurer la conduite de ceux à qui on a*

B 5

confié

confié l'Administration des affaires, & de relever les fautes qu'ils font (f).

Cette proposition souffre quelque difficulté: la plûpart des Républiques n'admettent point de tels principes ; & nous ne faisons point difficulté de dire, que cette liberté est contraire à la nature de notre Constitution. Les particuliers ont cedé à leurs Réprésentans, le droit de critiquer la conduite des Ministres, de faire des réprésentations & de donner les avis & les conseils convenables aux circonstances dans lesquelles on se trouve. Si quelques particuliers ont des réprésentations à faire, ils doivent s'addresser à leurs Réprésentans, lesquels doivent se conformer au sentiment du plus grand nombre de leurs Constituans. Car, comme dit Grotius, c'est une injustice de pretendre, que le plus grand nombre se conforme à la volonté de quelques particuliers: *Est autem manifeslè iniquum, ut pars major sequatur minorem.*

Cette belle proposition est suivie de quelques réflexions assez singulières. Il considere notre célèbre ORATEUR comme *faisant son entrée triomphante parmi ses Compatriotes.* Quelle expression! Faire une entrée triomphante

(f) Pag. 25

phante parmi fes Compatriotes! que fignifie cette belle phrafe? Cette entrée eft déjà faite, & nous avons tout lieu d'efpérer que notre ORATEUR viendra-à-bout de retablir les affaires, & que l'Auteur du *Teft*, cet homme jaloux, fera confondu.

Voici un des plus grands reproches qu'on fait à notre illuftre Patriote: *Il eft trop attaché*, infinue-t-on (g), *à ceux qui lui font unis par les liens du fang & par ceux de l'amitié.* Ce reproche ne nous furprend point: L'Auteur du *Teft* a de l'Antipathie pour tous ceux qui l'empêchent d'entrer dans le Miniftère. Mais nous pourrions lui demander qui font ces hommes avec lefquels notre ORATEUR devroit partager l'autorité? Un Miniftre qui eft à la tête des affaires doit-il agir de concert avec des hommes qui feroient continuellement occupés des moyens de le traverfer dans fes projets? avec des hommes dont tous les plans & les projets ont été pernicieux à la Nation? avec des hommes qui font parvenus par des voyes indignes, & qui fe font foutenus dans leurs poftes par les mêmes voyes? avec des hommes, enfin, dont l'intérêt eft de perfifter dans l'erreur?

Mais

(g) *ibidem* pag. 26.

Mais répondons plus directement au reproche qu'on fait à notre zélé Patriote. N'est-il pas naturel qu'il partage l'autorité avec ceux qui lui sont unis par les liens du sang, & qu'il agisse de concert avec eux s'ils adoptent & suivent ses principes de politique? Peut-on lui faire un crime de donner la préférence à ceux, en qui il connoît des talens superieurs, & qui paroissent disposés à l'aider de leurs Conseils, & à faire tout ce qui peut leur meriter son estime & son affection? La Nation doit attendre de cette union, tous les bons effets que produit ordinairement un Conseil où la science & l'intégrité président.

Il est facile de juger par la conduite de cet Ecrivain, qu'il craint extraordinairement, de voir regner la paix & l'union entre les Membres du Ministère. Il a beau se cacher, on s'apperçoit aisément qu'il parle de lui-même, quoiqu'il le fasse d'une façon indirecte. Il laisse entrevoir, malgré lui, des symptômes d'amour propre: il decouvre sa vanité, ses craintes, son ressentiment, son desespoir &c. Mais il n'est pas besoin de pousser ces réflexions plus loin.

Qu'il nous soit permis de finir cette feuille, par l'exhortation que *Cicéron* fit autrefois à son frère Marcus, & de dire à notre ORATEUR BRITANNIQUE: Faites ensorte que vos enne-

mis

mis s'apperçoivent que vous examinez leurs demarches. Conduisez - vous de façon qu'ils
admirent votre vigilance & votre activité;
qu'ils respectent votre autorité, & qu'ils craignent votre éloquence. Je ne vous dis pas
d'en agir ainsi avec eux , à-dessein de leur
faire croire que vous méditez déjà leur perte;
mais afin qu'en leur inspirant de la crainte,
vous executiez plus facilement les projets que
vous avez formés pour l'honneur & la prosperité de la Nation. *Fac ut se abs te custodiri,
atque observari sciant: ut diligentiam tuam,
ut auctoritatem, vimque dicendi, pertimes-
cant. Atque hæc ita volo te illis proponere,
non ut videare jam accusationem meditari, sed
ut hoc terrore faciliùs hoc ipsum, quod agis,
consequare.*

L'Auteur previent qu'il réfutera, dans la feuille
suivante, les faussetés & les reveries contenues dans le troisième nombre du *Test*.

LE CON-TEST III.

LE CON-TEST III.

Vitia erunt, donec homines: fed neque hæc continua, & meliorum interventu penfantur

      Tacite dans fon *Hift.* Liv. IV.

COmme tous les faux ornemens defigurent la verité, au lieu de l'embellir & de lui prêter de nouveaux charmes, nous ne ferons point un étalage pompeux d'une erudition deplacée. Les paralleles & les Analogies triviales entre notre fiècle & ceux d'Athenes & de Rome, ne font point de notre goût: nous fommes perfuadés que nos Lecteurs ont affez bonne opinion de nous, pour croire que nous avons quelque connoiffance des Hiftoires Anciennes & Modernes. Cependant nous n'ofons nous flatter qu'ils aient une entiere confiance en nous, & qu'ils s'en rapportent à nos lumières: l'expérience journaliere apprend, qu'on doit être en garde contre les Ecrivains de nos jours; car plufieurs, qui à-peine favent lire, fe donnent aujourd'hui pour Auteurs, citent des paffages qu'ils n'ont jamais

C

    lus

lus, & critiquent & cenfurent, fur l'autorité de leurs contemporains auffi pareffeux &
auffi ignorans qu'eux, des chofes qu'ils n'ont
jamais entendues.

Quoiqu'il paroiffe indigne d'un honnête
homme de rélever les fautes groffiéres d'un
Ecrivain, nous ne pouvons, cependant, nous
difpenfer d'expofer aux yeux du Public, les
étranges bevues de l'Auteur du *Teft*. On nous
regarderoit nous-mêmes comme des gens fans
connoiffance & fans Litterature, fi, par une
fauffe delicateffe, nous paffions fous filence les
erreurs dans lefquelles il eft tombé.

Premiérement, cet Auteur a fait voir qu'il
n'avoit aucune connoiffance de l'hiftoire des
deux fameux Orateurs qu'il cite. Tout ce qu'il
dit de Demofthène & de Ciceron eft inintelligible, porte à faux, & eft dementi par
l'Hiftoire. Prouvons par des faits, ce que nous
avançons.

1°. Voici comme il s'exprime en parlant de
Demofthène. *Si Philippe*, dit-il, (*a*) *rompoit les Traités les plus folemnels, & qu'il
formât, comme fait aujourd'hui certaine
Puiffance, les projets d'une Monarchie uni-
verfelle, un Demofthène voloit au Sénat,*
&

(*a*) Voyez le *Teft* pag. 32.

& représentoit, avec cette force & cette énergie qui ont rendu son nom immortel, les malheurs prêts à fondre sur Athènes. Nous supposons que telle est l'idée qu'il a de ce fameux Orateur: car, à s'en tenir à ses propres expressions, il est impossible de le deviner. En effet, que signifient ces termes emphatiques: If Philip . . . . Demosthènes stepped forth and thundered out his immortal energy? Que cette derniere expression est embrouillée! C'est une espéce de Phraseologie; c'est-à-dire, ce sont des mots qui ne disent rien.

Revenu de son espéce d'Enthousiasme, ce célébre Auteur dit, quelques lignes après, Je ne crois pas qu'on ait jamais vu Demosthène se prêter aux vuës d'un Ministère corrompu. (b) Cette Phrase est intelligible, mais le fait est malheureusement faux. Si l'Auteur du Test s'étoit donné la peine de lire l'Histoire d'Athènes, il y auroit vu qu'on accusoit publiquement Demosthène de s'être laissé corrompre. Cette histoire lui auroit appris que Harpalus s'étant apperçu un jour de son avarice, lui envoia pendant la nuit vingt talents avec une coupe garnie de diamants, que l'Orateur

(b) Ibid. pag. 33.

C 2

teur avoit regardée avec admiration le jour
précédent. Ce preſent changea tellement les
ſentimens de Demoſthène , que ce fameux
Orateur, qui s'étoit vivement oppoſé juſqu'a-
lors aux parti d'Harpalus, vint au Senat le
jour ſuivant, ayant un mouchoir autour de la
gorge, & fit ſigne de la main qu'il lui étoit
impoſſible de parler. Ainſi, comme dit éle-
gamment l'Auteur du *Teſt* en parlant de notre *Orateur Moderne*, Demoſthène ſe laiſſa
emmuſeler, *he Suffered himſelf to be muzz-
led.*

Quelques badins d'Athènes ayant appris ce
qui s'étoit paſſé, dirent que l'eſquinancie dont
Demoſthène avoit été attaqué pendant la
nuit, étoit une eſquinancie d'argent, *a ſylver
quinſey.* Ce trait d'avarice fit beaucoup de
tort à la reputation de l'Orateur d'Athènes. Les
Senateurs ayant ſu qu'il s'étoit laiſſé corrompre, ne voulurent plus écouter ſes haran-
gues : étant allé un jour au Senat pour ha-
ranguer & pour ſe juſtifier devant le Public,
les Senateurs ſe leverent, & dirent de concert
avec le peuple, qu'ils ne vouloient point écouter ſes excuſes. Demoſthène, ſurpris de ce
tumulte, ne ſe déconcerta point, & dit d'un
ton facetieux : O Athéniens ! Pourquoi ne
voulez-vous pas écouter celui qui tient la
coupe dans ſes mains ?

II

Il est fâcheux pour ce fameux Ecrivain de s'être trompé si grossierement. Que veut-il qu'on pense de lui? Il parle, avec emphase, de la vertu & de la probité de l'Orateur Grec, pendant que l'Histoire nous fournit une si honteuse preuve de sa venalité & de son avarice. Plût à Dieu que cet Auteur ne cherchât que la verité dans ses Ecrits, & qu'il sût écrire en Anglois! Car pour dire mon sentiment sans detour, il ne s'embarrasse, ni de la verité, ni de la pureté de la diction.

Mais je suppose la verité du fait: je veux que Demosthène ait été aussi incorruptible que l'Auteur du *Test* le prétend: que peut-il en conclurre? Veut-il calomnier notre *Orateur Britannique*, &, par une malice inouïe, le faire passer pour un homme sans vertu, sans probité & corruptible? Peut-on faire de tels reproches à un homme qui a eu la générosité de refuser les appointemens attachés à son Office? Traitera-t-on d'avare & d'ambitieux, un homme, qui, par amour pour sa Patrie, a quitté un emploi lucratif pour en prendre un qui l'est beaucoup moins; un homme, qui s'est rendu beaucoup plus grand en devenant plus petit qu'il n'étoit; un homme, qui a quitté son poste, afin de conserver sa probité; un homme, qui a donné des preuves les moins

C 3   équi-

équivoques de la droiture de ses intentions, en faisant voir, même au depens de sa fortune, la mauvaise conduite du Ministère, & en predisant les malheurs dont le poids a accablé la Nation ; un homme, en un mot, qui a tout sacrifié pour sauver sa Patrie ?

2°. Ce viridique Ecrivain remarque, que *Cicéron n'a jamais formé de brigues ni de partis pour faire nommer son frère au département de la Marine ; qu'il n'a jamais fait de démarches pour élever ses parens & ses amis les uns à la dignité de* Preteur, *les autres à celle de* Censeur, *de* Tribun du peuple, *de* Proconsul &c. &c. (c). Ce Savant n'est pas plus versé dans l'Histoire Romaine, que dans celle d'Athènes ; car tout le monde sait que Quintus, frère de Marcus Tullius, fut Proconsul d'Asie.

Il est assez surprenant, que toutes ses citations soient fausses : mais il l'est encore d'avantage, qu'il ne puisse en tirer aucune conséquence favorable pour son systême, quand même on conviendroit de la verité des faits qu'il avance. Car, dites-moi, je vous prie, peut-il faire quelque Parallelle entre la situation des affaires de Rome du tems de *Cice-ron,*

____

(c) *Ibid.* pag. 34.

ron, & la Crife où les Anglois fe trouvent aujourd'hui? Suppofons que la famille de notre
nouveau CICERON foit auffi nombreufe que
celle des anciens Patriarches; fuppofons qu'il
ait conferé les principaux emplois à fes parens
& à fes amis: toutes ces forces réunies, peuvent, à-peine, étouffer les factions & l'efprit
de parti. Il faut être animé d'un zêle vrai-
ment Patriote, pour prendre le timon des affaires dans un tems, où l'Etat eft prêt de périr. Où eft l'homme qui auroit affez de courage & d'intrepidité pour combattre, & les forces réunies des Miniftres difgraciés & celles
de leurs Créatures? Pour moi, il me femble
qu'un vrai Patriote peut feul fe charger du
foin de redreffer les Affaires dans un tems où
il trouve tant d'oppofitions.

Nous ne parlerons point de ce beau trait
d'efprit, que ce favant Ecrivain fait paroître
dans l'endroit de fon *Teft* où il dit qu'il s'eft
*determiné à donner un plan de foufcription
pour l'Hiftoire de* GUILLAUME QUATRE.
(*d*) Cette belle penfée eft empruntée des Cro-
cheteurs, qui crioient autrefois, à haute voix
dans les rues: *c'eft le regne de Harry neuf.*
Nous prions, très inftamment, ce fameux
Au-

(*d*) *Ibid.* pag. 37.

Auteur, de lire quelques Hiſtoriens avant de commencer ſon Hiſtoire : car, à en juger par les fautes & les erreurs dans leſquelles il tombe lorſqu'il parle de faits hiſtoriques, il paroît qu'il a peu lu.

Ces avis donnés, & dont il doit profiter, je viens au beau Rêve, qu'il a fait. Il ne pouvoit manquer de bien exécuter le plan admirable qu'il avoit formé, puiſque, *plein de la Lecture de tous les Pamphletiers de notre ſiécle, & comptant ſur l'influence Miſtique du Dieu du Sommeil, il ſe mit de bonne heure au Lit.* (e) Il faut avouer que jamais Ecrivain n'a eu de ſi grandes Obligations à Morphée : ce Dieu bienfaiſant répondit parfaitement à ſes eſpérances. Mais je ne crois pas que ſes Lecteurs lui aient les mêmes obligations : il endort au lieu d'amuſer. Mais revenons à ſon Rêve.

Plus je réflechis ſur ce qui ſe paſſe, plus je me perſuade, qu'il ne doit avoir aucune inquiétude touchant les affaires. Mon opinion eſt d'autant mieux fondée, que, ſelon les regles ordinaires pour l'interprétation des rêves, le contraire de ce que l'imagination a preſenté à l'eſprit, doit arriver. J'ai une grace à lui demander : comme il n'eſt pas encore bien éveil-
lé,

(e) Ibid. pag. 38.

lé, je lui conseille de se remettre au lit. En proye à tout ce que la rage & le desespoir ont de plus fâcheux & de plus terrible, il sera dechiré de mille chagrins devorans, jusqu'à ce qu'il tombe dans un Sommeil inquiet, & qu'il fasse le cruel Rêve suivant.

Il croit être au milieu du Conseil & de la grande Assemblée de la Nation : il se léve, & commence un long & ennuïeux discours, où il calomnie l'innocence, & justifie sa mauvaise conduite. Comme il est naturellement obscur & qu'il s'exprime mal, son embarras redouble pár la confusion dont se couvrent ordinairement ceux qui entreprenent de parler contre la verité & qui trahissent leur propre conscience, de sorte qu'il ne fait plus que begayer dès le commencement de sa première partie. Ce qui met le comble à sa perplexité, c'est qu'il voit entrer l'ORATEUR BRI-TANNIQUE, la Couronne sur la tête; qu'il remarque en lui cet air noble & majestueux qui imprime du respect; il est saisi de crainte & de frayeur, lorsqu'il voit tous les Membres de l'assemblée se lever de dessus leurs siéges, le saluer humblement & lui donner le glorieux titre de PERE DE LA PATRIE. Ce beau titre, si justement merité, fait une si vive impression sur lui, qu'il se reveille en sursaut,

&

& que, confus, interdit, il s'écrie, comme Richard III, dans son lit, *Qu'on me mette dans une autre chambre* — Mr. P—t *aiez pitié de moi* — Mais ce n'est qu'un Rêve.

Revenu de sa première surprise, il fait assembler tous ses Clients, & tient un Conseil dont les résolutions sont des plus comiques. Il est arreté :

1°. Que tous les emissaires composeront des Libelles diffamatoires, & qu'ils les feront parvenir aux mains de leurs fidéles amis dans *Grub-street*, avec ordre de les distribuer à la Populace.

2°. Qu'on noircira dans ces libelles, la réputation de l'ORATEUR BRITANNIQUE, qu'on y insinuera qu'il s'est emparé de-concert avec ses parens & ses amis, de toutes les richesses de l'Etat & qu'il veut introduire le Déspotisme.

3°. Que ces Libelles seront écrits d'une manière scandaleuse, & selon le stile de l'Edit R—L de GUILLAUME IV.

4°. Que les plus illustres enfans de la paresse, qui demeurent dans la ditte *Grub-street*, se joindront à lui & à ses amis, pour écrire un miserable papier qu'on appelle le *Test*.

5°. Que le Renard & ses savans amis se diront à l'oreille, ceux qui aiment véritable-

ment

ment leur Patrie, ne peuvent être les amis, de C—n.

6°. Qu'ils ne peuvent efpérer de piller la Nation fous le Miniftère de l'*Orateur Britannique*, parce que c'eft un homme d'une probité reconnue, qu'il n'a que le bien de l'Etat en vuë, & qu'il fauvera fa Nation, malgré leur faction.

7°. Qu'on fera tout fon poffible, pour faire de la peine à ce fameux *Orateur* ; qu'on s'oppofera à toutes les mefures, qu'il prendra pour rétablir l'honneur de la Nation ; & qu'on ne conviendra jamais, qu'il conduit les affaires avec prudence & fageffe.

8°. Qu'on tâchera de detruire le fyftême qui admet un intérêt *immediat & accidentel*, parce que ce fyftême eft contraire aux intérêts de la Faction, & qu'il juftifie ceux, qui, guidés par le bon fens & la droite raifon, reglent leur conduite felon les circonftances où ils fe trouvent, & qui refufent opiniâtrement de fe livrer à l'efprit de Parti : car, tout bien confideré, un Miniftre ne doit pas, felon les Loix de la Politique, fe conformer au tems ; mais il doit forcer le tems de fe foumettre à lui, *en fe fervant des moyens les plus injuftes.*

9°. Que ces ordres & ces refolutions feront

addreffés

addreſſés à tous les fidéles amis, & qu'on les
avertira chacun en particulier, qu'il ſe tiendra, toutes les ſemaines, une aſſemblée dans la
ſombre caverne de l'Envie; qu'il leur eſt ordonné de s'y trouver, afin de conferer enſem-
ble ſur les moyens de perdre de reputation
l'*Orateur Britannique* & tous ſes partiſans,
& de le faire échouer dans tous ſes projets,
quelqu' avantageux qu'ils ſoient à l'Etat.

Ces réſolutions aiant été ſignées par tous
les Membres du Conſeil, la joie commença à
renaître; l'eſprit de Parti reprit de nouvelles
forces; de flatteuſes eſpérances ſuccederent au
deſeſpoir, & tous les GRANDS HOMMES qui
compoſoient l'aſſemblée, s'écrierent tous d'u-
ne voix: *Vivat Diſcordia!* Que la Diſcorde
regne à-jamais!

LE CON-TEST IV.